福祉用具サービス計画 作成ガイドブック 第2版

編集 一般社団法人 全国福祉用具専門相談員協会

中央法規

はじめに

　今日まで、一般社団法人全国福祉用具専門相談員協会は、福祉用具サービス計画の作成にあたり、先駆的な役割を果たしてきました。その経過をたどると、まず、2009（平成21）年4月に最初の『福祉用具サービス計画書』を開発し、無料でアクセスできるよう当協会ホームページに掲載しました。さらに、貸与した福祉用具のモニタリングを進めていくために、2010（平成22）年4月に『モニタリングシート（訪問確認書）』を開発し、公開してきました。

　この結果、二つの用紙をもとに、当時は制度化されていなかった福祉用具のレンタルや購買について、福祉用具専門相談員が計画を作成・実施し、さらにそれをモニタリングしていくことで、利用者のニーズに合った福祉用具を継続的に提供していくことを推進してきました。

　一方、2012（平成24）年4月から1年間の経過措置を伴う「指定居宅サービス等の事業の人員、設備及び運営に関する基準（以下、「指定基準」）」等の改正により、福祉用具貸与、特定福祉用具販売等のサービス利用者に対して、福祉用具専門相談員が福祉用具貸与計画（以下、本書すべてにおいて「福祉用具サービス計画」）を作成することが義務づけられました。ここに、福祉用具専門相談員がサービス提供者の一員として明確に位置づけられ、利用者を支えるチームの一員としての地位を確保し、サービス担当者会議にも参加することが当然である状況を作り上げることができました。

　翌年の2013（平成25）年度には、当協会は平成25年度老人保健健康増進等事業「福祉用具専門相談員の質の向上に向けた調査研究事業」を受託し、「福祉用具サービス計画作成ガイドライン」をまとめました。これを受けて、厚生労働省老健局は2014（平成26）年4月14日に、このガイドラインの活用について、各都道府県の介護保険主管部局や一般社団法人日本介護支援専門員協会に事務連絡を発出しました。

　さらに、2017（平成29）年度に、社会保障審議会介護給付費分科会の意見を受けて、指定基準の福祉用具貸与の具体的取扱方針（第199条および第199条の2）および「指定介護予防サービス等の事業の人員、設備及び運営並びに指定介護予防サービス等に係る介護予防のための効果的な支援の方法に関する基準」の介護予防福祉用具貸与の具体的取扱方針（第278条および第278条の2）が改正され、福祉用具貸与および介護予防福祉用具貸与においては、①貸与しようとする商品の特徴や貸与価格に加え、当該商品の全国平均貸与価格を利用者に説明すること、②機能や価格帯の異なる複数の商品を利用者に提示すること、③利用者に交付する福祉用具貸与計画をケアマネジャーにも交付すること（②、③は2018（平成30）年4月1日より実施、①は2018（平成30）年10月1日より実施）、が義務づけられました。

当協会は、平成29年度老人保健健康増進等事業「福祉用具の適切な貸与に関する普及啓発事業」を受託し、上記の義務化に伴い『「ふくせん福祉用具サービス計画書（選定提案）」作成ガイドライン』を作成しました。これを受けて、厚生労働省老健局は2018（平成30）年4月に、このガイドラインの活用について、各都道府県の介護保険主管部局や一般社団法人日本介護支援専門員協会に事務連絡を発出しました。

　本書では、追加・変更されたガイドラインの内容を分かりやすく説明することとしました。さらに当協会が既に開発した「福祉用具サービス計画」の「基本情報」「利用計画」の用紙に、新たに「選定提案」の用紙を追加して開発しました。

　以上をもって義務化された三つの要件を満たし、かつそれらを記録に残すことを目的にして、「福祉用具サービス計画」と「モニタリングシート」の記載方法を具体的に示すことで、福祉用具専門相談員がより容易に福祉用具サービス計画を作成できるよう、改訂版を刊行することにしました。

　なお、従来からの「福祉用具サービス計画」と「モニタリングシート」について、2点追加したことがあります。1点目は、「利用計画」の了解は利用者本人からの署名により得ることを原則にしていますが、意思表示が十分でない利用者の場合は、続柄を含めて代理署名の記述と押印を求めることにしました。2点目は、「利用計画」用紙や「モニタリングシート」が1枚で納まらない場合もあるため、複数枚使った場合に、頁数を入れることで、見やすくしました。

　巻末には二つの作成ガイドラインの原文も掲載しておりますので、参考にしてください。

　是非、多くの福祉用具専門相談員に本書を活用していただき、さらに関係するケアマネジャー等にも参考にしていただければ幸いです。

白澤　政和

目次

はじめに

第1章 福祉用具サービス計画およびガイドラインの位置づけ

- 第1節 ガイドラインの位置づけ……2
- 第2節 福祉用具サービス計画とは何か……4
  - 1 導入の経緯……4
  - 2 福祉用具サービス計画について……5
- 第3節 福祉用具サービス計画の意義……6
- 第4節 福祉用具サービス計画の作成の基本的な手順と方法……9
- 第5節 福祉用具サービスの2018（平成30）年度改定と今後について……11
  - 1 複数商品と全国平均貸与価格の提示……11
  - 2 ケアマネジャーへの交付の義務化……12

第2章 福祉用具サービス計画の作成

- 第1節 アセスメント……14
  - 1 アセスメントの目的と考え方……14
  - 2 アセスメントの実施……18
- 第2節 アセスメントの過程での複数提案の見える化……26
  - 1 商品の複数提案とサービスの適正化……26
  - 2 複数商品を提案する意義……26
- 第3節 福祉用具の利用目標の設定……28
  - 1 自立支援に資する福祉用具の利用目標の考え方……30
  - 2 利用目標の検討手順……32
  - 3 利用目標を検討するうえでの留意点……37
- 第4節 福祉用具の選定と選定理由の明確化……38
  - 1 選定理由の考え方……38
  - 2 選定理由の記載方法……39

第5節 留意事項の洗い出し……43
　1　留意事項の考え方……43
　2　留意事項の記載方法……44

第6節 サービス担当者会議への参加……47
　1　サービス担当者会議の位置づけ……47
　2　会議の内容と流れ……48

第7節 福祉用具サービス計画の説明・同意・交付と福祉用具サービスの提供……51
　1　説明・同意・交付の位置づけ……51
　2　説明・同意・交付の方法……51
　3　福祉用具サービスの提供……53

第3章 福祉用具サービス計画の実施状況の把握（モニタリング）

第1節 モニタリングの目的……56
　1　モニタリング実施の目的と根拠……56
　2　モニタリングの実施内容……56
　3　モニタリングの実施場所……57
　4　モニタリングの記録と共有……57

第2節 モニタリングの流れと確認・検討事項……59
　1　心身の状況等に関する変化や福祉用具の利用状況の把握……59
　2　利用目標の達成状況の確認……62
　3　今後の方針の確認……63
　4　福祉用具サービス計画の見直し有無の検討……63

第3節 モニタリング結果の報告・共有……64
　1　ケアマネジャーへの報告……64
　2　多職種との共有……64
　3　利用者・家族との共有……65
　4　他の福祉用具専門相談員との共有……65

第4章 「ふくせん版　福祉用具サービス計画書」の書き方

第1節 「ふくせん版　福祉用具サービス計画書」の考え方……68
　1　「ふくせん版　福祉用具サービス計画書」のねらい……68

第2節 「ふくせん版 福祉用具サービス計画書」の書き方 ……… 76
1. 「基本情報」の書き方 ……… 76
2. 「選定提案」の書き方 ……… 86
3. 「利用計画」の書き方 ……… 98

第3節 「ふくせん版 モニタリングシート」の考え方 ……… 111
1. 目的と「ふくせん版 モニタリングシート」のねらい ……… 111
2. モニタリングの実施と頻度について ……… 112
3. 利用者や家族への説明と交付 ……… 113

第4節 「ふくせん版 モニタリングシート」の書き方 ……… 114

第5章 現場の事例に基づく福祉用具サービス計画の書き方

事例1 退院後、福祉用具の活用で自立度の向上に至った支援 ……… 124

事例2 障害福祉制度から介護保険制度への移行をした支援 ……… 136

事例3 福祉用具の活用とリハビリテーションによって自立度向上に至った支援 ……… 147

参考資料
福祉用具サービス計画作成ガイドライン（全文）……… 160
「ふくせん福祉用具サービス計画書（選定提案）」作成ガイドライン ……… 185

第 1 章

福祉用具サービス計画
およびガイドラインの
位置づけ

第1節 ガイドラインの位置づけ

　福祉用具サービス計画作成ガイドラインは、福祉用具専門相談員がこのガイドラインに基づいて、一定水準の福祉用具貸与計画（以下、「福祉用具サービス計画」）を作成できることを意図しています。そのため、福祉用具専門相談員はこのガイドラインを熟読し、職場や研修会でこのガイドラインを活用して、相互に学び合っていただきたいと思っています。

　福祉用具の貸与価格は、他の介護サービスと異なり、福祉用具貸与事業者により自由に決めることができます。市場の中で適切な価格となるには利用者自身で選択するための情報が必要です。このため、2018（平成30）年4月から機能や価格帯の異なる複数の商品を提示すること、同年10月から商品の全国平均貸与価格等を利用者に説明することが義務づけられました。

■ ガイドライン原文

　本ガイドラインは、福祉用具専門相談員が「福祉用具サービス計画」を作成する際の考え方を示すことで、福祉用具に係るサービス（以下、「福祉用具サービス」という。）のより一層の質の向上を図ることを目指して、一般社団法人全国福祉用具専門相談員協会（愛称：ふくせん）（以下、「本会」という。）が厚生労働省の老人保健健康増進等事業の助成を受けて策定したものです。

　これまで本会では、福祉用具の計画的なサービス提供を支援するためのツールとして2009年に「ふくせん・福祉用具個別援助計画書」を開発し、次いで2010年には、同計画書に基づく定期の訪問確認によって適切な利用を支援するためのツールとして「モニタリングシート」を開発しました。2012年4月に福祉用具サービス計画の作成が義務化されたことに伴い、上記様式について名称をふくせん版「福祉用具サービス計画書」と変更し、様式の普及・啓発活動に取り組んできました。

　本ガイドラインは、福祉用具サービス計画に関する現場での蓄積を基に取りまとめたものです。福祉用具サービス計画を作成するための基本的な考え方や留意点、関係機関との連携方法、さらにモニタリングの実施方法などを分かりやすく示しています。また、併せて本書の中にはガイドラインだけでなく、参考として本会が作成した

様式（平成26年3月版）を示すとともに、様式の記載方法等についても触れることといたしました。

　今後、さらに質の高い福祉用具サービスを利用者に提供できるよう、多くの福祉用具専門相談員に、日々の福祉用具サービス計画の作成時や研修等の様々な場面で、本ガイドラインを活用していただくことを期待しています。

第2節 福祉用具サービス計画とは何か

1 導入の経緯

　福祉用具サービス計画は、ケアマネジャーが作成するケアプランに基づいて作成されるものです。ほとんどの居宅サービスの個別サービス計画は、介護保険制度が始まった2000（平成12）年度から作成されてきましたが、福祉用具サービス計画の作成は介護保険制度が始まって12年経った2012（平成24）年に制度化されました。

　福祉用具サービス計画を含めたすべての居宅サービスの個別サービス計画は、要介護高齢者等の希望を踏まえて、身体的状況、心理的状況、社会環境状況をもとに作成されます。福祉用具サービス計画は、貸与・購入する個々の福祉用具についての利用目標、利用期間等を明記する計画を要介護高齢者等の利用者や家族と一緒に検討して、作成することになっています。

　福祉用具サービス計画の作成は、福祉用具専門相談員が利用者の状態像をアセスメントして最適な福祉用具を提供できるよう、継続的に支援していくサービスとして位置づけられています。その結果、福祉用具専門相談員は、要介護高齢者等に対して福祉用具をより適切に貸与したり、販売することが可能になります。同時に、ケアマネジャーとの連携のために、サービス担当者会議にも積極的に出席することが必要です。

■ ガイドライン原文

　　介護保険制度は、要介護状態となった高齢者等に対して、自立支援の理念のもと、居宅サービス計画（以下、「ケアプラン」という。）に基づき、多様なサービスを組み合わせて提供しながら、高齢者等の日常生活を支えるための仕組みです。単に各サービスを個別に提供するのではなく、可能な限り居宅において、その有する能力に応じ自立した日常生活が営めるようにするため、すべてのサービスがケアプランを核に生活目標を共有し、認識を合わせることが求められます。

　　福祉用具サービスは、介護保険サービスの1つです。高齢者等の心身の状況、希望及びその置かれている環境を踏まえて利用目標を定めるとともに、適切な福祉用具を選定し、利用者がその目標に向けて福祉用具を活用した生活を送れるよう、専門職である福祉用具専門相談員が支援するものです。

福祉用具サービスは、これまで他の介護保険サービスと異なり、個別のサービス計画の作成が義務づけられていませんでした。しかし、「福祉用具における保険給付の在り方に関する検討会」（平成23年5月に「議論の整理」をとりまとめ）において、「福祉用具サービスにおいて、利用者の状態像の変化に応じた適切なアセスメント、マネジメントの仕組みが必要である」という指摘がなされ、個別サービス計画の必要性が示唆されました。

　これを受け、福祉用具サービスがより効果的に活用され、利用者の生活の質の向上が図られるよう、平成24年4月より福祉用具専門相談員が「福祉用具サービス計画」を作成することが義務化されることになりました。

2　福祉用具サービス計画について

　福祉用具サービス計画に記載すべき内容は、「指定居宅サービス等及び指定介護予防サービス等に関する基準について」（平成11年9月老企第25号厚生省老人保健福祉局企画課長通知）に規定されています。そのため、どのような福祉用具サービス計画を作成しようと、この内容を満たすことが要件となります。当然のことですが、第4章に具体的に示してある「ふくせん版　福祉用具サービス計画書」の書き方は、次の内容を満たしています。

■ ガイドライン原文

　福祉用具サービス計画は、「利用者の希望、心身の状況及びその置かれている環境を踏まえ、指定福祉用具貸与の目標、当該目標を達成するための具体的なサービスの内容等を記載した」ものです。

　介護支援専門員が作成するケアプランとの関係としては、ケアプランに記載されている生活上の目標と、その実現を支援するサービスのうち、福祉用具サービスに関する具体的な内容を示したものになります。

　なお、本ガイドラインでは、福祉用具サービス計画を記載するための様式について言及する際は、本会が開発した「福祉用具サービス計画書」という用語を用います。

第3節 福祉用具サービス計画の意義

　福祉用具サービス計画の作成の意義は次のように五つあり、その中核は福祉用具専門相談員が個々の利用者についての理解と個々の福祉用具の理解を深め、利用者と一緒に最適な福祉用具を選定することにあります。

① 福祉用具サービス計画を作成することで、利用者に文書をもとにして、どうしてその福祉用具が選定されたのか説明できます。これにより、福祉用具専門相談員は専門職として説明責任を果たせることになります。

② 利用者や家族の状態の変化に合わせて福祉用具サービス計画を見直すことにより、別の福祉用具に変更になったり、時には福祉用具が不要になったり、福祉用具の活用方法の変更が行われるなどの再検討を図ることができます。これにより、利用者の生活の変化に合わせて継続して支援していくことが可能になります。

③ 福祉用具サービス計画を作成するに際しては、福祉用具を活用する際に注意や留意すべきことを記述することが要件になっています。この内容が的確に書かれていることで、福祉用具の使用上における事故の防止につながります。特に介護者がいない一人暮らしの要介護高齢者等や、認知症の人が福祉用具を利用される場合には、こうした項目に細心の注意を払うことで、リスクを予防できます。

④ 福祉用具サービス計画を作成することで、利用者についてのアセスメント情報、ケアマネジャーのケアプランおよび他の居宅サービス事業者の個別サービス計画について情報を共有化でき、チームケアが可能になります。また、ケアマネジャーが主催するサービス担当者会議や、場合によっては地域包括支援センターが実施する支援困難事例について検討する地域ケア会議（個別ケア会議）に出席し、情報交換ができ、他の人々と一緒に利用者の課題を解決していくことができます。

⑤ 前述の①から④が意義あるものとなる福祉用具サービス計画を作成するためには、福祉用具専門相談員はアセスメント、福祉用具の選定、留意点等についてのスキルを身につけることが求められます。

■ ガイドライン原文

福祉用具サービス計画の主な意義としては、以下の5つが挙げられます。

① 福祉用具サービスの目標や内容に対する利用者等の理解の促進

福祉用具サービス計画を用いることで、利用者や家族に対して福祉用具の利用目標や選定理由、活用方法を含む利用上の留意点を明確に説明することができます。

特に利用目標については、利用者が目指す生活の実現に向けて福祉用具を効果的に利用できるよう、利用者や家族だけでなく、関係する他職種とも共有する必要があり、文書化して示すことが有効です。

② 利用者の状態像等の変化に応じた福祉用具の提供

福祉用具の選定にあたっては、利用者の状態像等を把握し、それを根拠として最適なものを判断することが重要です。福祉用具サービス計画において、それぞれの福祉用具の選定理由を明確にしておくことで、利用者の状態像等に変化があった場合に現在の選定理由を再確認したうえで、福祉用具の見直しが必要かを判断するといったシームレスの対応が可能になります。

③ 事故防止・リスクマネジメント

福祉用具の利用に際しては、誤った使い方による事故やトラブルを防ぐための支援も重要です。利用者や家族をはじめ、日常的に福祉用具の利用に関わる介護職等に対して、福祉用具の適切な活用方法や利用上の留意事項等について、福祉用具サービス計画を通じてあらかじめ伝えることにより、事故やトラブルを未然に防ぐことにつながります。

また、万が一、事故が発生した場合においても、事故の検証から得られた結果と福祉用具サービス計画等の記録をもとに、利用者や家族に説明すべき内容をさらに整理することで、今後の事故防止に役立てることができます。

④ 関係者間の情報共有・共通理解

利用者が住み慣れた地域で自分らしく生活を続けていくためには、多職種等の関係者間で支援に必要な情報を共有し、生活目標等について共通理解のもと連携し、利用者を支えていく体制が重要です。しかしながら、介護施設等と違い、在宅では必ずしも関係者が常に顔を合わせられるわけではありません。

そのため、利用者の状態像や利用するサービス内容等に関する情報を記録として残し、その情報を関係者間で共有することが重要となります。福祉用具サービス計

画は、そのような記録類の1つであり、他のサービスの記録と同様、関係者間で活用することが期待されます。

⑤ 福祉用具専門相談員のスキルアップ

福祉用具サービス計画の作成にあたっては、利用者の生活のニーズや状態像といった情報を適切に把握・整理し、文章化する等の作業を行う必要があり、そこでは多様な知識や技術が求められます。

福祉用具サービス計画の作成に必要な、これらの知識や技術の習得に向けて日々研鑽を積むことで、専門職としての自覚が促され、福祉用具専門相談員としての資質と専門性の向上が期待されます。

第4節 福祉用具サービス計画の作成の基本的な手順と方法

　福祉用具サービス計画を作成する手順は、①アセスメント、②福祉用具サービス計画の記載、③福祉用具サービス計画の説明・同意・交付、④福祉用具サービスの提供、⑤モニタリングの実施という順番ですが、モニタリングに基づき、利用者に新たな課題が生じているのが明らかになった場合には、ケアマネジャー等に報告・共有して、再度アセスメントをすることが必要になります。

　このような手順は、ケアマネジャーのケアプランも、他の居宅サービス事業者の個別サービス計画の作成においても同じです。これらすべての計画は、「Plan（計画）⇒ Do（実行）⇒ Check（評価）⇒ Action（行動）」という PDCA サイクルに基づくもので、利用者のニーズを解決するために実施されます。福祉用具サービス計画の作成手順として、このサイクルを遵守することで、要介護高齢者等や家族のニーズに最も適切な福祉用具を選定できます。さらには、要介護高齢者等や家族の変化に合わせて、最も適切な福祉用具への変更や利用方法の変更といった継続的な支援が可能になります。

　とりわけ、サービス担当者会議に参加し、情報交換をすることで、それぞれの計画を最適なものにすることになります。同時に、個々の計画について理解することで、共通の支援目標が理解でき、チームでの支援が促進されます。

● 図1-1　福祉用具サービス計画の作成の基本的な手順と方法

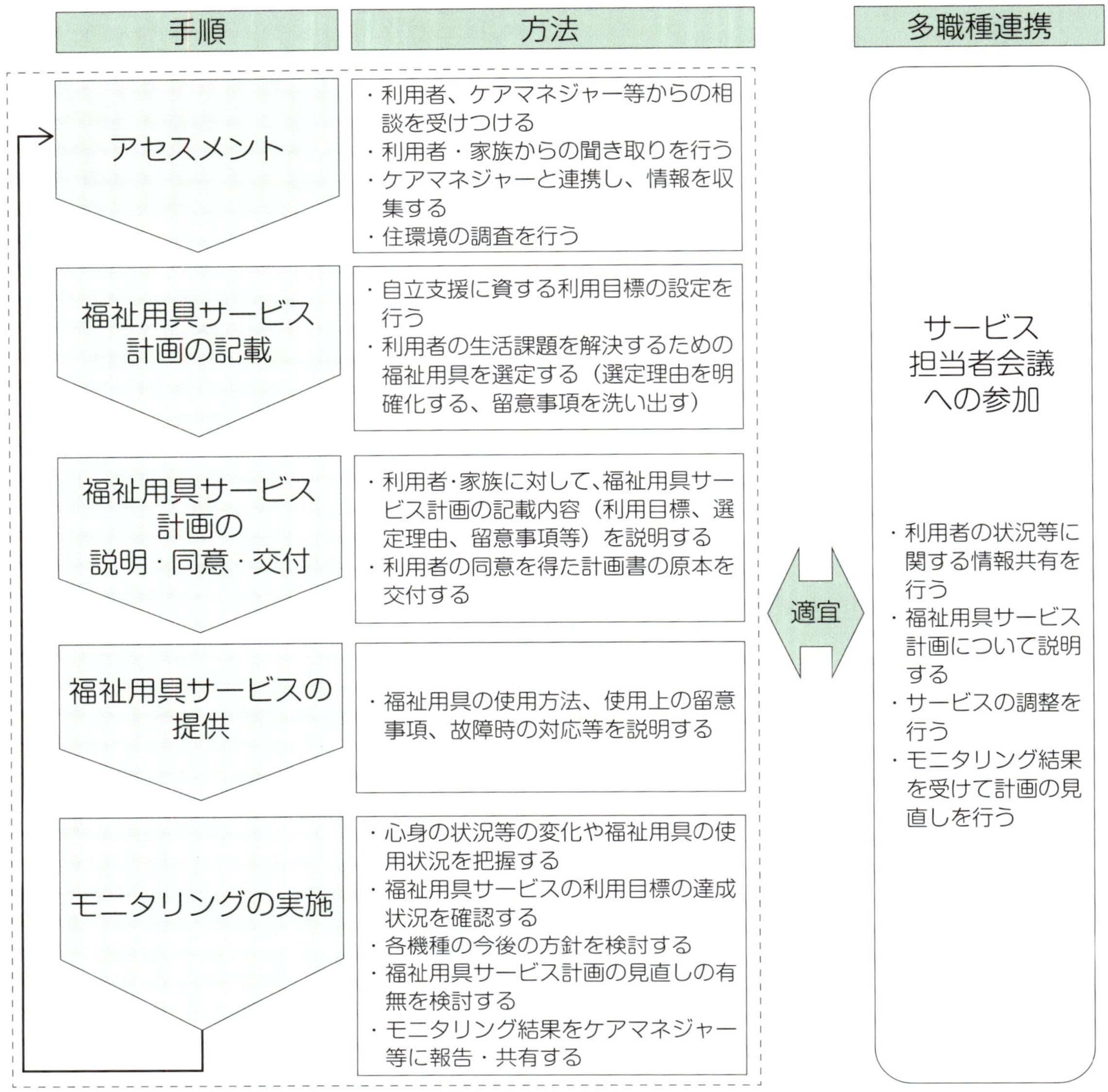

手順	方法	多職種連携
アセスメント	・利用者、ケアマネジャー等からの相談を受けつける ・利用者・家族からの聞き取りを行う ・ケアマネジャーと連携し、情報を収集する ・住環境の調査を行う	サービス担当者会議への参加 ・利用者の状況等に関する情報共有を行う ・福祉用具サービス計画について説明する ・サービスの調整を行う ・モニタリング結果を受けて計画の見直しを行う
福祉用具サービス計画の記載	・自立支援に資する利用目標の設定を行う ・利用者の生活課題を解決するための福祉用具を選定する（選定理由を明確化する、留意事項を洗い出す）	
福祉用具サービス計画の説明・同意・交付	・利用者・家族に対して、福祉用具サービス計画の記載内容（利用目標、選定理由、留意事項等）を説明する ・利用者の同意を得た計画書の原本を交付する	
福祉用具サービスの提供	・福祉用具の使用方法、使用上の留意事項、故障時の対応等を説明する	
モニタリングの実施	・心身の状況等の変化や福祉用具の使用状況を把握する ・福祉用具サービスの利用目標の達成状況を確認する ・各機種の今後の方針を検討する ・福祉用具サービス計画の見直しの有無を検討する ・モニタリング結果をケアマネジャー等に報告・共有する	

（適宜）

出典　「福祉用具サービス計画作成ガイドライン」（一部改変）

第5節 福祉用具サービスの2018（平成30）年度改定と今後について

1 複数商品と全国平均貸与価格の提示

　少子高齢化により我が国の社会保障費は増加の一途をたどっており、介護保険においても保険料は全国平均で5000円を超えるなどしたため制度の持続性のための政策が不可欠な状況となっています。

　このような中、社会保障費の適正化の視点から2015（平成27）年10月に開催された財務省の財政制度等審議会や財政制度分科会において、軽度者への福祉用具貸与を原則自己負担とし、保険給付の割合を大幅に引き下げるとの方向性が示されました。

　厚生労働省の社会保障審議会介護保険部会は、福祉用具サービスのあり方を検討し、最終的には2016（平成28）年12月に財務大臣と厚生労働大臣の折衝により、2018（平成30）年度から福祉用具専門相談員が機能や価格帯の異なる複数の商品を提示すること、貸与しようとする福祉用具の全国平均貸与価格等を利用者に説明することになりました。

　介護保険制度での福祉用具の貸与価格は他のサービスと異なり、福祉用具貸与事業者が自由に決めることができます。一般商品と同じように、いわゆる市場原理で価格が決まるしくみです。

　私たちが買い物をするときは市場にある商品を比較して、少しでも安くて良いものを選択して購入します。消費者が選択するための情報がないと市場原理は機能しません。

　2018（平成30）年度の福祉用具サービスに係る改定により、福祉用具専門相談員が機能や価格帯の異なる複数の福祉用具や全国平均貸与価格等を利用者に提示したことを証明する手続きは増えますが、それは、身近に情報の少ない福祉用具サービス分野の市場原理を機能させる合理的な手段であるともいえます。

　全国平均貸与価格等の提示により福祉用具専門相談員によるサービスの質が利用者から問われる一方、これまでケアマネジャー等からの要請で提供されていた一部の福祉用具は、今後は福祉用具専門相談員の商品の複数提示を経て提供されるようになり、福祉用具専門相談員の力量が発揮できることになります。

　今後も介護保険制度の持続性が社会的課題とされる中、よりいっそう、福祉用具サービスのソフト面を担う福祉用具専門相談員の質の向上が望まれています。

2　ケアマネジャーへの交付の義務化

　2018（平成30）年度の改定では、福祉用具サービス計画を作成した場合には、それを利用者だけでなく、その利用者を担当するケアマネジャーにも交付しなければならないことになりました。

　より広い視点から利用者をみているケアマネジャーに福祉用具サービス計画を交付することは、ケアマネジャーとの連携を促進し、利用者の自立支援に資するサービスの提供につながるでしょう。

　ふくせんは、福祉用具サービス計画のケアマネジャーへの交付はこれまでも推奨していましたが、このたびの義務化によって、よりいっそう多職種との連携が促進されることを期待しています。

第2章

福祉用具サービス計画の作成

第1節 アセスメント

1 アセスメントの目的と考え方

1 アセスメントとは、情報を収集し課題を分析していくプロセス

アセスメントとは、福祉用具サービス計画やケアプランなど、計画を作成していくうえで必要となる情報（利用者の心身の状態像や環境、要望など）を、利用者（本人や家族）、ケアチーム（利用者にかかわる多職種の専門職たち）などから聴き取り、実際に現地に赴いて収集し、そこから課題やニーズを分析していく過程（プロセス）のことをいいます。

福祉用具サービス計画も、利用者の状態像に適した福祉用具を選定するための情報収集と分析の過程です。

2 アセスメントの目的と必要性

福祉用具の支援を必要とする人々は、一人ひとりの状態も環境も全く違います。その人のための福祉用具サービス計画を作っていくには、その対象者となる利用者本人、介護者である家族のことをよく知り、理解していく必要があります。それを福祉用具と環境の視点から専門的に観察していくことが、その人のケアによりマッチングさせていくためにはとても重要です。

福祉用具専門相談員は、生活環境の専門家としての観点から、利用者の状態像を把握するために必要な情報をさまざまな形で収集し分析します。そして、福祉用具が必要な理由や利用目標の設定、機種の選定理由の根拠として計画の中に活用し、反映させていくために、アセスメントを行っていきます。

したがって、情報を収集するだけではなく、それを分析していくという過程がとても重要であり、計画の根拠とするためにアセスメントが必要です。

3 アセスメントの考え方

アセスメントを行う際には、利用者一人ひとりの異なる身体とこころの状態、現病歴や既往歴、障がいの状態や、利用者の今までの生活スタイルなどの情報を把握します。そし

てこれからどのような生活を営んでいきたいかという利用者の要望（デマンド）など、ICF（国際生活機能分類）の観点に基づいた心身機能・身体構造と個人因子の情報に合わせて、住居などの生活環境や家族などの人的環境などを含めた環境因子の情報について把握していくことが必要となります（図2-1）。

したがって、「一人ひとりが違う豊かな存在である」という個別性を、アセスメントによって福祉用具専門相談員がしっかりと受け止めていく、という考え方がとても重要になります。

個別性が十分にとらえられていないと、利用目標も選定理由も留意事項についても、画一的な内容になってしまい、「その人のための計画」ではなくなり、利用者も何を目標にして、どう活用してよいのかがわからなくなってしまいます。これではせっかくの福祉用具の機能が発揮されなくなってしまいます。

また、誤った使い方や、注意事項がきちんと伝わらず、誤操作や事故、あるいは本来その人の自立を支援するべき福祉用具が、便利さゆえにむしろ自立を阻害するものになってしまう場合もあります。

したがって、そのミスマッチを減らし、自立を支援するために福祉用具を活用してもらうためにも、しっかりときめ細やかなアセスメントを実施できるよう、福祉用具専門相談員も学んでいく必要があります。

●図2-1　福祉用具サービスでのアセスメントとICFの概念との関係、そしてケアの方向性

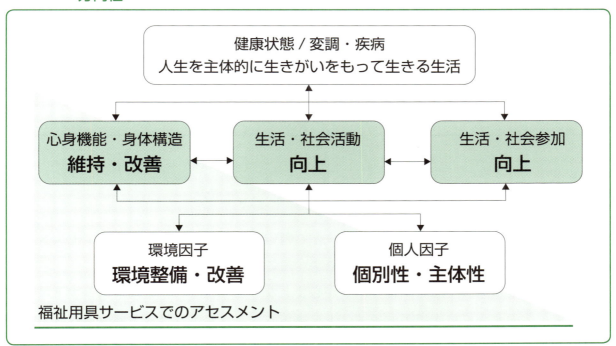

4 アセスメントはケアプランと福祉用具サービスとの連携のためにも重要

福祉用具サービス計画はケアプランに沿って作成されるものです。

ケアプランをマスタープランと考えると、福祉用具サービス計画を含む個別サービス計画はアクションプランととらえることができます。マスタープランがケア全体の方針やそれぞれのサービスの調整を示したものとすれば、そこで示されたそれぞれのサービスごとに、その方針に沿って自分たちの専門的な観点とアセスメントをもとに、実際のケアにつながる具体的なアプローチと実践方法を示しているのがアクションプランです。

つまり、マスタープランであるケアプランとアクションプランである福祉用具サービス計画は連結し、かつ連動しています。

さらに、それぞれを作成するケアマネジャーと福祉用具専門相談員はお互いにそのケースについての情報交換を綿密に行い、必要な情報を共有し、ケアプランと福祉用具サービス計画にそれぞれ反映させていく必要があります（図2-2）。

● 図2-2　マスタープラン（ケアプラン）とアクションプラン（個別サービス計画）の関係性

5 連携の流れとアセスメントのタイミング

基本的な流れとしては、ケアマネジャーから暫定ケアプランを受領して、アセスメントの実施と福祉用具サービス計画の作成に着手することになります。

ただし、退院に際して急きょ福祉用具が必要となった場合など、手順が前後する場合もあります。そのときには先にアセスメントを実施したり、ケアプランと同時並行して福祉用具サービス計画においても暫定サービス計画を作成し、ケアプランの確定後に福祉用具サービス計画を調整・修正し変更する場合もあります。その際は、暫定サービス計画の作成、確定後の福祉用具サービス計画の調整・修正についても、ケアマネジャーとのやりと

りを密にしながら、ケアプランとの連結と連動に齟齬が生じないように行いましょう。

6 アセスメントも共有していくことが重要

　実際に現場では、さまざまな出来事が起こることがあります。大切なことは、この出来事も一人ひとりの状況の豊かさであるととらえることです。その中で今何が必要とされているのかを把握しながら、基本的な流れをベースにしつつ、ケアマネジャーをはじめ、利用者の支援を行っていくケアチームと情報の交換および共有を常に行いながら適切なサービスの提供に結びつけるということがとても重要です。

　アセスメントはそのケアチームの情報交換の中から得る共有情報と、福祉用具専門相談員が生活環境の専門職という観点から得る専門情報があります。それらの情報をもとに課題を分析し、分析結果を共有していくことが、マスタープランとアクションプランの連携にとても重要です。そのうえで、より多くの情報を共有するためには、アセスメントを行う場合にケアマネジャーをはじめ、必要に応じリハビリテーション専門職などそのほかのケアチームの専門職と同行してアセスメントを行うことも効果的です（図2-3）。

●図2-3　情報の種類

共有情報	専門情報
ケアマネジャー・介護職・看護職・リハビリテーション専門職などケアチームから得られる情報	福祉用具専門相談員が生活環境の専門職として独自に得る情報

7 アセスメントで得られた個人情報の取り扱いは適切に

　アセスメントで得られる情報は、利用者や家族の大切な個人情報です。その取り扱いに関しては十分配慮をする必要があります。サービス利用契約や重要事項説明書、個人情報利用同意書などについては、その使用に際しては十分な説明をし、理解を得てください。

　アセスメントでの情報収集は、利用者本人と家族の同意のもとで行ってください。そして、個人情報利用同意書などで示されたこと以外は情報を開示しないよう、守秘義務をしっかりと守ってください。

　こうした守られるべき情報が守られているからこそ、利用者本人と家族は福祉用具専門相談員を信頼して自分たちのことを語るようになるということも、しっかりと理解しておきましょう。

　同時に、そうした内容が福祉用具専門相談員以外の専門職にこそ伝えるべき内容である

ときには、利用者本人と家族の同意を得たうえで、それぞれの専門職へ情報提供を行い、チームケアを機能させることもとても大切です。

2 アセスメントの実施

1 情報収集・分析すべき基本的な項目と情報収集の方法

福祉用具サービス計画を作成するために必要と思われるアセスメントでの情報収集と分析すべき基本的な項目は、次のように分類できます。

> 1. 利用者の基本情報
> 2. 身体状況・ADL（日常生活動作）
> 3. 意欲・意向
> 4. 介護環境
> 5. 住環境

1. 利用者の基本情報

ケアマネジャーからのケアプランの提示や、依頼時の情報提供などで得られる介護保険利用における基本的な情報には、利用者名、性別、生年月日、住所、連絡先、要介護度、認定期間などがあります。申請中の暫定プランなどでは要介護度の確定によって情報が更新されます。

2. 身体状況・ADL（日常生活動作）

利用者本人の身体的な状態像とADL（日常生活動作）の状態を理解するための情報です。

身長・体重、視覚や聴力をはじめとした身体情報は、福祉用具のサイズや仕様のフィッティングにとても重要な情報です。利用者は疾病や障がいなど、何らかの困難を抱えています。現在の主訴となる疾病の情報である現病歴、今までに経験した疾病の情報である既往歴は、現状もさることながらその歴史を知り、今後の予後・見立てをしていくためにも重要な情報になります。

一方、ADLの状況や日常生活自立度は、日常生活を営むうえでの単独の動作（起居や立ち上がりなどそれぞれの動作）において、利用者本人がどれくらいでき、どの動作で援助が必要かということを知る情報です。このADLの状況をみることで、支援が必要な生活場面や動作介助が想定できます。

また、認知症の利用者の状態を理解するために、認知症に対する情報や認知症高齢者の日常生活自立度を知っておくことも重要です。認知症の状態に応じて、福祉用具の選定や使用する際の説明などの参考になります。

3. 意欲・意向

　アセスメントの項目の中でも、意欲・意向は利用目標に直結する特に重要な項目です。

　現在困っていることはまさしく生活上の課題であり、それを分析していくことでそこに潜んでいる本来のニーズ（客観的な分析に基づく必要性・改善していくために取り組むべきこと）が発見されます。

　過去の生活歴をここで収集していきますが、疾病や障がいをもっている「利用者」という一面だけでなく、「ものがたり」を生きる一人の人として、今までどのような生活と人生を送ってきて、これからどのような生活と人生を自分らしく送っていきたいのかをうかがいながらひもとくことで、利用者の人生の歴史と本来の豊かさにふれ、具体的なゴールをイメージしていくためにとても重要な情報になっていきます。ただし、利用者の状態によってはそれをうまく表現できない場合もあり、意欲がわいてこない時期もあります。無理強いせず、まずその思いに寄り添いながら特に丁寧にかかわることが大切です。

　そして、利用者本人と家族の気持ち、望む生活をしっかりと丁寧に聴き取り、ケアに取り組む利用者の意欲、「福祉用具によってどのように自立的な生活を実現したいのか」という利用者の意向を知ることは、自己実現という自立支援のための目標に向けたケアを行っていくために重要な情報になります。この意欲・意向こそが利用者のデマンドであり、「こうなりたい」という自己実現のヒントになるものです（図2-4）。

　これをしっかりと聴き取り、利用者の力を引き出して（エンパワメント）、デマンドとニーズを照らし合わせたうえで、ほかのさまざまな情報・条件と合わせて分析し、具体化・明確化していくことで自立支援に資する利用目標が導き出されていきます。

● 図2-4　デマンドとニーズ

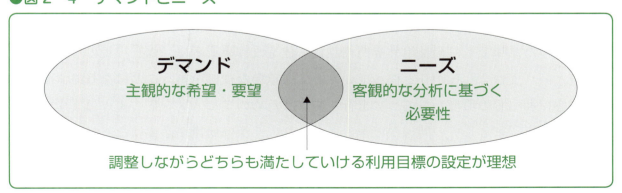

4. 介護環境

　ここでは家族、ケアマネジャー、福祉用具専門相談員、介護保険事業者だけでなく、介護保険以外の地域の資源も含めて、利用者をケアしていくチーム全体のソフト環境と状況のことを、介護環境と考えます。

　介護環境には、ケアチームや地域資源の情報や家族の情報、そして既存の福祉用具や自助具の情報などがあります。

　福祉用具の導入を考えるとき、その使用者は必ずしも利用者（本人や家族のうちの主介護者）だけではありません。ケアチームのメンバーや主介護者以外の家族なども使用する場合には、その人たちの情報も選定するうえでとても重要な条件の一つになります。また、利用目標、留意事項などを伝える対象も変わります。

　移動関連用具などでは、介護保険以外の地域資源を活用し、それが福祉用具と関係してくる場合も考えられます。

　さらに、ケアチームの中に訪問看護師やリハビリテーション専門職がかかわっている場合には、その障がいなどのキュアやケアと福祉用具は特に大きな関連性をもってきます。それらの専門職との連携を図る必要があるかといったことも、アセスメントの情報から推測・分析していくことができます。

5. 住環境

　在宅の利用者の住環境こそ、生活における福祉環境改善の専門職である福祉用具専門相談員にとって、その専門性を存分に発揮できる分野になります。

　住宅のハード面に関する情報はもちろん、生活場面ごとに本人と家族、介護者がどのように動くのかという生活動線に関するソフトの情報もとても重要です。

　また、社会活動・社会参加というICFの観点からいえば、その人の生活場面は屋内だけではなく屋外、また街の中にもその福祉環境は広がっていきます。

　これからの介護は、福祉環境をまずしっかりと整備することで、環境が利用者たちの生活をまずサポートできるようにし、そのうえで必要に応じ人的なケアが自立支援をサポートするという形になっていくことが、より「自立支援に資する介護」となっていきます。

　そういった意味でも、福祉用具専門相談員や住宅改修事業者は、福祉環境の専門家として環境という土台をしっかりと作っていくとても重要な役割を担うことになります。住環境を中心に利用者の環境からのケアを行っていくためのアセスメントの視点はますます重要となり、専門家としての助言ができるようより広く深い研鑽が必要になってきます。

● 図2-5　情報の種類、項目、収集の方法

情報の種類	情報項目	情報収集の方法
1. 利用者の基本情報	・氏名、性別、年齢 ・要介護度 ・認定日、認定期間 ・住所、電話番号 ・居宅介護支援事業所名、担当ケアマネジャー名　等	・ケアマネジャーからの情報収集（ケアプラン、アセスメントシート等）
2. 身体状況・ADL	・身長、体重 ・現病歴及び既往歴、合併症 ・障がいの状況 ・障害高齢者日常生活自立度 ・認知症の程度 　（認知症高齢者日常生活自立度） ・ICFの状況 　（できること、できそうなこと、介助が必要なこと等）　等	・利用者・家族からの聴き取り ・ケアマネジャーからの情報収集（ケアプラン、アセスメントシート等） ・サービス担当者会議 ・医療機関におけるカンファレンス等
3. 意欲・意向	・利用者本人の気持ち、望む生活について ・現在困っていること ・過去の生活状況 　（生い立ち、仕事、趣味等）　等	・利用者・家族からの聴き取り ・ケアマネジャーからの情報収集（ケアプラン、アセスメントシート等） ・サービス担当者会議 ・医療機関におけるカンファレンス等
4. 介護環境	・他のサービスの利用状況 　（介護保険サービス、保険外サービス） ・家族構成、主たる介護者 　（氏名、日中の介護状況） ・利用している福祉用具 　（既に導入済みのもの） ・経済状況　等	・利用者・家族からの聴き取り ・ケアマネジャーからの情報収集（ケアプラン、アセスメントシート等） ・サービス担当者会議 ・医療機関におけるカンファレンス等
5. 住環境	・持家または借家 　（住宅改修が可能か） ・エレベーターの有無 　（集合住宅の場合） ・屋内の段差の有無 ・居室内での動線 ・トイレの状況 　（広さ、和式・洋式） ・浴室の状況 　（脱衣所の広さ、浴室の広さ、浴槽のまたぎ高さ等） ・通路及び各部屋出入り口の有効幅、家具等の設置状況　等	・住環境の訪問調査 ・利用者・家族からの聴き取り ・ケアマネジャーからの情報収集（ケアプラン、アセスメントシート等）

出典　「福祉用具サービス計画作成ガイドライン」（一部改変）

2 情報収集の方法

1. 利用者（本人・家族）からの情報収集

　利用者本人や家族との面談では、自宅を訪問することが基本となります。

　しかし、入院中などの場合は入院先である医療機関などで行うこともあります。その際、面談はケアマネジャーに同行して行うことで、聴き取った情報が共有できる機会にもなります。

●具体化していくときは利用者がイメージしやすくなる工夫を

　ケアプランからの情報により、ある程度品目や使用場面がイメージできる場合は、アセスメントの時点でも、その情報収集の意図を利用者にわかりやすく工夫して伝えるほうがよい場合もあります。それにより具体的な情報収集がしやすく、協力も得やすくなります。具体化していくために、実際に福祉用具を持ち込み、使用方法等を説明しながら必要な情報をアセスメントしていくことも効果的です。利用者本人や家族も福祉用具を使用した生活のイメージがしやすく、利用目標のための分析や設定にもつながります。

実際に福祉用具を持ち込んで、生活に使用している場面をイメージしてもらうのも効果的

●認知症や失語症などコミュニケーションが困難な場合

　利用者には認知症や失語症など、コミュニケーションに困難を感じている人もいます。その中で、介護保険の「利用者本位」を大事にしながら、少しでも利用者本人の意思や意向・意欲を聴き取り、福祉用具サービス計画に反映させられるよう努めます。利用者の表情といった情報も福祉用具サービス計画に活用することができます。

　利用者本人からの聴き取りが難しい場合には、家族からの聴き取りなども行い、できる限りの情報収集に努めます。

2. ケアマネジャーとの連携による情報収集

　アセスメントのための情報収集には、利用者の全体像を把握し、総合的な援助の方針を打ち出し、それぞれのサービスをコーディネートしていくケアマネジャーからの情報が欠かせません。

ケアマネジャーから得られる情報としては、利用者の基本情報や、作成したケアプランにおける生活全般の解決すべき課題（ニーズ）、福祉用具サービスに関する内容などがあります。ケアプランの受領と併せて、ケアマネジャーが作成したアセスメントシート（複写）も入手できると、利用者の心身の状況などをより詳細に把握でき、福祉用具サービス計画を作成するうえで有用です。

3. 住環境の情報収集

面談などの機会に利用者の自宅を訪問する際には、住環境の情報収集も実施します。住宅改修が想定されている場合には、可能であれば住宅改修の担当者に同行してもらうと、福祉用具の観点と住宅改修の観点のそれぞれから幅広く生活環境を分析していくことができ、協力連携してより効果的な環境整備の提案ができます。

4. 多職種連携による情報収集

介護はチームで行うものですから、ケアマネジャーや福祉用具専門相談員をはじめ、さまざまな多職種との連携から情報収集することが重要です。

●サービス担当者会議

サービス担当者会議は、利用者のケア方針を決定する重要な会議であり、同時に多職種からさまざまな情報が提供される機会でもあります。心身の状況のみならず、生活環境や介助方法など福祉用具を使用するにあたっての貴重な情報も収集できます。また、多職種に福祉用具専門相談員としての情報提供をする場でもあります。

●医療機関などでのカンファレンス等

利用者本人が入院中等の場合は、退院時カンファレンスに出席する場合もあります。医療機関でのリハビリテーション状況を踏まえた福祉用具の選定や調整等について、医療機関の理学療法士（PT）や作業療法士（OT）、言語聴覚士（ST）、看護師から情報を収集することができます。特に、入院中の生活状況や動作、使用していた福祉用具やその使用状況、退院に向けての指示や留意点などを確認し、アセスメントに活用していきます。

● **その他**

　介護保険制度でのサービス以外にも、行政や地域で行われている独自の支援事業などでサポートしている保健所や健康サポートセンターの保健師、社会福祉協議会の社会福祉士や精神保健福祉士といった専門職などもかかわっている場合があります。多くの場合、主たる支援者はサービス担当者会議などに参加する場合もありますが、福祉用具に関連する支援があるときにはその担当専門職との情報交換も大切です。

　また、地域包括支援センターや市区町村が開催する地域ケア会議では、個別の課題検討から地域全体の課題検討や資源について討議されます。個別ケースで助言を求める場合には実務者レベルの地域ケア会議（地域ケア個別会議）に諮り、関係者と議論することも有効です。また、移動支援や屋外の環境整備など、福祉用具に関連する環境の課題解決のために、地域の代表者レベルの地域ケア会議（地域ケア推進会議）に情報提供することも重要です。

● 図2-6　「地域ケア会議」の5つの機能

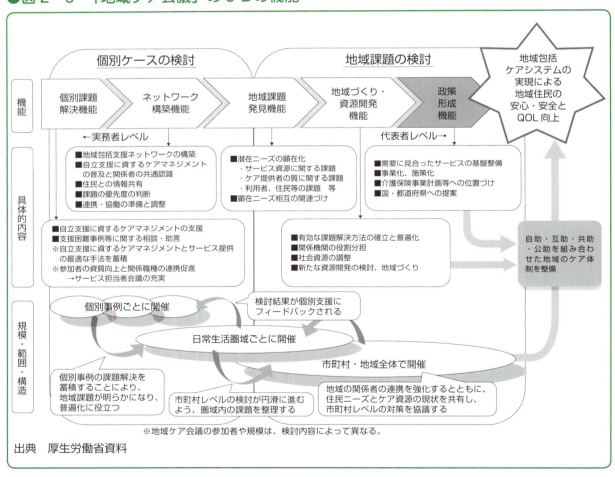

出典　厚生労働省資料

● 図 2-7　主な情報収集の方法と実施内容・留意点

情報収集の方法		実施内容・留意点
利用者・家族からの聴き取り		・利用者・家族との面談を行い、利用目標の設定や福祉用具の選定に必要な情報収集を行う。面談の場所は本人の自宅を基本とするが、入院中等の場合は医療機関等で行う。 ・ケアマネジャーと同行して行うことが望ましい。 ・既に想定されている福祉用具の候補が絞り込めている場合には、候補となる福祉用具を持参し、利用者・家族に試用してもらうなど、福祉用具を用いた生活行為のイメージを持ってもらえるようにする。 ・認知症等によって、意思が明確に表明できない利用者であっても、家族への聴き取りなど、できる限りの情報収集を行うことが望ましい。
ケアマネジャーとの連携による情報収集		・利用者の基本情報（氏名、住所、電話番号、要介護度、相談の概要等）について電話等で聴き取りを行う。 ・ケアプランを受領する。 ・ケアマネジャーが保有するアセスメントシート等には利用者の心身の状況等についての情報が記載されており、その複写を受領することは有用である。
住環境の調査		・利用者の自宅を訪問し、住環境の調査を行う。 ・利用者が自宅にいる場合には、利用者・家族との面談と同時に実施することが望ましい。 ・住宅改修が必要な場合には、住宅改修の担当者への同席依頼を検討する。
多職種連携による情報収集	サービス担当者会議	・サービス担当者会議に出席し、利用者の希望や心身の状況等の情報について、同じ利用者を支援する他職種から情報収集を行う（サービス担当者会議の位置づけと内容については第2章第6節を参照）。
	医療機関におけるカンファレンス等	・医療機関の医療職とケアマネジャー等が出席するカンファレンスが開催される場合があり、福祉用具専門相談員が出席を求められるケースも増えている。 ・医療機関でのリハビリテーション状況を踏まえた福祉用具の選定や調整等について、医療機関の理学療法士や作業療法士等から情報収集を行うことは有用である。
	その他	・利用者の周りには、ケアマネジャー以外にも多数の専門職が関わっていることが多く、その専門職から情報を得ることは、福祉用具による支援を考えるうえで有用であるため、随時情報収集を行うことが望ましい。 ・また、地域包括支援センター（または市区町村）が開催する地域ケア会議においてサービス内容等に関する助言を得ることが望ましい場合もある。

出典　「福祉用具サービス計画作成ガイドライン」（一部改変）

第2節 アセスメントの過程での複数提案の見える化

1 商品の複数提案とサービスの適正化

　今回の福祉用具に関する制度改定では、福祉用具サービス計画の作成に関する一部改定が義務づけられました。

　この節ではアセスメントの分析をしながら計画を作成する中で、利用者や家族に向けた複数商品の提案という過程の重要性を解説します。

　利用者にとって、選択の余地のない提案によってサービスを決定することは、決してサービスの適正化にはつながりません。たとえ二者択一でも、提案された複数商品のうちから自分自身で決定したという意識は、自立して生活をしていくうえで、非常に大切な課程です。またその過程を記録し、書類に残すことは、サービスの見える化を実現し、なぜその商品を選定したのかを納得して使用することができます。

　複数商品から選定した過程を見える化し、利用者・家族、ケアマネジャーなどと情報を共有することこそ、福祉用具貸与サービスの適正化にもつながります。

2 複数商品を提案する意義

　今までの福祉用具サービス計画の作成作業の中で、福祉用具専門相談員は利用者に、適正と考えられるいくつかの商品を提案してきました。そして、その中から、利用者や家族が選択した商品が、最終的に利用する福祉用具として福祉用具サービス計画に記載されることになります。ですから、複数の提案をすることは、福祉用具専門相談員にとって適正なサービス提供には不可欠の作業であることは従前から認識しているはずです。

　一方、複数提案の見える化のメリットは、何でしょうか。もし、現在使用している商品に違和感や使い勝手が悪くなったと感じたとき、有効な情報資源となり得ることです。前回は選択しなかった商品が、今の状況には適しているかもしれない。担当の福祉用具専門相談員に前回提案した商品のリストを提示して、相談に乗ってもらう。それを利用者から相談する時代がくれば、まさに自己決定、自立支援に資するシステムが構築されることになります。

　もちろん、導入時に立ち会えなかった家族や、同居していない遠方に住んでいる息子や娘に、選定した経過も説明しながら、なぜその商品を選んだかを理解していただく説明

ツールにもなります。自己決定した意識づけと、利用者自身だけでなくその家族や関係者にも選定の過程を理解してもらうことがサービスの見える化の大きなメリットです。そして見える化された福祉用具サービスのPDCAサイクルは、自己決定に裏づけされた質の高い、適正なサービス実施につながります。

第3節 福祉用具の利用目標の設定

　福祉用具専門相談員は、収集した情報をもとに利用者の状態像を整理し、生活全般の解決すべき課題・ニーズ（福祉用具が必要な理由）を分析し、そのうえでその課題・ニーズを解決するための利用目標を設定していきます。

●ケアプランと福祉用具サービス計画での項目それぞれの関係性

　福祉用具の利用目標は、ケアマネジャーのアセスメントで明確となった利用者の生活課題・ニーズに対し、どのような福祉用具を用い、どのような方法によってそれを解決していこうとするのか、そして、どのような生活を目指していくのかなどを端的に記載するものです。

　利用目標はサービスを提供していくケアの根拠であり、利用者とともに目指していくゴールでもあります。福祉用具だけでなく、それぞれの介護サービスは利用目標を達成するためにその障壁となっている課題を解決していく支援のプロセスであり、利用目標の設定はアクションプランである個別サービス計画の軸になる最も重要な項目の一つです。

　利用目標をしっかりと設定できていないと、何のために、どこに向かって福祉用具を使用するのかがわからなくなってしまい、本来の目的と違ってしまったり、誤った使用になってしまう場合があります。また、モニタリングの際に目標達成度がしっかりと評価できなくなるので、利用目標をしっかりと設定することは、福祉用具サービス全体のPDCAサイクルをしっかりと動かしていくためにもとても重要です。

●ケアプランとの関係性

　ケアマネジャーが作成するケアプランとの関係では、福祉用具の利用目標は、ケアプラン第2表に記載された目標（主に短期目標）を福祉用具で実現するための方針に該当します。

　ケアプラン第2表の目標は、まずケアマネジャーがケアプラン全体の総合的な援助の方針をもとに、個々の課題に対してそれに対応した個々の長期的で大きな目標（長期目標）を設定します。そして、その大きなゴールに向けて段階的に短期間で達成可能な小さなゴール（短期目標）を設定し、その小さなゴールを一つひとつクリアしていき、最終的に大きなゴールに到達していくというしくみになっています。そのために、必要なサービス

● 図2-8　ケアプラン第2表

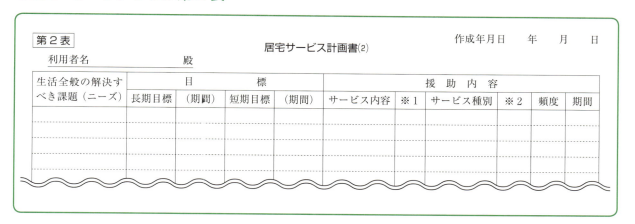

● 図2-9　ケアプランと福祉用具サービス計画の関係性

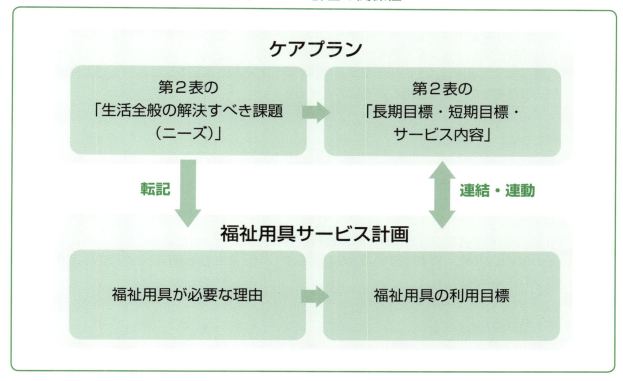

が振り分けられていて、そのうち福祉用具サービスが担う課題と目標の部分を、福祉用具サービス計画では実際に達成していくために具体化し明確にしていくのです。つまり、ケアプラン第2表の目標を、より具体化し明確にしたものが福祉用具サービス計画の利用目標となります。

　同時に、介護保険制度の基本的な方針の一つとして「自立支援に資するサービスであること」というものがあります。福祉用具サービスにとっても同様であり、利用目標についても、その考え方をしっかりと踏まえて設定していくことが重要です。

1 自立支援に資する福祉用具の利用目標の考え方

　福祉用具サービス計画は、利用者の自立支援につながるものでなければなりません。ここでは、介護保険制度における自立支援の理念について改めて確認します。

1 介護保険制度における「自立支援」

　「自立支援」については、介護保険法の中で次のように規定しています。

【基本的な理念として】

> 第1条
> 　〔前略〕加齢に伴って生ずる心身の変化に起因する疾病等により要介護状態となり、入浴、排せつ、食事等の介護、機能訓練並びに看護及び療養上の管理その他の医療を要する者等について、これらの者が尊厳を保持し、その有する能力に応じ自立した日常生活を営むことができるよう、必要な保健医療サービス及び福祉サービスに係る給付を行うため、国民の共同連帯の理念に基づき介護保険制度を設け、その行う保険給付等に関して必要な事項を定め、もって国民の保健医療の向上及び福祉の増進を図ることを目的とする。

【保険給付として】

> 第2条第2項
> 　〔前略〕保険給付は、要介護状態等の軽減又は悪化の防止に資するよう行われるとともに、医療との連携に十分配慮して行われなければならない。
>
> 第2条第4項
> 　〔前略〕保険給付の内容及び水準は、被保険者が要介護状態となった場合においても、可能な限り、その居宅において、その有する能力に応じ自立した日常生活を営むことができるように配慮されなければならない。

【国民の努力及び義務として】

> 第4条第1項
> 　国民は、自ら要介護状態となることを予防するため、加齢に伴って生ずる心身の変化を自覚して常に健康の保持増進に努めるとともに、要介護状態となった場合においても、進んでリハビリテーションその他の適切な保健医療サービス及び福祉サービスを利用することにより、その有する能力の維持向上に努めるものとする。

　つまり、介護保険における自立支援とは、「利用者の意思に基づいて、その有する能力に応じ自立した日常生活を営むこと」と、「利用者が自らの能力の維持や向上に努めること」に対する支援であるということがいえます。

2 自立支援に資する福祉用具サービスのあり方

　老化や疾病、障がいなどのために、他者の支援を求めながらも利用者本人が自身の人生を主体的に生きていく。このことが福祉用具専門相談員がかかわる高齢者・障がい者にとっての自立ではないかと考えることができます。

　利用者の自尊心と尊厳に心を配りながら、利用者自らが意欲と希望をもって実現したい目標に向かって、自己選択および自己実現していけるよう、利用者の力を引き出していく（エンパワメント）プロセスが大切です。そして、そのプロセスを福祉用具というツールを駆使して支援していくことが、福祉用具専門相談員にとっての自立支援の一つの形になります。

　つまり、「自立」とは何か、「支援」とは何か、それが合わさった「自立支援」とは何かということを、福祉用具専門相談員をはじめ介護従事者がそれぞれ考えていくことはとても意味があります。また、それをもとに具体的なケアを考えていくことがとても重要であり、それを利用目標に反映させることが大切です。

3 自立支援に資する利用目標を設定する際の要点

　利用者の自立支援につながる福祉用具サービスを提供するには、次の要点を利用目標に反映させていくと、目的がより具体的で明確なものになっていきます。

> **〈自立支援につながる福祉用具サービスを提供するための要点〉**
> ・利用者がどのような自立した生活を実現したいのかを踏まえて、利用者が福祉用具を活用した生活をイメージし、利用目標として掲げることを支援する。
> ・利用者の心身機能をできる限り活用しながら利用目標を達成できるよう、利用者の能力に応じた福祉用具を選定し、福祉用具の利用を支援する。
> ・利用目標の設定やその検証を利用者とともに行うことを通じ、利用者が主体となって利用目標に向かって意欲的に希望を感じながら取り組めるように支援する。

　これらの点を踏まえた利用目標の達成を利用者とともに目指しながら福祉用具サービスを提供することで、利用者の日常生活に対する意欲が向上し、利用者の主体性が尊重され、ひいてはエンパワメントの向上につながることが期待されます。

2 利用目標の検討手順

利用目標を設定していくうえでの基本的な検討手順は、次に示すとおりです。

1 生活全般の解決すべき課題・ニーズ（福祉用具が必要な理由）の記入

　福祉用具専門相談員によるアセスメント結果に基づいて、福祉用具サービス計画に、ケアマネジャーが作成したケアプランとの連続性を踏まえた「生活全般の解決すべき課題・ニーズ（福祉用具が必要な理由）」を記入します。

　ケアマネジャーによるケアプラン作成前に、福祉用具サービス計画を暫定的に作成しなければならない場合などについては、ケアプランが作成された後、すみやかに福祉用具サービス計画に記載した「生活全般の解決すべき課題・ニーズ（福祉用具が必要な理由）」を見直すことが必要になります。

　具体的な表記の考え方は、身体的な状況や環境によって生活場面のどういった動作が現状として困難であるかを考えます。そのために福祉用具サービスの利用が必要であるかということが、福祉用具によって解決すべき課題であり、福祉用具が必要な理由となります。

　また、利用者が生活場面において福祉用具を使うことで「こうしたい」「こうなりたい」というデマンド（要望）からくるニーズ（必要性）が考えられます。これは利用者の「意欲」「意向」でヒアリングされるものなので、実際の言葉や表現を大切にしながら記載することが望ましいでしょう。

　利用者の実際の課題について、実際の場面がイメージできるようわかりやすい表現で記載することも大切です。また、より明確に具体化して、ケアプラン第2表の表記に追加記載することで、利用者にとってよりわかりやすいものになるでしょう。その際、ケアマネジャーにもフィードバックし、ケアプランへの反映を検討してもらえるよう要望し、情報の共有を図りましょう。

生活全般の解決すべき課題・ニーズ（福祉用具が必要な理由）
ケアプラン第2表の「生活全般の解決すべき課題（ニーズ）」の福祉用具サービスに関連する箇所を転記
・ケアプランは、広い視点で記載されていることが多く（生活全般）、生活環境の専門職として福祉用具が必要な理由をより明確に具体化しておく必要があれば、福祉用具専門相談員のアセスメントに基づいて追加記載することではっきりとしてきます ・その場合、ケアマネジャーにもフィードバックし、ケアプランに反映を検討してもらうよう要望しましょう
●〔身体的な状況〕や〔環境〕で〔生活場面〕〔動作〕が困難なので福祉用具が必要 ●〔身体的な状況〕や〔環境〕で、福祉用具を使って〔生活場面〕〔動作〕したい・できるようになりたい（本人の表現を大切にしながら記載）

2 福祉用具の利用目標の記入

「生活全般の解決すべき課題・ニーズ（福祉用具が必要な理由）」に記載した内容を踏まえ、その課題・ニーズを解決していくための福祉用具の利用目標を検討します。福祉用具の利用目標とは、「どのような福祉用具」を利用し、それぞれの生活課題・ニーズの解決を「どういう方法」で図り、その結果「どのような生活」を目指すのかということを意味します。利用目標を記載するうえでの考え方のプロセスは、次の1～3に示すとおりです。

1. 目指す生活の具体化と実現

まずは、生活課題・ニーズの解決という視点が大切です。課題・ニーズが解決されると利用者の生活はどのように改善されるのか、より具体的な【生活場面】での、【この動作】を【できるようにする】のかという目指す生活（ゴール）のイメージを具体化していきます。

「目指す生活」を具体化する視点としては、「利用者の自立支援」と「介護者の負担軽減」の二つがあります。

「自立支援」については前述のとおりで、ここでは主に「介護者の負担軽減」について考えてみます。

〈「目指す生活」を具体化するための二つの視点〉
① 利用者の自立支援
② 介護者の負担軽減

●介護者の負担軽減の本来の意味と大切さ

「介護者の負担軽減」とは、利用者の自立支援を図るうえで、結果的に介護者の負担の軽減を図ることにつながるという考え方です。結果として、利用者本人のケアに還元されていくということがとても大切な視点です。

特に腰痛予防など、家族のみならずケアチームの介護職も含めて、介護技術で補うことが難しい移乗など、福祉用具を活用することで介護従事者の腰痛予防などの身体的負担を軽減し、事故や怪我を予防し、かつ、利用者にとっても安全で安心できる介助が可能になります。そういった身体介助の場合には、積極的に福祉用具の活用を促すためにも利用目標にしっかりと「介護者の負担軽減」を位置づけることが重要であり、その啓発と提案を福祉用具専門相談員が担っていく必要があります。介護者に利用者への思いがどんなにあったとしても、介護者が介護負担によって不調や怪我をしてしまってはケアができません。また、福祉用具によって介助の負担が軽減されれば、その分余裕をもってよりきめ細かい心身へのケアができるようになり、介護者も自身をケアすることの大切さを感じられるようになります。

●対象者を明確にしておく

このように、それを実現するのは誰なのかといったように考える場合、「【誰】が目指す目標なのか」と対象者を明確にしておくとより具体的になっていきます。

また、表現については利用者が自身の生活としてイメージできるよう、わかりやすいものにすることが大事です。

○**利用者の自立支援の例：**
・1人で買い物をできるようにする。
・食堂で家族と一緒に食事をできるようにする。

○**介護者の負担軽減の例：**
・ベッドから車いすに移ることを安定してできるようにする。
・排泄の後始末を利用者が適切に行えるようにする。

●図2-10 移乗に関連した福祉用具の例

介護用リフト
介護用リフトは自力で移動できない人の身体を持ち上げ、ベッドからトイレや浴槽、車いすなどへの移乗を助けるものです。

スライディングシート
身体の下に敷き込み、身体を滑らせることで、移乗・体位変換時の力を軽減します。主にベッド上での位置修正や体位変換に使用します。

スライディングボード
座ったまま横に移乗できる、橋渡し的な用具です。臀部への摩擦を低減するように設計されており、主にベッドから車いすへの移乗などに使います。

2. 生活全般の解決すべき課題・ニーズの解決方法

　福祉用具サービスにおける課題・ニーズの解決方法は、福祉用具というツールを活用することです。環境を整備していくことで自分にできることが増えていく、あるいは介護者の負担が軽減され、それによってケアの質がより向上されるようになるために、福祉用具を活用してもらうのです。そのため、記載する場合にはそういった視点を考慮したうえで、「福祉用具を【使って】」という記載になります。「福祉用具を【使う】」というような使用そのものを目的ととらえられるような表現はやめましょう。

3. 用いる福祉用具

　次に、生活課題・ニーズを解決するうえで、「どのような福祉用具の【品目】」を用いるのかを明確にします。

　利用目標における福祉用具は、個別の機種名ではなく、特殊寝台や車いす、床ずれ防止用具など、福祉用具の品目で記載します。また、複数の福祉用具を組み合わせて一つの生活課題・ニーズの解決を図る場合は、複数の福祉用具の品目を列挙するか、付属品などを除いた主な品目について記載します。

●利用目標の設定

　前述の1～3を組み合わせることで、福祉用具の利用目標が次のように設定されます。

> （生活全般の解決すべき課題・ニーズ・福祉用具が必要な理由を）
> 【誰】が、この【品目】を【使って】、【生活場面】の【この動作】を【できるようにする】
> 　↑　　　　　↑　　　　　　　　　↑　　　　　↑
> 　1　　　　　3　　　　　　　　　2　　　　　1
> 対象者　　用いる福祉用具　　　解決方法　　目指す生活の具体化と実現

　利用目標は、利用者が福祉用具を活用した生活をイメージし、その目標に向かって意欲的に取り組めるよう、利用者とともに設定するものであり、福祉用具サービス計画の要となるところです。

　利用目標の記載において、目標達成の期間は明確に定められていませんが、ケアマネジャーが作成するケアプランとの連続性の観点から、ケアプラン第2表の短期目標の目標期間に相当するものと考えることができます。もちろん、短期目標は長期目標を達成していくための段階的なステップですから、長期目標も念頭に置いて利用目標を設定していくことが重要です。

　なお、ケアプランにおける生活全般の解決すべき課題・ニーズ（福祉用具が必要な理由）が複数ある場合は、その課題・ニーズごとに利用目標を記載する必要があります。

ここがポイント

福祉用具の利用目標
ケアプラン第2表の「長期目標・短期目標・サービス内容」と対応 ・長期目標：要介護度の認定期間内で実現したい大きな目標 ・短期目標：長期目標を実現するための、段階的に短期間で実現可能な目標 　→短期目標の目標期間が、利用目標の最初の評価・モニタリング期間に相当する ・サービス内容：サービスの種類（福祉用具を利用することと品目）
福祉用具サービス計画に記載する際には ① 誰が利用するのか、対象者を明確にする ② どの品目（特殊寝台・車いす・手すり・床ずれ防止用具など）を利用するのかを明確にする 　（複数を利用する場合にはそれを併記する・付属品はまとめても可、ただし用途によってはきちんと別に記載することも必要） ③ 利用者がどの品目を使うかによって生活場面のどのような動作が実現できるのか、目指す生活を具体的にイメージでき、かつ、そこに意欲や希望を感じられる表現にする
【誰】が、この【品目】を【使って】、【生活場面】の【この動作】を【できるようにする】

3 利用目標を検討するうえでの留意点

1 利用者にとってわかりやすく、意欲と希望がもてる表現であること

　福祉用具サービス計画の利用目標は、私たちの提供する福祉用具サービスのサポートを受けながら、「利用者自身が達成していく目標」です。

　そのため、福祉用具専門相談員は、利用者が利用目標を十分理解し、目標達成に向けて意欲と希望をもって取り組むことができるよう、利用者の生活場面に根差した具体的な内容を、わかりやすく平易な言葉で記載する必要があります。

　そのためには、収集した生活歴や意欲・意向を十分に活用しましょう。

　また、利用者本人が日ごろから使用している言葉や表現を取り入れることも、具体的にイメージしてもらうためにはとても効果的です。

　「そうか、この用具を使うと、できないと思っていたこんなことがもう一度できるようになるのか。そうか、がんばって使ってみよう」と思ってもらえたら、その利用目標は利用者の中にしっかりとイメージでき、福祉用具についてもきちんとその利用の意義を理解してもらえるのではないでしょうか。

2 モニタリングで検証するものであることを意識すること

　福祉用具の利用目標は、モニタリングにおいて目標の達成状況を検証するものであるということも、とても重要なポイントです。ここをしっかりと踏まえて設定する必要があります。

　福祉用具の利用目標が「安楽・安全・安心のため」や「介護負担軽減のため」など、そのこと自体はとても重要ですが、抽象的で主観的な表現だけだと、モニタリングにおける達成状況の評価が難しくなります。そのため、利用目標には、それらも含め、利用者の生活と利用する福祉用具の関係をできるだけ具体的に盛り込んでおく必要があります。

　前述の「2　1.目指す生活の具体化と実現」で説明したとおり、具体的な生活場面でどの動作ができるようになるかということを設定しておくことが、モニタリングにも活きてきますし、利用者ともその効果を共有でき、次のステップに進むモチベーションにもなります。また、頻度など数値化できる目標があれば、それを組み込むことも具体化と明確化の手法として考えられます。ただし、頻度などの目標のモニタリングは達成しなかったからダメという評価ではなく、それに向けて努力したかというプロセスを評価していくようにしてください。

第4節 福祉用具の選定と選定理由の明確化

1 選定理由の考え方

　福祉用具専門相談員は、福祉用具の利用目標を設定した後、その利用目標を達成していくために、利用目標で設定した福祉用具の品目の中から、アセスメントで収集・分析した利用者の個別の状態像や環境の条件を照らし合わせながら、それらがフィットし解決に最適と思われる具体的な機種を選定し、かつその根拠となる理由と使用する際の留意事項について設定します。

　つまり、選定は、選定理由と留意事項を明確にしながら行う必要があり、それがとても重要です。

　福祉用具の選定理由は、利用者の状態像等（心身の状況、ADL、介護環境、住環境等）や利用目標を踏まえ、その機種（形式）を選定した理由を指します。

●生活と生き方にフィットした機種を選定する

　例えば、車いす一つとってもさまざまな種類や機能、サイズがあります。例として、利用目標で「利用者本人が車いすを使って、日中、自分で居室から居間や食堂に移動して、家族と一緒に団欒したり、食事をできるようにする」と設定した場合に、その利用目標を達成するためにはどのような車いすが最適であるか、その機種を具体的に提案していくプロセスが必要になっていきます。

　具体的に選定していく際には、アセスメントで得た情報が活きてきます。

　利用者本人の身体は現在どのような状況なのか、自宅の居室から居間、食堂までの動線はどのような状況なのか、身長や体重、疾病や障がいやADL、廊下の幅や床材など、そういった個人と環境との個別の【状態】と【条件】を照らし合わせながら、どのようなサイズでどのような【機能】と【特性】のある車いすがフィットするのか、いくつもある機種の中からそれらの条件をクリアする車いすを1台選ぶというのが機種選定です。【状態】と【条件】を確認したうえで、【機能】と【特性】を活かすということが、その機種を選定した理由に位置づけられます。

　その選定が妥当であるかどうかは、次の視点に照らして考えます。

〈機種の選定が妥当であるための二つの視点〉
①利用目標を達成するために、選定した機種（形式）の機能や特性が妥当であるか
②利用者の状態像等や希望に照らして、選定された機種（形式）の機能や特性が妥当であるか

2 選定理由の記載方法

　福祉用具を選定した後、福祉用具サービス計画に機種（形式）の名称と介護報酬の単位数を記載します。次に、福祉用具の機種（形式）ごとに選定理由を記載します。

　選定理由では、利用者の状態像や福祉用具の機能・特性など、アセスメントをもとに根拠を示す際に専門的な表現や用語が多く使われる傾向があります。利用者が内容を理解できるよう、わかりやすく平易な言葉で、かつ具体的な内容を記載するよう留意します。

1 専門用語を利用者のわかりやすい表現に互換する大切さ

　特に、利用者の状態や疾患の名称、生活環境を表す用具、福祉用具の機能や特性などに関して、利用者が日常的に使用していない難しい専門用語を多用せず、それを利用者の目線で言い換えるなどといった表現の工夫や配慮をすることが大切です。そうすることで、利用者が自分の生活の中に福祉用具がすっと入ってきて、その使い方がより具体的にイメージできるようになり、思い違いや誤動作などを防ぐことにもつながります。

　もちろん、これから活用してもらう福祉用具を安全に使用してもらうために、利用者も知っておくべき部位や機能については、それを丁寧に説明しながら理解してもらう必要もあります。また、必要以上の無理な言い換えをすることでかえってわかりにくくなることもあります。

　さらに、疾病や障がい名、状態など、利用者や家族がその状況を受け入れられていないなど、表現が心理的負担にならないよう、配慮をすることも大切で、それ自体がケアとなります。利用者の自立度などをアセスメントや実際のかかわりの中で福祉用具専門相談員が判断しながら、その福祉用具専門「相談員」としての「対人援助能力」を発揮して、必要に応じて表現することがとても大切です。

2 チームケアを推進し情報を共有していくためにも必要

　また、ケアチームの専門職も、福祉用具についての専門用語を全員が理解しているとは限りません。福祉用具専門相談員もケアマネジャーや介護職、看護職の専門用語のすべて

を理解していないのと同じです。違いがあるからこそ、それぞれの専門性であるととらえられますし、だからこそ連携して協働することが利用者を多面的にサポートするために必要なのです。

つまり、福祉用具サービス計画に利用者を基準としたわかりやすい表現で記載することは、ケアチームの誰もが生活環境を福祉用具によって改善することの意義と必要性を共有することができるようになるということです。

3 「専門用語辞書」を自分で作って活用する

例えば、「特殊寝台」という言葉も、利用者にとってはとてもわかりにくい専門用語の一つです。「何が特殊なのか」「寝台とは何か」をシンプルに考えて、「介護用電動ベッド」といったそれに代わる言葉を自分の中で探しておくと、計画の中で使用するときによりわかりやすくなってきます。ほかにも機能の中で「1モーター」で「背上げ機能」を選定するならば、「電動で背もたれが上げ下げできる1モーター機能の」と表現すれば、「1モーター」で「背上げ機能」がどういうものかがわかりやすくなります。

このようにそれぞれの品目においても、福祉用具専門相談員としては日常使用していてその一言で通じますが、利用者にはわかりにくい専門用語がたくさんあります。それらを一つひとつ整理して「専門用語辞書」を作っておくと、計画書の作成にも、そして利用者に説明するときにも、とてもわかりやすく表現することができるようになります。

ただし、超訳しすぎたり、本来の意味と違う独自の解釈にならないよう、要点を押さえることが大切です。

〈利用者にわかりにくいと思われる専門用語〉

移乗、体位変換、トランスファー、離床、仰臥位、側臥位、端座位、長座位、上肢、下肢、体幹、良肢位、フィッティング、セッティング、ポジショニング、特殊寝台、自動排泄処理装置、エアマット、自走型、介助型、スイングアウト、エレベーション、リクライニング、ティルト、背張り、低座面、アシスト機能、背上げ、足上げ、ハイロー、低床、静止型、圧切替型、ジェル、バンプ型、セル型、テーパーセル、リハビリモード、噴気機能、通気性、動作性、耐水性、バルブ調節、座幅、座高、バランサー、スペーサー、ロック機能、ガススプリング、固定式、交互式、ストッパー、低重心型、モジュール、段階調整、段差解消、床走行型、固定式、据え置き式、ハイバック、ローバック、セパレート、U字型、O字型　　　　等

※ パソコンなどで文字変換して出てこない用語なども、一般的でない専門用語かもしれません。
※ 特に音だけだとわかりにくい単語がたくさんあります。

福祉用具の選定理由		
アセスメントから分析した利用者の状態や環境の条件を記載することで、個別性に照らした選定のプロセスと根拠が読み取れる	「状態」と「条件」と、品目内から選定したその機種の独自の「機能」や「特性」とのフィッティングのプロセスが読み取れる	左記の根拠をもとに選定された結果として機種名を記載する
利用者の「状態」と環境の「条件」なので	「機能」「特性」を活かした	「機種」を選びました

4 保険給付内・外も含めた、総合的な福祉用具サービス計画を

　福祉用具貸与品目以外に特定福祉用具販売の利用もあるときは、特定福祉用具販売の分も併せて記載することとなります。また、介護保険の給付対象外の福祉用具（貸与または販売）を併せて選定する場合についても同様に記載を行うことで、利用目標に対する福祉用具サービスの全体像がよりわかりやすくなります。

　自助具や日常生活用具に関しても福祉用具専門相談員は総合的な福祉用具に関する知識や、その視点をもつことが大切です。

フライパンという福祉用具の選定

　例えば、料理が大好きだった利用者が、疾病や障がいによってできなくなってしまったと思っているとします。その時、福祉用具サービス計画のアセスメントと計画の手法をそのまま活用して、料理の手順のすべてができなくなってしまったのか、道具のすべてが使えなくなってしまったのか、そこからアセスメントし直して分析してみると、道具を選定し直すことでもう一度料理ができるようになるかもしれません。

　今まで使っていたフライパンが大きく重くて使うことができなくなってしまったということならば、その利用者の握力や腕の力で扱える大きさや重さ、材質の「フィット」したフライパンを選定することができたら、もう一度大好きな料理をすることができるかもしれませんし、その料理を家族と一緒に味わうことができるようになるかもしれません。

　利用者の状態と環境の条件に、規格や機能と特性が「フィット」したフライパンを選定した結果として、一方的なケアの受け手だけの関係ではなく、生活参加と「家族のために役割を担う」という相互的な関係性を取り戻し、個別性に照らしたフライパンという「福祉用具」によって自立支援とすばらしく豊かな自己実現がなされたということになります。

　もちろん、これは介護保険給付外ですが、福祉用具の専門家の観点だからできる「自立支援に資する福祉用具サービス」であり、「生活と生き方にフィットした福祉用具の選定」は、利用者のみならず家族をも豊かにする福祉用具ケアマネジメントとして成立すると思いますが、いかがでしょうか。

第5節 留意事項の洗い出し

1 留意事項の考え方

1 利用者・ケアチームの安全・安心のためのリスクマネジメント

　福祉用具サービスは、導入すると24時間365日、必要に応じて常に援助をしてくれるサービスです。操作に介助を要する場合もありますが、利用者が他者を介さずに自身で使用できるという、より主体的で自立支援に直結するものであります。

　しかし同時に、電動・手動に限らず、さまざまな可動や機能があるために、他者が介さないことによる誤動作や誤った使い方による事故などのリスクもあります。その安全性を担保するために、利用者には利用にあたっての留意事項を、その品目・機種・利用者の個別性に合わせて伝え、理解してもらう必要があります。また、利用者にとって必要な機能を自立支援として適正に活用してもらうためにも、留意事項をきちんと整理して伝えることが重要になります。

　また、福祉用具サービス提供者としても、提供するにあたっての留意事項を説明することは、リスクマネジメントに直結するとても重要な項目になります。

2 読み手を意識してわかりやすい表現で

　留意事項は、安全と安心を担保するためにも、利用者・ケアチーム間で共有すべき重要な情報の一つになります。

　留意事項に限らず、福祉用具サービス計画のすべての内容について共通していえること、設定と記載の際に配慮する大切な点として、福祉用具サービス計画の読み手が誰かという点を改めて意識することが重要です。

3 第一の読み手「利用者本人と家族」

　福祉用具サービス計画の第一の読み手は、利用者本人と家族です。留意事項は、利用者と家族に対して、福祉用具の適切な利用方法等についての情報提供を行うための情報であるということが、基本的な位置づけとなります。多くの利用者にとって、福祉用具は必要

が生じて初めて触れることが多いものです。留意事項は、口頭で説明するだけでなく、文章でも繰り返し確認ができるよう福祉用具サービス計画に記載しておくことが、大変有意義であるといえます。

また、認知症や高次脳機能障がいをもつ利用者など、新しいことを覚えたり、文章での説明がうまくイメージできない場合や、手順に沿って行うことが困難な場合もあります。そのときには口頭の説明や文章での説明に加えて、図式化や写真などを見て理解しやすくする方法や、実際に操作練習を繰り返し行うことで少しずつでも使い方に慣れてもらうことで、誤操作などによる怪我や事故が起こらないよう十分な工夫を行う必要があります。

4 第二の読み手「ケアチームメンバー」

福祉用具サービス計画の第二の読み手は、ケアマネジャーや訪問介護員等、福祉用具の操作を行う可能性があるケアチームのメンバーである専門職です。訪問介護員等は、車いすや特殊寝台のリモコン等といった福祉用具を操作する機会が多くあります。

福祉用具を導入する際には、その福祉用具の利用方法や利用にあたって注意すべき点等について情報を共有することが、適切で安全な利用に有効です。

また、それぞれのサービス事業者では複数のスタッフがシフトで訪問することが多く、そのケースにかかわる全員に情報が伝達されるよう、サービス担当者会議などを活用し情報共有してもらうことも、とても重要です。

2　留意事項の記載方法

留意事項に記載すべき内容としては、大きく次の四つが考えられます。

---

①適切な利用方法についての留意事項
②アセスメントを活用し個別性に配慮した留意事項
③誤操作・誤使用などによる事故を予防するための留意事項
④多用による劣化・不具合など、異変がある場合の発見とメンテナンスを促すための留意事項

福祉用具は適切な利用によって効果を発揮するものであり、不適切な利用によってかえって心身機能の低下や誤用・過用・廃用症候群などを引き起こしてしまうことがあるために、これを防ぐ必要があります。

具体的な記載内容に関しては、①のように全般的に留意してもらいたい内容などについ

ては、重要事項説明書やそれぞれの機種の取扱説明書の留意事項から必要な項目をピックアップして再掲するものと、②のように重要事項説明書や取扱説明書の転載だけでなく、その個別性に照らして想定されるオリジナルの留意事項を記載するものが考えられます。

　加えて③のように、特殊寝台とサイドレールの挟まれ事故といった重大事故につながりやすいリスクなどについては、重要事項説明書やマニュアル等の記載と重複していても、留意事項欄に再度記載し、注意を喚起することが必要です。

　また、④のように、そういったリスクの軽減、事故などの防止のために、異変や故障などが発生した際に記載する内容としては、次のことがあげられます。

・福祉用具の故障等が疑われる際の対応方法に関して情報提供を行うこと
　（例：ガタツキがある場合には、利用を中止し、ご連絡ください）
・その他、福祉用具に関して、福祉用具専門相談員から利用者・家族・ケアマネジャー等に対して情報提供を行うこと

〈車いすの選定を例とした留意事項の視点と記載例〉

利用目標	利用者本人が車いすを使って移動し、食堂で家族と一緒に食事をし、団欒できるようにする
状態像	杖を使っても歩くことが不安定で難しいが、車いすから立ち上がる能力やいすに座る能力がある
留意事項の視点	・できるだけ有する能力を活かし維持して、これまでのライフスタイルと環境を維持するために、利用者が自分で車いすに移乗するための方法や家族への車いすの操作・介助方法について助言が必要かどうか ・日々の体調変化がある場合など、状態の違いなども配慮しながら助言する必要があるかどうか
留意事項の記載例	●車いすは部屋との間の移動のために使用します。また、長い時間座ったままだと姿勢が崩れたり、立ち座りするための足の力も弱ってしまうので、食堂などへ移動されたらきちんとしたいすに座り直してください。【①適正な利用方法】 ●立ち座りがしやすいよう、座面と肘かけの高さを○○さんに合わせてあります。しかし体調がすぐれないときなどは、乗り降りや立ち上がりのときに姿勢を崩しやすい場合もあります。そのときは無理をせず、必要に応じ家族や訪問介護員にお声かけください。【②個別性への配慮】 ●車いすに乗り降りするときは、タイヤが動いて滑らないように、必ず両方のタイヤのブレーキをかけ、足乗せ（フットサポート）を上げて床に足をつけてから乗り降りしてください。【③誤操作・誤使用による事故の予防】 ●ブレーキが効きにくくなってくることもありますので、そのときは取り急ぎご連絡ください。調整や交換を行います。【④不具合・劣化の発見とメンテナンスの促し】

このような視点を踏まえ、適切な移乗の方法等を助言することによって、車いすを多用することで生じる立ち上がりや座位能力の衰え、生活が単調化するリスクの軽減等につながります。

第6節 サービス担当者会議への参加

福祉用具専門相談員は、ケアマネジャーからの招集を受けて、サービス担当者会議に参加します。サービス担当者会議を通じて、利用者の状況把握および情報共有を行うとともに、各職種が専門的な見地から意見を出し合い、利用者にとってより良い支援の方向性を模索し、具体的なサービス提供方法や連携方法を検討していきます。

1 サービス担当者会議の位置づけ

サービス担当者会議とは、ケアマネジャーがケアプランの作成や変更をするために、サービス提供を予定している、または実際にサービス提供している多職種を集めて行う会議です。介護保険で提供されるサービスは、利用者の自立支援に向けて、さまざまな職種による連携のうえで支援を行うことが原則です。サービス担当者会議はそのようなチームケアを円滑に実践するためにチームのメンバーが顔を合わせて、総合的な援助の方針と提供されるサービスの目標等の情報の共有や意見交換を行う場となります。

福祉用具専門相談員にとっては、利用者の情報を把握し、チームケアにおける福祉用具サービスの役割を確認する重要な会議です。会議を通じて、利用者の心身の状況や、生活の環境、他の保健医療・福祉サービスの利用状況等を把握しなければなりません。サービス担当者会議の開催は、ケースによって適宜開催されますが、いずれの場合も参加時点でそれぞれが得ている情報を共有し、次に示すような流れで検討することになります。

● 図2-11　福祉用具サービス計画の基本的な手順とサービス担当者会議の位置づけ

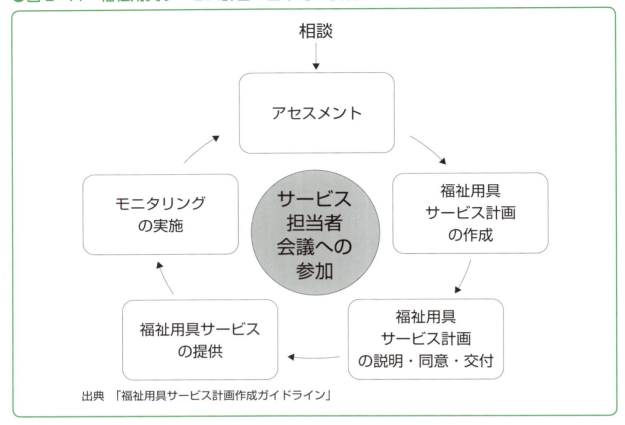

出典　「福祉用具サービス計画作成ガイドライン」

2　会議の内容と流れ

1　利用者の情報の提供と収集による共通の状態像の把握

　サービス担当者会議では、ケアマネジャーがアセスメントを通じて把握した、利用者の希望や心身の状況、利用者の自立した日常生活を支援するうえで解決すべき課題・ニーズ等についてチームメンバーと共有し、チームケアを進める前提として、チームメンバー全員が利用者に対して共通の状態像をもてるよう、認識のすり合わせを行います。

　福祉用具専門相談員をはじめとする多職種それぞれが、それぞれの専門性をもとに行ったアセスメントで把握した情報に関しては、必要に応じて、チームメンバー間でその情報も共有します。また、福祉用具サービス計画の作成にあたって必要となる情報をケアマネジャーや他の職種からできる限り収集するように努める必要があります。

2　ケアプランの原案の内容に関する協議

　サービス担当者会議では、作成されたケアプランの原案が、ケアマネジャーから提示されます。ケアプランの原案には、次の項目が記載されています。

- 利用者の生活に対する意向
- 総合的な援助の方針
- 生活全般の解決すべき課題・ニーズ
- 提供されるサービスの目標およびその達成時期
- サービスの種類、内容、利用料
- サービスを提供するうえでの留意事項　等

　サービス担当者会議では、ケアマネジャーが提示するケアプランの原案について、チームメンバーで内容を検討します。メンバーは、ケアプラン第2表で確認した各サービスごとの解決すべき課題・ニーズに基づいて、ケアプランの目標やサービス内容が自立支援に向けて適切なものになっているか、自らの専門的な見地からの意見を述べることが求められます。

　福祉用具専門相談員は、ケアプランにおける福祉用具サービスの位置づけや内容、福祉用具にかかわる他のサービスの内容等を確認し、福祉用具サービスの方向性を把握するとともに、必要に応じてケアマネジャーや多職種と意見交換を行います。

　ここでのやりとりが、「福祉用具が必要な理由」「福祉用具利用目標」に直結していく内容になりますので、きちんと共有し、実際のサービスに照らしたものになるよう、意見交換をしてください。

3 福祉用具サービス計画の説明

　福祉用具専門相談員は、作成した福祉用具サービス計画の原案について説明を行い、チームメンバーと意見交換を行うことが望ましいでしょう。特に、利用目標やサービス内容（選定した福祉用具）の妥当性について検討を行います。

　また、福祉用具サービスは、ケアマネジャーやその他の関係職種と密接に連携しながらサービスを提供する必要があります。利用者がさまざまなサービスを組み合わせて利用するうえで、各サービスの目標等にずれが生じないよう、またそれぞれのサービスにきちんと連結性と連動性があるよう、必要に応じて他のサービスとの調整を行います。

●リハビリテーション専門職などとの情報交換

　例えば、利用者が福祉用具を利用する際に、リハビリテーション、訪問介護、訪問看護等に携わる職種が実際に福祉用具に触れる等といったことも多くあります。それを踏まえ、理学療法士や作業療法士等に対し、利用者の有する能力の維持・向上という観点で福

祉用具の選定に関する意見を求めたり、利用者の状態像に応じた利用方法についての助言を求めたりすることもできます。

● **使用についての留意事項の確認**

その際、実際に福祉用具を導入しサービスが開始された後に、誤操作や誤使用によって本来の使用目的と違う使い方や怪我・事故が起きないよう、留意事項に関しては丁寧な説明も含めて情報提供し、支援者同士の連携とリスクマネジメントを図ることはとても重要です。

4 福祉用具サービスの継続利用の必要性の検証

福祉用具サービス導入後、利用者の状態が改善され、利用目標が達成された場合や変更が必要な場合など、その継続利用の必要性を検証するときは、必要に応じ随時サービス担当者会議を開催する必要があります。検証の結果を踏まえて実行する際、ケアマネジャーはケアプランを変更してその理由を記載します。もちろん、福祉用具サービス計画も変更します。

検証する際、福祉用具専門相談員は、モニタリングの結果を提示するなど、検証を行うための情報を提供します。

第7節 福祉用具サービス計画の説明・同意・交付と福祉用具サービスの提供

1 説明・同意・交付の位置づけ

　福祉用具サービス計画の作成にあたっては、内容について利用者本人または家族に対して説明し、その同意を得る必要があります。

　同意とは、説明することだけでなく、福祉用具サービス計画に記載された利用目標や留意事項等を利用者が十分に理解し、納得するということです。そのために、利用者の状態に合わせて、理解しやすい表現や手段を使って説明することができる技量がとても重要であり、対人援助職としての福祉用具専門相談員に求められています。

　福祉用具を適切に利用することは、利用者の日常生活における活動範囲を広げ、その有する能力の維持と向上が図られることとなり、利用目標の達成が結果として生活の課題とニーズの解決につながっていきます。この説明力こそが、福祉用具「サービス」を提供する福祉用具専門「相談員」としてのとても大切な技量の一つであり、この説明力によって利用者に意欲や希望をもってもらえるかどうかが決まるといっても過言ではありません。

　同意を得た福祉用具サービス計画は、原本を利用者に交付します。そのため、状態に応じて見やすさ、読みやすさに工夫と配慮が必要になります。

　また、2018（平成30）年4月からはケアマネジャーにも交付義務が課せられることになりました。

2 説明・同意・交付の方法

　利用者や家族に対して福祉用具サービス計画を説明するうえでの主なポイントは、次のとおりです。

●利用者にとって福祉用具が必要である理由を、ケアプランの課題・ニーズに沿って心理的負担に配慮しつつ、生活場面に即しながら端的にわかりやすく説明する。

　利用者「そうだな、たしかに福祉用具が必要だな。」

●利用者が福祉用具を活用した自立的な生活をポジティブにイメージできるように、「利用目標」を具体的に、かつ、わかりやすい表現で説明する。

　利用者「そうか、この福祉用具を使うと、こんなことが自分でできるようになるのか！」

●利用者の意向や心身の状況、利用者宅などの生活環境の条件などを踏まえた結果として、最適な福祉用具を選んだということを納得できるよう、選定理由を具体的にわかりやすい表現で説明する。

　利用者「そうか、からだがこうで、家がこうだから、この機能やサイズのこの福祉用具を選んだんだな。」

●誤った利用方法による事故等を防ぐため、利用にあたって特に留意してほしい点について具体的にわかりやすく説明する。

　利用者「こう間違って使ってしまうと危ないから、必要なときにこうやって正しく使うんだな。」
　　　　「ここがギクシャクしてきたら危ないから、その場合はあなたに連絡すればいいんだな。」

●選定し導入する福祉用具については、定期的に利用状況の確認を行い、状態像等の変化に合わせて見直し（利用終了、変更、追加等）を行うことで、より質の高い生活を送れるように支援していくことを説明する。

　利用者「そうか、レンタルは途中で変えることもできるんだな。使わなくてもできるようになったら卒業できるんだな。」

●福祉用具の利用開始後、気になること（利用目標の変更、身体状況や生活環境の変化等）が生じた場合は、すぐに連絡してほしい旨を説明する。

　利用者「そうか、調子が悪かったりして違う種類のものに変えるほうがいい場合もあるのか。そのときはあなたに連絡すればいいんだな。」

　福祉用具専門相談員の具体的なセリフはあえて書きません。それはみなさんが利用者の個別性に対応したコミュニケーションによって生まれる、まさしく「個別」の言葉や表現

になるのだろうと思います。そのやりとりによって上記にあるような利用者のセリフや気づきが引き出せたならば、みなさんが福祉用具専門「相談員」としての力量を発揮して説明責任が果たせたことになるのだろうと思います。

また、家族やケアチームのメンバーには、利用者が福祉用具を利用する際に見守ったり、介護者が福祉用具を操作する場合もあるため、説明時にはできる限り使用をする方全員に同席してもらうことが望ましいです。

このような説明を行った後に、利用者から内容について同意を得たうえで、利用者に福祉用具サービス計画を交付します。

なお、福祉用具サービス計画は、2年間保存しなければなりません。

3 福祉用具サービスの提供

計画に基づき、福祉用具サービスの提供を行う際は、その使用方法については利用者が自分で十分に操作ができるように説明する必要があります。

また、福祉用具サービス計画とは別に、福祉用具の利用方法、利用上の留意事項、故障等の対応等を記載したその福祉用具の取扱説明書や、手順がわかりやすい文書を手渡して説明するなどの工夫も重要です。

さらに、認知症の利用者や高次脳機能障がいの利用者など、操作や手順の理解に支援が必要な場合には、家族や介護者の協力や、利用者が理解できる表現やツールを活用して作成するなどの配慮をすることが有効です。

そして、心身機能の低下や事故の発生を防止するという観点から、留意事項と併せて、誤った使い方によって機能が低下した事例や、事故が発生した（しそうになった）ヒヤリ・ハット事例などを示し、念を押して理解を促すことも大切です。必要に応じて、各福祉用具のパンフレットや、関係団体（医療・介護ベッド安全普及協議会等）が発行している啓発パンフレット等を活用しましょう。

この章のおわりに

　福祉用具サービス計画を作成し、選定された商品が搬入され、実際に使用しはじめる。そこからが、サービスの始まりです。

　福祉用具サービスは単に計画を作成しモノを提供するだけではありません。そして提供したらおわりではありません。

　福祉用具はただのモノではなく、それを使う利用者、使ってもらいたいと思う家族、介護者の思いと願い、可能性が形となったものです。そして福祉用具サービスはそういった特別な思いと願いのこめられた福祉用具というツールを活用した利用者の自立を支援する専門性の高い個別の対人相談援助です。

　それを可視化し、生活場面に照らした目標と根拠と留意点を明確に明文化し、誰もが共有しながらその目標達成と利用者の自己実現のために、モノとヒトが協力しながら途切れなく、24時間毎日、継続して支えていくためのケア計画が福祉用具サービス計画であり、それを定期的に評価しさらに好循環させていくのが次の章で語られるモニタリングです。

　利用者の生活と生き方の根底を環境という側面から支えるのが、みなさん福祉用具専門相談員に与えられた素晴らしい役割であり、そして重要な仕事なのです。

　ぜひ、その素晴らしい役割と重要な仕事を、計画の中にしっかりと書き込み、伝え、利用者とケアチームを支える力の源泉としてください。

第3章

福祉用具サービス計画の実施状況の把握（モニタリング）

第1節 モニタリングの目的

1 モニタリング実施の目的と根拠

　モニタリングとは、福祉用具サービス計画によって行われた計画の実施状況、達成状況を確認するものです。福祉用具サービス計画を作成する福祉用具専門相談員には、計画、実施、モニタリングという一連のプロセスが義務づけられています。

　モニタリングは、このプロセスによって福祉用具の利用が利用者や家族の生活状況に変化をもたらし、自立支援という目標に少しでも近づくことができたかを検証することが目的です。同時に、モニタリングが新たな目標設定や支援方法の検討などを行っていくための根拠となる再アセスメントにもなります。

　モニタリングについては、「福祉用具専門相談員は、福祉用具貸与計画の作成後、当該福祉用具貸与計画の実施状況の把握を行い、必要に応じて当該福祉用具貸与計画の変更を行うものとする」と福祉用具貸与の指定基準（平成11年厚生省令第37号第199条の2）に明記されています。

　また、介護予防福祉用具貸与計画では「福祉用具専門相談員は、介護予防福祉用具貸与計画に基づくサービス提供の開始時から、必要に応じ、当該介護予防福祉用具貸与計画の実施状況の把握（以下この条において「モニタリング」という。）を行うものとする」とし、「モニタリングの結果を記録し、当該記録を当該サービスの提供に係る介護予防サービス計画を作成した指定介護予防支援事業者に報告」することが義務づけられ、「モニタリングの結果を踏まえ、必要に応じて介護予防福祉用具貸与計画の変更を行うものとする」とされています（平成18年厚生労働省令第35号第278条の2）。

　このように福祉用具専門相談員にとっては、福祉用具サービス計画の義務化と併せて、モニタリングの実施は法的にも必須となっています。

2 モニタリングの実施内容

　モニタリングでは、次に示す確認が行われます。
① 福祉用具導入後の利用者の心身の状況と、環境の変化を把握する。
② 計画したとおりに福祉用具が適切に利用されているか、利用者の実態と福祉用具の選択が合致しているかを確認する。

③　福祉用具サービス計画に記載した利用目標の達成状況を確認する。
④　福祉用具が適切、安全に使用されるよう点検とメンテナンスを行い、不適切な使用や誤操作がないかを確認する。

3　モニタリングの実施場所

　モニタリングは利用者の自宅で利用者や家族と共に行います。福祉用具を使用されている現場の環境を確認するためにも、利用者の自宅で行うことは重要です。利用目標に応じた使用方法であるか、計画の利用目標をどの程度達成しているかなど、利用者の自宅であれば、利用者や家族と共に話し合うことで、振り返ったり見直したりすることができます。

　福祉用具サービス計画は利用者自身のものであり、また目標も利用者自身のものですから、福祉用具専門相談員だけが理解するのではなく、利用者自身が福祉用具を使って生活の変化をどのように感じているかを確認します。

　電話などでの聴き取りだけでは、使用状況や環境の観察を利用者や家族に任せてしまうことになります。不適切な利用を行っていても、利用者や家族だけでは気がつきにくい場合もあります。福祉用具専門相談員が専門的な見地から環境を観察することで、事故を未然に防ぐこともできるので、自宅を訪問してのモニタリングは重要です。

　また、モニタリングは再アセスメントや新たな目標設定にもつながるものなので、利用者や家族の意向を確認していくために一緒に行うことに意味があります。

　担当ケアマネジャーと一緒に利用者のモニタリングを行うことも有効な方法です。状況の確認と意見交換を同時に行うことができるからです。ケアマネジャーも毎月モニタリングで訪問するので、日時を合わせて同行することも可能です。そのためにも、担当ケアマネジャーとは日ごろから情報交換を行い連携をとっていくことが大切です。

4　モニタリングの記録と共有

　福祉用具専門相談員は、実施したモニタリングの結果を記録します。記録することについても指定基準によって義務づけられています。計画書と同様に、モニタリングの書式を利用すると必要事項を漏らさずに行うことができます。

　書面に記録することで、利用者、家族、福祉用具専門相談員が話し合った内容を互いに確認することができます。また、ケアマネジャーに報告する場合においても、記録した書面であれば、多職種との情報共有にも利用することができます。モニタリングを多職種で共有することは今後の支援の方向性を考えていくうえで重要な鍵となります。

　モニタリングの記録については、利用者への交付は義務づけられていませんが、共に

行った記録として報告する形で届けていくことは、お互いの信頼関係の構築にもつながります。同時に、内容を確認しながら、これからの生活への意欲を喚起したり、使用の注意を促すことにもなります。その積み重ねが自立支援の基盤となります。

第2節 モニタリングの流れと確認・検討事項

ここでは、モニタリングの流れに沿った項目で内容を説明していきます。

1 心身の状況等に関する変化や福祉用具の利用状況の把握

　福祉用具サービス計画作成時に行ったアセスメントの項目内容を確認していきます。利用者や家族から聴き取ったことのほかに、福祉用具専門相談員が現場で観察したこともモニタリングとして記録します。

　福祉用具本体についてのモニタリングとしての点検も行いながら、誤った利用や事故につながりやすい誤操作などについても確認し、利用者や家族が理解できるよう説明します。

① 身体状況・ADL（日常生活動作）の変化

　高齢者の身体状況は、時々刻々と変化するものであると考えても考えすぎではありません。モニタリングをする時点でも、利用者が今自分でできることは何か、どの程度できるのか、動作に介助を必要としているか、介助を必要としている場合にはその介助はどの程度必要なのかを再確認します。

　そのうえで、利用を決めた福祉用具が、利用者の身体に適応し、目的に応じて利用されているかを確認します。身体状況の変化によって、福祉用具の必要がなくなり、自立できている場合もありますし、反対に別の福祉用具の必要が出てきている場合もあるでしょう。

② 意欲・意向等の変化

　アセスメント時に聴き取った利用者や家族の気持ちを確認すると同時に、その気持ちに変化はないか、新たな要望はないかなどを確認します。在宅生活において福祉用具を使うことでどのような気持ちの変化があったか、きめ細かい言葉がけによる聴き取りが必要です。

　また、利用者や家族の小さな気持ちの変化も敏感にとらえ、それがどのような要因で起きたのか、どのような環境の変化があったのかなども考えてみます。それによっ

て今後どのような支援が必要となってくるかも類推していくことができます。

③ 家族構成、主介護者の変化

家族構成は基本情報に示すとおりですが、主介護者が家族とは限りません。主介護者は同居家族である場合もあれば、週1回訪れる息子や娘であったり、週3日訪問する訪問介護サービスの訪問介護員であったりもします。

主介護者については、福祉用具を主に使用する介護者は誰なのか、という視点で生活状況を観察します。ここでモニタリングするのは、その主介護者と福祉用具との関係です。主介護者にとって、導入した福祉用具は使用するのに適切なものであるか、使用頻度はどのくらいか、問題を感じていないか、使いにくくないか、要望はあるかなどを聴き取ります。

主介護者が同居家族で利用者と同じく高齢である場合などは、利用者とともに身体状況や精神状況の変化が起こりやすくなります。主介護者の身体の衰えから、福祉用具の使用が難しくなっている場合もあります。また、見えにくさなどから福祉用具の利用にも支障をきたす場合もあり、誤操作や事故にもつながります。高齢の介護者の場合には、介護者支援について前もってケアマネジャーと情報を共有しておく必要があります。

主介護者がサービス事業所の担当者（訪問介護員など）である場合には、ケアマネジャーをとおして、福祉用具の利用への課題や要望を把握することもできます。また、利用者から許可を得て、そのサービスが行われる時間帯の前後に同席して直接話を聴くなどの工夫も必要です。

担当者から具体的な話を聴けることは大きな収穫であり、今後ケアチームでの情報共有や信頼関係を強くするものになります。

④ サービスの利用等の変化

ケアプランに記された他の在宅サービスの利用について確認します。他の在宅サービスの利用における福祉用具利用の状況を確認するためです。在宅サービスの利用回数や、サービス種別に変化があった場合には、福祉用具が適合しなくなっていないか、回数や場所などの変化によって福祉用具の利用で困っていることはないか、要望はないかなどを聴き取ります。

利用する場所や時間の変化により、福祉用具が使いにくくなっていることもあり得ます。問題が生じていた場合には、利用者や家族からだけでなく、サービス担当者からも聴き取りを行い、使用方法の説明や注意事項の伝達を行っていきます。

⑤ 住環境の変化

　寝起きする場所や食事をする場所と、トイレとの位置関係に変化はないか、玄関先の様子は今までどおりであるかなど、大まかな住環境やモノの配置、動線などは訪問した福祉用具専門相談員が、自分の目で確認することができるものです。

　家具の配置などが変わっていたら、その理由を自然な形で聴きます。生活の中の細かい変化の一つひとつが利用者の生活の中での動線を変化させていないか、環境の変化が福祉用具の利用にも影響することを一緒に考えていくきっかけにしてください。

　また、住まいの環境の変化によって、精神的な面での変化が生じることもあります。その環境での福祉用具の利用に気持ちの変化はないか、不都合はないかなども利用者と共に確認します。

⑥ 利用状況の問題点

　計画されたとおりの利用状況であるかを確認します。利用の場面、利用時間、利用頻度、利用時の介護の状況などが計画時と変化していないか、問題はないか、課題が発生していないか、などを丁寧に確認していきます。

　自宅のその場で無理のない範囲で実際の利用を行ってもらえるならば、使用上の問題点の確認を行いやすくなります。介助者の介助方法の確認も行えると、福祉用具の適用についても再考できますし、もっと適切な用具の提案も考えられます。また、利用者や家族が何気なく行っている動作の中に、慣習となった誤った使い方がなされていないかを観察することもできます。

　利用者も家族も共に高齢である場合には、聞こえにくさや見えにくさも重なり、用具や取扱説明書に記載されている注意事項に気づかないことも珍しくありません。福祉用具の利用のための注意事項は、モニタリングのたびに何回説明をしてもよいのです。

　思わぬ出来事、ひやっとしたこと、びっくりしたことなど、最近あった出来事を忘れずに確認してください。小さな出来事の中で、思いがけない誤った使い方をしていることもあります。正しい利用方法について繰り返し伝えていくことが大事です。

　また、高齢による理解力や判断力の低下なども考慮し、福祉用具の配置の工夫や、使用説明をわかりやすく行うための言葉の工夫などの配慮が必要です。

⑦ 福祉用具のメンテナンス状況

　モニタリングでは、福祉用具が道具として正常に動くかどうか、故障や不備がないかを専門的観点から点検します。道具自体に修理の必要性があるならば、早期に取り替えることになります。不備がある状態のままでの使用は大きな事故につながりかねません。

利用者にとっての福祉用具は、1日たりともなくてはならないものです。したがって、取り替える際にもすぐに交換できないときには他の製品を備えておくなどの対応をします。福祉用具はいったん利用したらそれなしでは生活できないものであることを理解しておきましょう。

2 利用目標の達成状況の確認

福祉用具専門相談員は、現場におけるモニタリングの項目で把握した情報に基づいて、利用目標の達成状況を総合的に判断します。モニタリングは訪問によって自宅で利用者や家族と共に行うので、さまざまな生活の様子をうかがいながら、利用目標が適切であったか、その達成具合を互いに確認し合うことになります。

「利用目標」には、自立支援の具体化された内容が記されています。自立支援には、利用者自身の持つ能力を福祉用具により引き出して、望む生活を実現していくという直接的な自立支援と、福祉用具を使うことで介護にあたる家族を支援し、家族を支えることで利用者の自立を支援するということも含まれています。

利用者自身の力を引き出し、生活の中で福祉用具によって動作の問題を解決していこうという具体的な目標であれば、福祉用具の利用によって何ができるようになったか、自分で自立してできるようになったか、介助の必要はなくなったか、それによって以前より生活がどのように変化してきているかなど、日常生活を振り返りながら確認していくことになります。一つでも生活の中で本人ができることが増えれば、それだけではない生活の変化や気持ちの変化も起こり得ます。望む生活への意欲が高まっているだろうか、一歩を踏み出せただろうかといったことを把握するのが、総合的な目標の達成状況での確認となります。

また、利用者の移動・移乗を行うために家族の腰痛防止や負担軽減を目標として福祉用具を利用した場合には、福祉用具利用によって移動・移乗が可能になっているか、そのことで外出の機会は増えたのか、人との交流が増えて楽しい時間が増えているのかといったことのほかに、家族の腰痛が悪化していないか、家族・利用者の気持ちや精神的な関係は変化していないかなどを幅広く観察していきます。

利用目標の記載がより具体的であるほうが達成状況の確認もしやすくなります。安心で快適な生活、安全な利用というような抽象的で漠然とした目標内容であると、その達成度の確認がとりにくくなります。

具体的な利用目標の達成度を利用者や家族と共に確認していくことは、生活全般を振り返りながら、もう一度その目標に取り組んでいくか、もう少しレベルを上げた目標を設定していくかなどを一緒に考え、楽しみのある生活を作っていくことにもつながります。

福祉用具専門相談員は利用者や家族から発せられた言葉だけでなく、非言語的な対応に

も注意を払いながら、生活全般を総合的な視点で観察していくことを忘れてはいけません。

3 今後の方針の確認

　福祉用具専門相談員はモニタリングの総合判断に基づいて、現在使用している福祉用具の利用を継続するか、中止や変更が必要であるかを判断します。

　モニタリングの情報を総合的に分析するとともに、利用者の個別性を重視しながら判断していきます。身体的要素による判断では現在のADLに加えて、病状の進行なども加味されます。病気の進行とともに、適切な用具に変更していくことも考えられます。導入の時期を見据えて、提案していくタイミングを怠らないことが大切です。

　また、必要がなくなると知らないうちに使わなくなっている用具などもあります。使っていない理由や利用者の意識も確認して引き上げの判断を行います。

　利用者や家族がどのような生活を望むのか、生活への意欲も捉えていく必要があるでしょう。どんなに時間がかかっても自分でできることを望むか、一部介助を受けても短時間で身の回りのことを済ませて、自分の望むことに時間を使いたいか、それぞれの人生への想いを汲み取っていくことも大切です。

4 福祉用具サービス計画の見直し有無の検討

　福祉用具専門相談員はモニタリングの総合判断に基づいて、現在の福祉用具サービス計画の見直しの必要性の検討を行います。

　福祉用具サービス計画の見直しは、ケアプランの見直しにも反映するため、ケアマネジャーにモニタリング結果を報告したうえでの協議によって方向性を決定していくことになります。

　計画の見直しが必要と考える場合には、利用者、家族、ケアマネジャーの誰が見ても理解できるように、見直しが必要である根拠を「総合評価」の項目欄に記すことが必要になります。

第3節 モニタリング結果の報告・共有

1 ケアマネジャーへの報告

　福祉用具専門相談員は、モニタリングの記録を担当するケアマネジャーに報告しなければなりません。報告の方法は、手渡し、電子メール、ファックス、郵送などが想定されます。ファックスでは、個人情報の特定ができないようなマスキングを忘れずに行ってください。

　ケアマネジャーは、利用者にかかわるすべてのサービスからモニタリングの報告を受けています。そうすることで、利用者の生活を多角的に把握してケアプランの目標の達成度を評価します。そして、ケアプランの変更の必要性や新たなニーズを確認していくのです。

　福祉用具専門相談員が福祉用具の利用に関して、福祉用具サービス計画の見直しが必要と判断した場合には、モニタリングの記録とともにケアマネジャーに報告して協議を行います。ケアマネジャーとの協議により、福祉用具サービス計画の見直しを行う場合には、再アセスメントによる福祉用具サービス計画案を作成することになります。

　ケアマネジャーとの協議で、福祉用具サービス計画の見直しの必要がないと判断された場合にも、モニタリングした結果については直近のサービス担当者会議などで報告し、関係のある介護サービス事業者等との間での情報の共有を図ります。

2 多職種との共有

　モニタリング結果は、必要に応じて多職種とも共有します。福祉用具の利用にかかわるのは、利用者だけではなく、介護サービス事業者の訪問介護員やデイサービスなどのスタッフ等でもあるからです。

　通常は、利用者のベッド周りにはいろんなものが置かれます。医療機器が置かれることもあり、それらの中で入浴サービスも行われます。看護師や入浴スタッフが福祉用具の機能や使い方についてすべて知っているわけではありません。福祉用具の周りで動く人たちに、注意事項や新たな情報などについて、早めの情報交換を行っておくことは、些細な事故や事件を未然に防ぐことにつながります。

　モニタリング結果は、できればサービス担当者会議などで各サービス事業者の担当者に

説明ができるとケアチームでの共有が深まります。

3 利用者・家族との共有

　福祉用具サービス計画が利用者のものであることから、モニタリング結果も、利用者や家族に説明することが必要です。福祉用具専門相談員は利用者と共にモニタリングの確認作業を行うので、その結果もお互いに共有して、今後の生活への意欲につなげるようにします。

　モニタリングの結果から、利用者が自分自身の生活への前向きな振り返りが行えるように、肯定的な書き方をしていくことも心がけてください。

　また、誤った使用や事故につながりそうなことには、十分な注意を促します。そのためにもモニタリング結果は、わかりやすい言葉で利用者がよく理解できるように書いてください。

4 他の福祉用具専門相談員との共有

　モニタリングの記録だけでなく、福祉用具専門相談員の記録は支援における実践と判断、その過程を示すものです。それによって実践の適正さを立証していくことができます。また、それだけでなく、文字にしておくことの確実性によってサービスの継続性・統一性の確保も行えます。

　事業所内の福祉用具専門相談員同士が「記録」により情報の共有を図り、均一したサービスを提供していくことができれば、事業所全体の質的向上へとつながることになります。事業所内での知識や技術の向上は、それぞれの利用者を取り巻くケアチームの中で福祉用具専門相談員の役割をより明確にしていくことになるでしょう。そして利用者の代弁者として福祉用具をもっと役に立つものに変えていくことや、今後のサービスのありようを変えていくことにもつながるのです。

第4章

「ふくせん版 福祉用具サービス計画書」の書き方

第1節 「ふくせん版　福祉用具サービス計画書」の考え方

1 「ふくせん版　福祉用具サービス計画書」のねらい

1 提供サービスの標準化

　「ふくせん版　福祉用具サービス計画書」（以下、「ふくせん様式」）は、全国福祉用具専門相談員協会（以下、「ふくせん」）が策定したガイドラインと合致するものです。このガイドラインは「ふくせん様式」の解説であると同時に、広く福祉用具専門相談員のあるべき姿を述べるものです。本章では「ふくせん様式」について、そこに込められた意図と様式の具体的な記入の仕方について解説します。

　「ふくせん様式」の意図は、福祉用具専門相談員が行う福祉用具サービス計画作成での「標準化」です。その意図に沿って書式は作成されています。

　現行の「ふくせん様式」は、身体状況等はチェック式にしています。2009（平成21）年に「ふくせん様式」を開発したときには、現場のベテラン福祉用具専門相談員から、チェック式では利用者の状態がわからないという声が上がりました。確かに「歩行」ができる人でも、「ふらつきがみられる」人はいます。朝は状態が良くても夕方になると悪くなる、あるいはその逆の場合もあるでしょう。そうした様子を、「できる」「できない」「一部介助」とするには無理があるといえます。とはいえ、福祉用具専門相談員のすべてがベテランというわけではありません。自由記載欄だけでは、福祉用具専門相談員によってチェックする項目が異なるという懸念がありました。

　そこで、身体状況・ADL（日常生活動作）に関しては現行のようなチェック式になりました。つまり、「ふくせん様式」の考え方として、項目を設けることで、誰でも確認する項目は漏れなく行うことができるという「標準化」を図ったのです。福祉用具貸与においては、ベテランでも新人でも、誰でも一定の「視点」を養うということ、それが提供する福祉用具貸与の標準化につながるという考えがあるのです。

> **ここがポイント**
> ・「ふくせん様式」の意図は「標準化」にある
> ・「ふくせん様式」には、福祉用具専門相談員が漏れなく確認できるようにチェック項目がある

　福祉用具貸与は、福祉用具が必要な利用者に提供されることではじめて、適切な利用につながります。

　したがって選定に際して実施するアセスメントは重要ですが、目には見えず、記録として残さない限り、伝達も標準化もできないのです。福祉用具は用具という物ですが、目には見えない部分、すなわち福祉用具サービスの特性でいうところの「無形性」（サービスは製造物と異なり形がない）があるのです。

　そのため福祉用具専門相談員の誰がどのように選定したのかは、計画書がない限り目には見えません。だからこそ、見える化して標準化することが必要です。

　そこで福祉用具専門相談員の誰がどのような相談の過程を経て利用目標を設定し、そして選定したのかがわかるようにしたのが「ふくせん様式」です。福祉用具サービスのプロセスからみると「基本情報」があり、そのうえで「利用計画」があり、目標と選定理由等を記載していましたが、2018（平成30）年4月からは「基本情報」と「利用計画」の間に「選定提案」を新たに位置づけました。「ふくせん様式」は、福祉用具サービスのプロセスを記録するものです。福祉用具が単に商品を配送するのではなく、利用者の状態をアセスメントし、複数の候補から提案し、決定、その目標と理由が記されるもので、見える化という点では、いずれも欠かせないものといえます。

「ふくせん様式」は、基本情報と選定提案、利用計画で1セット

基本情報　　選定提案　　利用計画

2 リスクマネジメントとしての計画書

　リスクマネジメントには、事故の「未然防止」と「対応」という二つの意味があります。福祉用具サービス計画の作成は、利用者の状態に合った福祉用具の提供と留意事項の記載により誤操作・誤使用を防ぐという事故防止の意味があります。同時に、万が一事故が起きたときに、起きた事故の検証に役立つという意味もあります。介護保険制度では「事故発生時の対応」として市町村、利用者の家族への連絡と必要な措置を講じることと、事故の記録を求めています。また、記録は2年間の保管が義務づけられています。しかし、事故を検証するには、どのような状況で福祉用具が貸与されていたのかなどを知る必要があり、福祉用具サービス計画はそうした事故の検証にも役立つといえます。

　2007（平成19）年に改正された消費生活用製品安全法（消安法）では、福祉用具による死亡または全治30日以上の事故についてはメーカーにその報告が義務づけられており、福祉用具貸与事業者には努力義務が課せられています。消安法の施行以来、事故に対する取り組みがメーカー、関係団体などでなされていますが、事故防止、事故報告、後日の検証という観点から「ふくせん様式」では、留意事項として注意点を記載する欄を自由に書けるように広くとっています。例えば、「ブレーキのかけ忘れに注意してください」といった一般的な注意事項でも、初めて利用する人には記載してください。注意を喚起し

てほしいからです。

　また、福祉用具専門相談員として、追記したい点、例えば、「次回モニタリングは○○頃を予定しております」「使用でご不明なことがありましたらいつでもお尋ねください」などとあるのも、利用者にとっては"安心"となるといえます。

> 留意事項には、利用についての注意事項を書く

3 利用者の力を引き出す（エンパワメント）

　福祉用具利用の大きな目的は、「自立支援」です。福祉用具サービス計画を作成していく過程の中では、利用者のできないことを福祉用具で補うという消極的な意味だけでなく、利用者のできる力を引き出し、自立した生活を実現させるということがあります。福祉用具専門相談員は、利用者が「何ができるのか」ということを考えてください。つまり、できることに注目して、利用者の力を引き出すという「エンパワメント」が自立支援には必要なのです。

　福祉用具による生活を福祉用具サービス計画により支援するという発想で「ふくせん様式」が、開発時に「基本情報」と「利用計画」を1枚にしたのも、「病院から退院→ベッドと車いす」ではなく、利用者にとって何をサポートすれば生活が整うのかという視点からです。意向や気持ちを聴き取って記入する欄があるのも、利用者がしたいという気持ち（あるいは、したくないという気持ち）を把握したうえで、福祉用具による自己実現を目的にしているためです。「基本情報」を設けたのは、こうした項目があることで、利用者の状況・意向、おかれている環境がわかるからです。

　利用者の力を引き出すというのは、「できることは自分でやってもらう」という発想です。そうなると何をどこまでできるのか、という把握が必要になります。「ふくせん様式」が「基本情報」を設けたのは、利用者が生活していく中で、福祉用具で何ができるか、どこまでできるかを福祉用具専門相談員として確認するためです。

> 意欲・意向等欄があるのは、利用者の力を引き出すためである

4 ケアマネジャーにとっての意味

ケアマネジャーにとって、福祉用具サービス計画のメリットは、次のとおりです。

①福祉用具専門相談員がケアプランのどこに視点をおいて、利用目標を設定しているのかがわかる。
②「基本情報」や利用目標の設定、選定理由を見る中で、ケアマネジャーが自分で把握していない利用者や家族の情報を知ることができる。
③留意点の記載があることで、誤操作、事故を防ぐための情報共有、確認事項のツールとなる。
④ケアプランを作成する過程の中で、福祉用具専門相談員との連携が緊密になる。

これらのことが、福祉用具専門相談員から得られるメリットとして大きいと考えれば、ケアマネジャーに福祉用具サービス計画を提供することは、大きな意義があります。

もともと、福祉用具サービス計画はケアプランに則って、利用者の福祉用具利用に関する計画が作成されるものです。

「ふくせん様式」には、「基本情報」があり、「生活全般の解決すべき課題・ニーズ」と「福祉用具利用目標」を連動して記載するように構成されています。ケアマネジャーにとっては、福祉用具専門相談員がどこに視点をおいているかがわかるといえます。

「選定提案」は、福祉用具専門相談員が、複数の機能・価格の中から商品を提案するための説明資料ともいえるもので、ケアマネジャーにとってもどのような機種をどの範囲から選ぶのかがわかりやすくなります。

「ケアプラン」と「福祉用具サービス計画」はつながっている

暫定ケアプランを踏まえて福祉用具サービス計画が作成されたときは、その内容も踏まえて、サービス担当者会議でケアプランの検討と確定をすることになります。

そう考えていくと、利用者にかかわる情報が共有され、援助方針が一致することは当然で、チームの一員という感覚をお互いにもつことは自然な流れです。利用者や家族との面談の同席、住環境などの調査時のケアマネジャーとの同行訪問は、連携のよい形といえます。

2018（平成30）年4月1日より、指定基準において、福祉用具専門相談員がケアマネ

ジャーに福祉用具サービス計画を交付することが義務づけられました。記載したらケアマネジャーへ必ず渡してください。そして、サービス担当者会議においても配付し、参加者と目標や留意事項の共有化を図ってください。

福祉用具サービス計画はケアマネジャーに渡すこと

5 「ふくせん様式」で重視している点

次は、「ふくせん様式」の中で特に重視している点です。

1. アセスメントが重要、そのためのケアマネジャーとの同行訪問

　ケアマネジメントの過程は、「アセスメントに始まり、アセスメントに終わる」という言葉がありますが、福祉用具サービス計画においても、提供する福祉用具を選定するには、利用者の状態がわからなければなりません。福祉用具を適切に選定するには、利用者の状態を知ること、つまりアセスメントが必要ということになります。したがって、福祉用具専門相談員が行うアセスメントの目的は、「利用者の状態像に適した福祉用具の利用目標を設定し、選定するための情報収集と分析の過程を明らかにすること」です。福祉用具の利用目標と選定に限定しているという意味では、ケアマネジャーのアセスメントとは目的が異なります。

　もちろん、利用者の状態に関しては、ケアマネジャーから収集するウェートは高く、ケアマネジャーからのアセスメントシートの提供は貴重な情報といえます。とはいえ、廊下幅や縁側の向き、高さなどの住環境は、ケアマネジャーのアセスメントの情報収集の中では、必ずしも確認するとは限りません。そうした点は、福祉用具専門相談員自身が確認することになります。だからこそ、ケアマネジャーと福祉用具専門相談員とが同行してアセスメントをするということが重要です。

　なお、利用者にとって同行訪問や面談での同席が、心理的に負担にならないように福祉用具専門相談員は配慮することが必要です。

- 福祉用具専門相談員は、福祉用具を利用するうえで必要となる利用者の状況をアセスメントする
- ケアマネジャーとは積極的に同行訪問する。ただし、利用者の心理的負担にならないように配慮する

　退院前のカンファレンスやケアプラン原案を確定する際のサービス担当者会議は、福祉用具専門相談員にとっては、福祉用具サービス計画を作成していくための貴重な情報収集と情報共有の場になります。利用者と利用者の生活をどのように構築し支援していくかを、福祉用具の利用から考えるのが福祉用具サービス計画の目的だからです。

　アセスメントを怠ると、あるいはアセスメントをしないままに福祉用具を導入すると、「不適合」あるいは「利用者の意向と不一致」ということになりかねません。事故につながる危険性もあり、福祉用具専門相談員にとっては利用者の状態と貸与した機器が合わないということで、機種の変更による手間の増大になるかもしれません。利用者やケアマネジャーにとっては、福祉用具の利用に対する信頼感の喪失をもたらす可能性もあるのです。

　「ふくせん様式」は「基本情報」「選定提案」「利用計画」いずれもＡ４判１枚です。コンパクトながらもアセスメントに相当する項目を設けた意味は、アセスメントの重要性を福祉用具専門相談員に知ってもらい、利用目標と選定はアセスメントと連動させるという習慣をつけてもらうためです。当然ですが、「基本情報」は情報を収集して「埋める」ためのものではなく、その情報からニーズと基本目標を設定し、必要な機種を選定するためのものです。そのため、ケアマネジャーが「アセスメントシート参照」と記載するのも本意ではありません。したがって、得られた情報が限定的で、「基本情報」の項目のすべてはわからなかったというときは、その情報の中で何が明らかになったかを考えて、足りない情報は福祉用具専門相談員が収集して利用目標を設定してください。

　その際に、情報を集めることに熱心になるあまり、利用者に矢継ぎ早に質問することは避けてください。また、得られた情報は、事業所内で保管するようにしてください。情報の共有は大切ですが、誰でも見られるようにしてはいけません。

選定に必要なのは、アセスメント。選定時に不足している情報は、福祉用具専門相談員自らが収集する

2. 利用者への説明と同意は丁寧に

利用者の情報は、利用者のものです。ケアマネジャーや福祉用具貸与事業者だけのものではないというのが、「ふくせん様式」の考え方です。

「訪問介護」をはじめとするサービスは、介護保険制度施行時から個別サービス計画を作成する義務があり、指定基準では「その内容について利用者又はその家族に対して説明し、利用者の同意を得なければならない」「利用者に交付しなければならない」と規定されており、計画に対する説明と同意および計画の交付が義務づけられています。しかし、個別サービス計画（福祉用具サービス計画）が義務づけられていなかった福祉用具貸与においては、「計画書を誰に渡すのか」という戸惑いがあったのも事実です。

2009（平成21）年に「ふくせん様式」を開発した当時は、事業所内の情報共有とケアマネジャーに渡すものという考えが根強くありました。同年のシルバーサービス振興会の調査によると、「利用計画書を作成している」「少しでも作成している」と回答した事業所は合わせると47.8％もありました。しかし、その計画書は過半数（56.6％）がケアマネジャーへ「提出している」と回答していましたが、利用者への「提出」は22.3％に過ぎませんでした。むしろ、利用者へは「提出していない」が47.3％と半数近い数でした。

福祉用具専門相談員が説明して利用者や家族の同意を得て、署名をもらうことは、開発当時から「ふくせん様式」が求めてきたことです。なぜなら、利用者からさまざまな情報を得て、目標を設定するからです。仮に「車いすで外出をしたい、買い物ができるようになりたい」という意欲をもっている利用者の外出を支援するために操作しやすい車いすを選定した計画書は、利用者自身の目標を達成するために作成された計画書ということになります。決して、事業所内で回覧するためだけに作成されるものではありません。

「基本情報」については、ナイーブな情報もあり、そのまま利用者には渡しにくいことがあると思います。指定基準でも福祉用具サービス計画の利用者への交付が義務づけられています。「ふくせん」でに「基本情報」「選定提案」「利用計画」の3枚を利用者に渡すことを推奨しています。

もし、利用者自身での署名が難しく家族等にお願いする場合は、その名前と利用者との続柄も記載しましょう。

- 説明と同意は、利用者にとっても、計画を達成するための第1ステップ
- 「基本情報」「選定提案」「利用計画」を利用者に渡すことを推奨

第2節 「ふくせん版 福祉用具サービス計画書」の書き方

　「ふくせん」は2013（平成25）年にガイドラインを策定し、2018（平成30）年3月に「選定提案」を開発するとともに、「選定提案」の位置づけや考え方を示した作成ガイドラインを策定しました。本節では、二つのガイドラインに沿って「ふくせん様式」の書き方について解説します。

1 「基本情報」の書き方

　「ふくせん様式」はそれぞれA4判の用紙1枚で構成されています。その1枚目が「基本情報」（アセスメント）、2枚目が2018（平成30）年に開発された「選定提案」、3枚目が「利用計画」というスタイルです。第1節で述べたように、「基本情報」と「利用計画」は不可分という考え方でつくられており、構成は「基本情報」～「利用計画」（利用者名の同意の署名まで）貸与の提供にいたる流れに沿って記載事項が構成されています。

　ただし、実際の業務の中ではアセスメントはできたが、意向までは十分に聴き取れなかった、あるいはケアプラン確定前に福祉用具サービス計画を作成し、暫定的に福祉用具の利用が始まるということもあります。したがって、本節では標準的な流れに沿って説明します。ケアプラン確定前では暫定的な福祉用具サービス計画を作成し、ケアプラン確定後に必要に応じた変更をすることも場合によってはあり得ます。

　ケアマネジャーからアセスメントシートをもらった場合は、転記するか、あるいは、「基本情報」に添付してください。福祉用具専門相談員が確認する際は、実際に利用者に動作をしてもらうというより、ケアマネジャーや家族から聴き取ってチェックします。無理に利用者に「立ち上がってください」とお願いすべきではありませんが、介助の様子を見ることができれば、わかることはたくさんあります。例えば、身体の状況・動作、会話や雰囲気から見る家族との関係などです。家族が利用者の腕を引っ張って立たせようとしているといった自己流の介護をしているかもしれません。介護の様子を見ることで、家族の負担やリスクにつながることも把握できます。また、利用者と握手をしてみると、わかることもあります。そうした結果、気がついた情報は「基本情報」の「特記事項」に記載してください。「アセスメントシート参照」と書いて、あとは空欄にするというのも実態として見られますが、福祉用具専門相談員だから気がつくこと、選定に必要な情報はある

はずです。白紙の「基本情報」というのは、趣旨を外れるといえます。

利用者からではなく、ケアマネジャーや家族からの聴き取りの際に気をつけていること

　利用者のときもそうですが、「傾聴」です。家族との面談やケアマネジャーとの同行訪問、書面での打ち合わせ、電話などさまざまな場面がアセスメントの場となりますが、相手が伝えようとしていることを聴き自分が理解できるまで質問をすることを心がけています。

（福祉用具専門相談員A）

1 「利用者名」「認定期間」「住所」「居宅介護支援事業所」

　新規申請で要介護認定の判定前の暫定段階では、認定期間・要介護度は空欄になります。空欄は後日、決定してから記載してください。

フリガナ		性別	生年月日	年齢	要介護度	認定期間	
利用者名	様						～
住所						TEL	
居宅介護支援事業所						担当ケアマネジャー	

2 「相談内容」

　相談者からの直接の連絡ではなく、ケアマネジャーからの依頼で始まった場合は、相談内容は空欄とし、「ケアマネジャーとの相談記録」と「ケアマネジャーとの相談日」のみ書きます。

相談内容	相談者		利用者との続柄		相談日	
ケアマネジャーとの相談記録					ケアマネジャーとの相談日	

3 「身体状況・ADL」

　身体状況・ADL の確認をしたとき、あるいは情報を入手した時点について、何年何月現在と書いてください。利用者の状態と福祉用具サービス計画を作成した日が異なることを想定しているからです。

　身体状況・ADL の各項目は、利用者の自立を支えるための福祉用具の選定を行うための情報欄です。したがって、項目を「埋める」ことが目的ではありません。例えば、退院を控えて急きょベッドの選定を依頼されたという場面があったとすると、これまでの生活が布団であれば起き上がり、立ち上がりができないので、ベッドを入れたいというような何らかの理由があるはずです。「退院するから、ベッド」ではないということです。しかし、身長・体重は正確にはわからない、ということも想定されます。そうしたときは、小柄なのか大柄なのか、身長は150cm位なのか、それより低いのか程度でよいので記入してください。体重が数字の1桁までわかるということが大事なのではなく、「選定に必要な情報とは何か」ということです。そのため、例えば身長は正確にわからなくても、円背があるなら、円背が選定にかかわる大切な情報になります。特記事項に付記してください。

ここがポイント

> 身長・体重は、正確でなくても体型の記載でもよい。

身体状況・ADL	（　　年　　月　）現在			
身長	cm	体重		kg
寝返り	□ つかまらないでできる	□ 何かにつかまればできる	□ 一部介助	□ できない
起き上がり	□ つかまらないでできる	□ 何かにつかまればできる	□ 一部介助	□ できない
立ち上がり	□ つかまらないでできる	□ 何かにつかまればできる	□ 一部介助	□ できない
移乗	□ 自立（介助なし）	□ 見守り等	□ 一部介助	□ 全介助
座位	□ できる	□ 自分の手で支えればできる	□ 支えてもらえればできる	□ できない

また、身体状況・ADL欄に「屋内歩行」「屋外歩行」「食事」「更衣」「意思の伝達」「視覚・聴覚」があるのは、より身体状況を詳しく確認するためであり、利用者は何ができるのか、どの程度できるのか、介助を必要としているのかを確認するためのものです。福祉用具専門相談員にとっては、福祉用具の利用でそれらが解消できるのかを検討するもとになるデータとなります。

　チェック項目は、「屋内歩行」「屋外歩行」を含め「動作」を見るものが多いですが、「意思の伝達」は、自分の思い・意思を伝えることができるのかをみます。例えば、ベッド上で意思伝達装置を用いて家族や周囲の人とコミュニケーションをとっている利用者がいたとします。利用者の意思は、装置を使って家族や周囲の人に伝えているわけですから、「意思を他者に伝達できる」にチェックを入れ、意思伝達装置は介護環境欄の「利用している福祉用具」に記入してください。

　「視覚」は視力の記載ではなく、見えにくさ・見づらさなどを記載するためです。「聴覚」は、聞こえにくさ、例えば「耳元に口を寄せると聞こえる」、「テレビの音量を最大にしている」という利用者の状態を記してください。そのために「視覚」「聴覚」は「見える、聞こえる」のチェック式ではなく、自由記載になっています。「特記事項」には、認知の状態、例えば「ときどき煮物の鍋を焦がす」「今、子どもが部屋の隅にいる、と真顔で話す」など気づいたことを記します。

ここがポイント

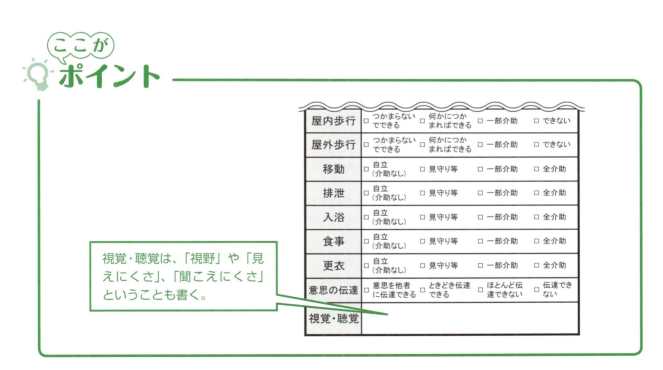

視覚・聴覚は、「視野」や「見えにくさ」、「聞こえにくさ」ということも書く。

4 「障害日常生活自立度」「認知症の日常生活自立度」

　障害高齢者の日常生活自立度と認知症高齢者の日常生活自立度を「障害日常生活自立度」「認知症の日常生活自立度」に転記します。この二つの情報は要介護認定の審査会資

料に使われるものであり、福祉用具専門相談員自身が判断するものではありません。ケアマネジャーからの情報によるものといえます。起き上がりや立ち上がりといったADLのチェックは福祉用具専門相談員自身が利用者に会って確認する、あるいはケアマネジャーからの情報を活用する場合もありますが、「自立度」についてはあくまで判定されたものを記します。自分の判断で記載してはいけません。

障害高齢者の日常生活自立度判定基準（図4-1）は、寝たきり度ともいわれますが、ランクJ（日常生活はほぼ自立している）から、ランクA（屋内での生活は概ね自立しているが、介助なしには外出しない）、ランクB（屋内での生活は何らかの介助を要し、日中もベッド上での生活が主体であるが座位を保つ）、ランクC（1日中ベッド上で過ごし、排泄、食事、着替において介助を要する）の4段階に分かれます。

認知症高齢者の日常生活自立度判定基準（図4-2）は、認知症の程度から日常生活にどれくらいの自立度、あるいは介護の必要度があるかをみるものです。医学的な診断に基づく治療の程度をみるものではありませんが、介護にかかわるものの共通言語であり、福祉用具専門相談員としては福祉用具の選定を考えるうえで、参考となる指標といえます。ランクⅠからⅣおよびMまであり、ランクMが最も重いものです。操作の説明をしても忘れてしまう、あるいは利用者だけでなく、家族への説明が必要だというようなことは、認知症高齢者の日常生活自立度をみると心づもりができると思います。福祉用具専門相談員にとっては、自立度を意識することは少ないかもしれません。自立度のレベルと状態像が結びつくように日頃から意識していくことが必要です。

● 図4-1　障害高齢者の日常生活自立度（寝たきり度）判定基準

生活自立	ランクJ	何らかの障害等を有するが、日常生活はほぼ自立しており独力で外出する 1　交通機関等を利用して外出する 2　隣近所へなら外出する
準寝たきり	ランクA	屋内での生活は概ね自立しているが、介助なしには外出しない 1　介助により外出し、日中はほとんどベッドから離れて生活する 2　外出の頻度が少なく、日中も寝たり起きたりの生活をしている
寝たきり	ランクB	屋内での生活は何らかの介助を要し、日中もベッド上での生活が主体であるが座位を保つ 1　車椅子に移乗し、食事、排泄はベッドから離れて行う 2　介助により車椅子に移乗する
	ランクC	1日中ベッド上で過ごし、排泄、食事、着替において介助を要する 1　自力で寝返りをうつ 2　自力では寝返りもうたない

出典　「『障害老人の日常生活自立度（寝たきり度）判定基準』の活用について」（平成3年11月老健第102-2号、厚生省大臣官房老人保健福祉部長通知）

● 図4-2　認知症高齢者の日常生活自立度判定基準

ランク	判定基準	見られる症状・行動の例
Ⅰ	何らかの認知症を有するが、日常生活は家庭内及び社会的にはほぼ自立している。	
Ⅱ	日常生活に支障を来すような症状・行動や意思疎通の困難さが多少見られても、誰かが注意していれば自立できる。	
Ⅱa	家庭外で上記Ⅱの状態が見られる。	たびたび道に迷うとか、買物や事務、金銭管理などそれまでできたことにミスが目立つ等
Ⅱb	家庭内でも上記Ⅱの状態が見られる。	服薬管理ができない、電話の応対や訪問者との応対など一人で留守番ができない等
Ⅲ	日常生活に支障を来すような症状・行動や意思疎通の困難さがときどき見られ、介護を必要とする。	
Ⅲa	日中を中心として上記Ⅲの状態が見られる。	着替え、食事、排便、排尿が上手にできない・時間がかかる やたらに物を口に入れる、物を拾い集める、徘徊、失禁、大声、奇声を上げる、火の不始末、不潔行為、性的異常行為等
Ⅲb	夜間を中心として上記Ⅲの状態が見られる。	ランクⅢaに同じ。
Ⅳ	日常生活に支障を来すような症状・行動や意思疎通の困難さが頻繁に見られ、常に介護を必要とする。	ランクⅢに同じ。
M	著しい精神症状や周辺症状あるいは重篤な身体疾患が見られ、専門医療を必要とする。	せん妄、妄想、興奮、自傷・他害等の精神症状や精神症状に起因する問題行動が継続する状態等

出典　「『認知症高齢者の日常生活自立度判定基準』の活用について」（平成5年10月老健第135号、厚生省老人保健福祉局長通知）

ここがポイント

・認知症の日常生活自立度の記載で、生活のしづらさ、何が不自由なのかのイメージを持つこと。
・認知症の日常生活自立度について、福祉用具専門相談員は知ることが必要。

5 「介護環境」

まず、利用者の「家族構成」についてです。キーパーソンは誰かということがポイントになります。ここでは主として、福祉用具の操作をする人は誰なのかという点から「主介護者」を記入してください。例えば、利用者の介護費用を負担しているのは、近県に住む長男ですが、週に1回は市内在住の長女が来て、訪問介護はA訪問介護事業所から週に5回、複数の訪問介護員が入っているというときは、家族構成は「長男（別居）、長女（別居）」とし、主介護者は福祉用具の操作や使用の説明を行う可能性のある、「長女・A訪問介護事業所の訪問介護員」と記載します。

次に、「他のサービス利用状況」「利用している福祉用具」についてです。福祉用具以外で利用しているサービスと、現在利用している福祉用具を記載します。福祉用具の中には補装具も含みます。過去に私費で購入したものや、自治体の紙おむつ支給事業の利用なども記載します。支給は受けたが、現在使っていないものについては、「現在は使用していない」と書いてください。使用していない理由がわかれば、付記してください。選定のヒントになるからです。書ききれなければ、特記事項に書いてください。

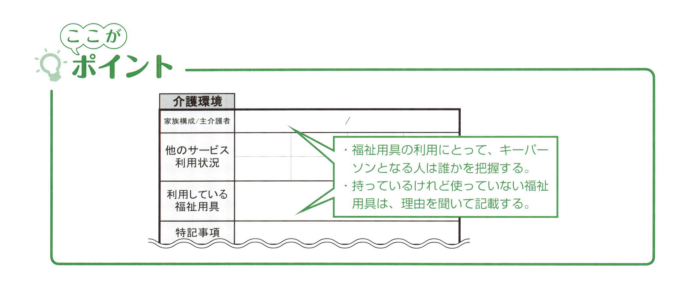

6 「意欲・意向等」

「意欲・意向等」は、福祉用具サービス計画の作成で求められる「利用者の希望、心身の状況及びその置かれている環境を踏まえ」（指定居宅サービス等の事業の人員、設備及び運営に関する基準第199条の2）の「希望」にあたるものです。「入院中でご本人にお会いできない」「認知症が進んで発語ができない」と気持ちをうかがえないときは、「利用者から確認できなかった」にチェックをします。確認できたときは「利用者から確認できた」にチェックをするとともに、うかがった気持ちを書きます。この部分は、福祉用具専

門相談員の視点で、困っていると考えたことではなくて、あくまで利用者の意向・気持ちがどのようなものかを知るためのものです。したがって、「このまま家にいられたらいいんだけれど…」と文章としてまとまっていなくても、そのまま記してください。話しているときに、間が開いたりしたときは、「…」と入れるのもよいでしょう。沈黙も利用者の思いです。「このまま家にいられたらいいんだけれど…」と利用者から出た言葉を福祉用具専門相談員が、「在宅生活への意向が強い」と簡略化したり、勝手に判断して書いてはいけません。「意欲・意向等」欄は利用者の気持ちがどのようにあるのかを知るためのものです。

また、利用者からは確認できないが、付き添っている家族から聴き取ったというときは「利用者から確認できなかった」にチェックをし、記載欄に聴き取った気持ち、例えば「このまま家にいられたらいいんだけれど…（奥様の言葉）」と誰が言ったのかを書いてください。このように書くことで、奥様がこのまま自宅での生活を望んでいることがわかるからです。

ここがポイント

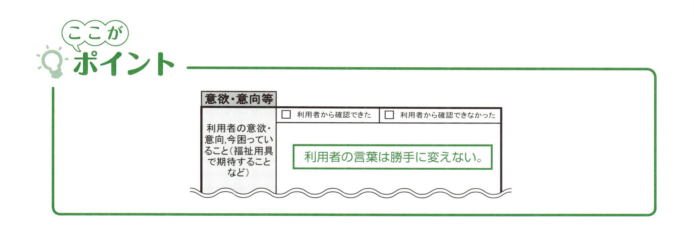

7 「居宅サービス計画」（ケアプラン）

「居宅サービス計画」（ケアプラン）第1表、第2表を転記します。福祉用具サービス計画の作成時点で、ケアプランが完成していない場合は、完成後に転記するとともに、ケアプランの「総合的な援助の方針」と福祉用具サービス計画の利用目標に、大きな隔たりがないかを確認してください。

例えば、「ご自分でできることはご自分で行い、今後も趣味の句会に行けるように、足の衰えを防いでいきましょう」というのがケアプランの「総合的な援助の方針」だったにもかかわらず、福祉用具専門相談員が作成したニーズと利用目標が、「膝が痛いので車いすを利用する」だったとしたら、ケアプランと福祉用具サービス計画の一貫性ということでは、隔たりがあります。そうなると福祉用具サービス計画を作成し直すことになります。

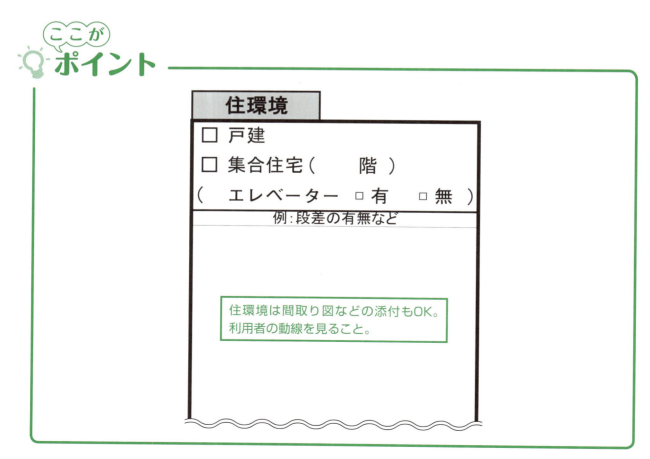

8 「住環境」

戸建か集合住宅か、エレベーターの有無のチェックは、利用者の動作や活動にかかわる確認事項であるとともに、福祉用具の搬入搬出や設置の参考にするためでもあります。自由記載欄は、居室や動線、段差の有無など設置、取り付けに必要な事柄を記載しますが、記載欄に書ききれないときは、方眼紙に簡単な間取りを書いて、添付するのも一案です。

9 事例を「ふくせん様式」の「基本情報」に転記するとき

例えば、次のような事例です。短い文章ですが、**a**から**o**までに分けてみると、さまざまな情報が詰まっているので、「ふくせん様式」に転記するときは、どこの欄に該当するかを考えてください。

> まもなく、退院（脳梗塞で自宅で倒れ救急入院）**a** する73歳**b**の男性**c**。同じ歳の妻と二人暮らし**d**。左半身に麻痺**e**。寝返り**f**、起き上がり**g**、立ち上がりは一部介助**h**。言語に障害はみられない**i**。身長158cm、体重55kg**j**。本人は、早く家に戻って妻との生活に戻りたい**k**。近くの川で、釣り仲間にも会いに行きたい**l**。妻は骨粗しょう症で、今後、自分で介助できるかが不安という**m**。要介護3（暫定）**n**。ケアマネジャーからは生活を整えるために福祉用具を利用したいと依頼あり**o**。

「ケアマネジャーとの相談記録」に**a**および**o**の部分を書きます。自由記載欄なので「まもなく、退院（脳梗塞で自宅で倒れ救急入院）**a**する〇〇さんについて、生活を整えるために福祉用具を利用したい」と、**a**と**o**を記載します。

「年齢」に**b**を、「性別」に**c**を転記します。**d**は「家族構成／主介護者」です。**fgh**は「身体状況・ADL」の「寝返り」「起き上がり」「立ち上がり」にそれぞれチェックをつけます。「麻痺・筋力低下」は自由記載なので、**e**の「左半身に麻痺」をそのまま書きます。**i**は、「認知症の日常生活自立度」の下にある「特記事項」に書きます。この「特記事項」は、身体状況にかかわる事柄を書く欄です。**j**は「身体状況・ADL」の「身長」「体重」に書きます。**kl**は本人の意向なので「意欲・意向等」の欄に書きます。ケアプランに「利用者及び家族の生活に対する意向」として記載され確定している場合は、福祉用具サービス計画書の同名欄の「利用者」のところに「早く家に戻って妻との生活に戻りたい**k**」「近くの川で、釣り仲間にも会いに行きたい**l**」、「家族」のところには**m**の「今後、自分で介助できるかが不安」と書きます。ケアプラン決定前のケアマネジャーからの情報であるなら、「早く家に戻って妻との生活に戻りたい」「近くの川で、釣り仲間にも会いに行きたい」は、「意欲・意向等」の自由記載欄に書き、「利用者から確認できた」のチェックとともにカッコ書きで、「ケアマネジャーを通じて確認」と付記してください。要介護度は「基本情報」の年齢の横に書きますが、**n**の「（暫定）」と付記しておいてください。

● 図4-3 身体状況、介護・住環境、意欲・意向等は、「ふくせん様式」の基本情報に集約する

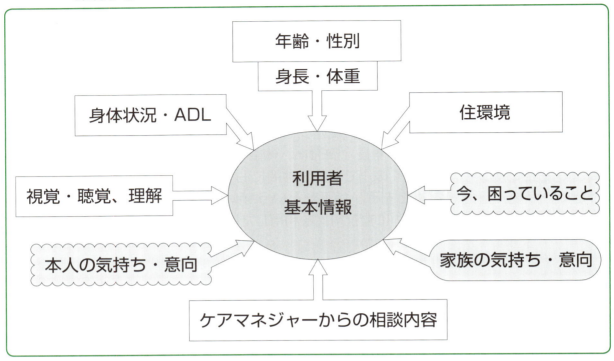

2 「選定提案」の書き方

1 「選定提案」のねらい

　2018（平成30）年4月から「ふくせん様式」に「選定提案」を記載するシートが加わりました。

　「選定提案」は福祉用具専門相談員が複数提案の改定に確かに対応していることを示す根拠となります。

　また、福祉用具貸与の提供プロセスの中で、福祉用具専門相談員が日頃から行っていた複数の商品説明などの業務の「見える化」を図ることができます。

　従来からも福祉用具専門相談員は、A商品とB商品というように複数の商品の中から、利用者の状態に合わせて選択をして利用者に勧めていたはずですが、この過程を「選定提案」で見える化することで、「自分の選定提示の判断をより慎重に考えることができる」「商品知識を幅広くもつ必要がある」など福祉用具専門相談員としての気づきを得ることができます。

　それだけに幅広い商品知識が求められますが、逆にいえば福祉用具専門相談員の「専門性を発揮する機会」ととらえることもできるのです。

　サービス担当者会議でも従来の「利用計画」と併せて、この「選定提案」を提示するこ

とで、たくさんの商品の中から利用者に適切なものを選択しているという福祉用具専門相談員の業務への理解が深まるといえます。

利用後の状態変化などによる機種変更の際も、「選定提案」があればどのような過程で選定していたかがわかります。導入後も利用者から「もう一つのほうに替えたい」と希望があったときも、「選定提案」に記載されたもう一つの商品を使えるため、スムーズに変更、交換が可能になると考えられます。

「選定提案」から「利用計画」に記載することで、選定理由がより明確になることは、福祉用具専門相談員にとって、専門性が発揮されるチャンスなのです。

- 制度改正への対応を「選定提案」で図る
- 貸与提供プロセスの一つとして、福祉用具専門相談員として業務内容の「見える化」を図る
- 福祉用具専門相談員の専門性を発揮するチャンス

2 利用者にとっての意味

介護保険制度では、利用者の自立を目的として、利用者による「選択」を軸に、サービスの利用を構成しています。その利用者のサービス選択と調整を助ける専門人材として、ケアマネジャーが位置づけられています。

しかし、福祉用具は種類もさまざまで機種による機能や特性があり、利用者に合わないものを貸与すると利用者の状態を損なうおそれすらあります。2012（平成24）年に福祉用具サービス計画作成が福祉用具専門相談員に義務づけられたことで、福祉用具選定は福祉用具専門相談員の役割となったといえます。それだけに、福祉用具専門相談員による選定が重要となります。

他方で、利用者が「選択をする」という介護保険制度の理念が実行しにくくなることもあります。利用者が福祉用具専門相談員の選定に「お任せ」という受け身の姿勢になってしまうということです。

しかし、「選定提案」により、複数商品を提示し、利用者にその違いや特性を知ってもらえば、「自分で選択する」という自己決定の実現を図ることができます。利用者・家族にとっても、福祉用具にはたくさんの商品があるということ、その中からなぜそれを福祉用具専門相談員が勧めているのかの理解にもつながります。

利用者にとっては、福祉用具専門相談員に対するスキルの理解と、それによる信頼感を

得られるといえます。

> **ここがポイント**
> ・利用者の自己決定・自己選択の後押しになる
> ・利用者がたくさんの福祉用具があることを知ることができる、納得感が得られる
> ・利用者が福祉用具専門相談員のスキルに対する信頼感を得られる

3 ケアマネジャーにとっての意味

　2018（平成30）年4月から福祉用具サービス計画は、ケアマネジャーに交付することが指定基準の改定により義務化されました。

　従来からも任意で渡していた福祉用具専門相談員は多いでしょうが、改定後は渡すことを必ず求められます。この義務化によって、福祉用具サービス計画は福祉用具専門相談員とケアマネジャーの情報共有のツールとしての意味合いが強くなります。

　指定基準の福祉用具サービス計画に該当するのが、「ふくせん様式」の「基本情報」「選定提案」「利用計画」です。

　「選定提案」の交付により、ケアマネジャーにとっても、福祉用具専門相談員が豊富な種類のある福祉用具の中から、利用者の状態状況に合わせて選定を行っていることがよくわかります。これにより、福祉用具に関する専門家としての福祉用具専門相談員と連携する必要性を認識してもらえるといえます。

　反面、「選定提案」には全国平均貸与価格が記入されます。それを見れば、ケアマネジャーが価格の差や、貸与価格の設定の理由について福祉用具専門相談員に尋ねることが想定されます。福祉用具貸与のみ、介護報酬の設定ではなく、事業者による貸与価格の設定が介護保険制度の中では認められているということと、貸与価格の中には、相談や選定、搬入取り付け、調整、モニタリング、搬出という貸与プロセスのサービスが含まれていることなど、その内容について、福祉用具専門相談員はしっかりと説明できるようにする必要があります。

> **ここがポイント**
> ・福祉用具貸与計画は、ケアマネジャーに交付が義務化された
> ・福祉用具専門相談員との連携ツールになる
> ・業務への理解が深まる
> ・貸与価格への関心が高まる

4 「選定提案」の位置づけ

●ケアマネジメント上の位置づけ

「選定提案」は次項で述べる「利用計画」同様、ケアプランに基づき作成するのが原則です。ケアマネジャーが記載した必要な事柄の情報（アセスメント部分）と、自らの確認の中から福祉用具利用に必要な情報を抽出します。

ケアプランの「総合的な援助の方針」および目標（長期目標と短期目標）に基づき「利用計画」で具体的な福祉用具利用目標を設定します。「選定提案」は「利用計画」で定める福祉用具利用の目標と選定理由決定に至るプロセスとして位置づけられます。

したがって「選定提案」は、本来ケアプランの目標に合致するものです。

●利用者および指定基準上の位置づけ

利用者にとっては、福祉用具専門相談員から機種を選ぶにあたって「このようなプランがある」と選択に資する説明を受ける「情報シート」の役割があります。

この「選定提案」は、貸与するにあたっての提案であって決定事項ではありません。「選定提案」は「利用計画」と一対であり、福祉用具サービス計画に含まれるものです。したがって、利用者に見せて説明に使うだけでなく、利用者に渡すことも忘れないでください。

なお「選定提案」は、記載日・作成日に関してこうでなければならないという規則はありません。場面としては、「ふくせん様式」の「利用計画」を作成する前に利用者宅を訪問し、「選定提案」を見せながら説明するという場面と、「選定提案」を見せてその場で決定し、計画を作成して渡すという場面のどちらか、もしくはその両方が考えられます。「利用計画」の作成と同日であるか、別日であるかはそのときの状況次第です。

- 「利用計画」作成と対をなすもの
- 機種検討時に利用し、検討プロセスを利用者に示す

5 書き方

　「選定提案」は「利用計画」作成に至る前の段階にありますが、利用者に見せて説明し、選択するという重要な段階です。したがってその記載は、利用者にわかるように書かなければなりません。すなわち、略語（CM、PTなど）や専門用語を使わないことが求められます。例えば全国福祉用具専門相談員協会の愛称「ふくせん」や福祉用具の機種ごとにTAISコードをつけるテクノエイド協会を略して「テクノ」など、福祉用具専門相談員としては日常的に使用している名称でも、利用者にとってはなんのことかわからないでしょう。利用者にわかるようにということは「選定提案」の書き方で重要です。

　利用者の状況を熱心に把握しようとするあまり、利用者のプライバシーや気持ちを侵害しないということも重要です。

　利用者の気持ちに沿うことは大切ですが、「できないこと」を強調しすぎるような、福祉用具の専門家であるという「上からの提案」では、利用者から受け入れを拒否されるかもしれません。

- 利用者にわかる言葉で書く
- 上から目線で勧めてはいけない
- 利用者のプライバシーや気持ちを侵害しない

　「選定提案」は①利用者の名前、要介護度等の基本属性、②福祉用具が必要な理由、③貸与を提案する福祉用具の三つで構成されています。それぞれの書き方について以下に述べます。

1. 管理番号・説明日・説明担当者

　管理番号は事業者により異なります。番号をもたない場合は空欄となります。説明日は、選定にあたっての製品や価格の説明を利用者・家族にしたときの日付を記入します。

2. 利用者名・性別・生年月日・年齢・要介護度・認定期間・居宅介護支援事業所名・担当ケアマネジャー

　急ぎの新規申請で暫定プランを早急に作らなければならない場合などは、わかっている情報だけを記入してください。「選定提案」は福祉用具の利用機種の決定前であり、「利用計画」を作成するための情報の記載だからです。

3.「福祉用具が必要な理由」

「選定提案」の作成にあたっては、
　①ケアマネジャーからの依頼をもとに福祉用具専門相談員が先行して訪問、作成する
　②ケアマネジャーと同行訪問し、作成する
　③「利用計画」と同時に作成する
の三つの場面が考えられます。①②の場合はアセスメントを行いながら「選定提案」のための訪問をするということになります。ケアプランが既に作成段階であるなら、「福祉用具が必要な理由」は、ケアプランの「生活全般の解決すべき課題・ニーズ」から転記をし、さらにそのために必要な福祉用具の種類を書きます。

　「生活全般の解決すべき課題・ニーズ」が「一人でできることを増やしたい」なら、そのまま記載し、種目（種類）を入れます。例えば、「『一人でできることを増やしたい』ので室内の移動に手すりを利用します」とします。

　「生活全般の解決すべき課題・ニーズ」ができていない、あるいはケアプランの原案と同時進行している段階では、福祉用具専門相談員が利用者から聴き取った相談内容、困りごとを整理して記載します。今何に困っているのか、自宅で生活していくうえで支障があるのはどのようなことなのか、できるだけ具体的に聴き取ってください。

　福祉用具専門相談員が聴き取ったことを記載するときは、利用者・家族の意向・希望・困りごとがわかるようにしなければなりません。福祉用具専門相談員から「このような希望がありました」と、ケアマネジャーに説明できるからです。したがって、この欄は利用者から聴き取った言葉をなるべく活かして書きましょう。

　例えば、買い物に行けるようになりたいという利用者の気持ちを聴いたときは、

「買い物に行けるようになりたい」ので、買い物等外出のために車いすを使用

といったように、また、このままの生活を続けたいという利用者の気持ちを聴いたときは、

「このままの生活を続けたい」ことから、安全に起居できるように、特殊寝台と付属品を使います

このように利用者の言葉を確かに聴き取ったとわかるように書きましょう。

利用者の意向が曖昧である場合、あるいは自身で表明されない（できない）場合は、家族への聴き取りなどにより状況、状態の確認をして、必要性を書いてください。

ここがポイント

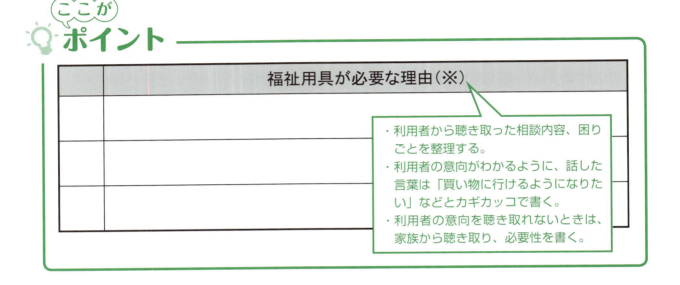

文章は、これから利用が始まることを考えて、「問題がある」「できない」「困難」などネガティブな言葉ではなく、**「〜したい」「〜をしたいので利用します」と希望的な書き方**をしましょう。そのほうが、利用者・家族にも前向きにとらえてもらえるからです。

仮に「夜間のトイレ介助が負担だ」という家族からの気持ちを聴いたときは、介助で大変という気持ちとともに、もう少し楽に、かつ安全にトイレ介助をしたいという思いがあるのかもしれません。そうしたときは、それをしっかり聴き取ったうえで「夜間のトイレ介助の負担を減らして、安全に行いたい」と家族の気持ちを整理して記載するとよいでしょう。前向きに言い換えるという意味で、意図や意向をねじ曲げるのではありません。

ここで大切なのは、**福祉用具専門相談員から見て福祉用具の利用で実現する可能性がある**と思える利用者の希望や意向の内容を記載することです。したがって「よく食べて100歳で天寿を全うしたい」というのが利用者・家族の希望であっても、そこから福祉用具の「選定提案」に直結しない場合は記載することはできません。福祉用具が必要な理由は、あくまでも「福祉用具の利用」にかかる意向・希望（あるいは困りごと）です。

「選定提案」の「福祉用具が必要な理由」は、利用者の意向や希望、困りごとを整理し、福祉用具専門相談員が何のために"必要と考える"かということがわかるようにしてください。

一方で「利用計画」の利用目標は、利用する福祉用具の種類が決まっている段階です。ここでは、「車いすを使って、特殊寝台を利用して〜できるようにする」というような、福祉用具の種類プラスそれで何ができるのか、という具体的な目標を設定します。

「選定提案」と「利用計画」は、選定の提案から利用決定に至る段階を追っているわけです。そこに福祉用具が必要な理由と、利用目標の書き方との違いがあるといえます。

> - 福祉用具専門相談員から見て、福祉用具利用で可能なニーズを記載する
> - 利用者の話したことでも、福祉用具利用と直接関係しないものは記さない
> - 「〜したい」、「『〜したい』ので○○を利用する」など、前向きな書き方をする

記載例
- 「家の中を1人で動くことができるようになりたい」ので○○を利用します
  （利用者の意向）を踏まえて（福祉用具の種類を書く）を利用
- 退院後の起居、洗面動作を1人で行うために○○を使用します
  （実現可能な理由）のために（福祉用具の種類を書く）を使用
- 「通院の妻（夫）の介助の負担を減らしたい」ので○○が必要と考えます
- 「1人でトイレに行って排泄する」とのお気持ちから○○を使います
- 「1人で散歩したい」ので○○を利用します
- 「夫婦して散歩などしたい」ので○○を利用します
- 「買い物や外出を楽しみたい」というお気持ちの実現を○○で図ります
- 「退院後の暮らしに慣れるまでは、病院で使っていたものと同じ○○を使いたい」
- ○○の使用で、歩行動作の支援が必要と思います
- ○○で移乗介助のご家族の負担軽減が必要と考えます

4. 福祉用具が必要な理由とその対応

　福祉用具が必要な理由の先頭につけた番号を、貸与を提案する福祉用具欄の先頭に入れます。この理由だから、この機種を提案する、とわかるようにするためです。

　「福祉用具が必要な理由」に該当するのが複数の場合、例えば、特殊寝台・付属品のようなものは、特殊寝台、付属品と「提案する理由」欄をわけますが、先頭につける番号は、「福祉用具が必要な理由」が同じですから、同じ番号になります。

　機能の異なる複数商品を記載する場合も、福祉用具が必要な理由に関しては同じですから、先頭につける番号は同一ということになります。

	貸与を提案する福祉用具
（※）との対応	種目
	提案福祉用具品目
	機種（型式）／TAISコード
	....
	....

5. 種目・提案品目（商品名）・機種（型式）/TAIS コード

　貸与する福祉用具の種類を種目に記載します。品目は商品名、機種（型式）/TAIS コードを書きます。提案する用具が車いすなら車いす、自走用車いす○○と商品名を書き、その下に機種（型式）/TAIS コードを記載します。

6. 提案する理由

　提案する理由の欄は、福祉用具が必要な理由の記載を受けて、利用者にこのような特徴のある商品があることを説明するために書きます。

　この段階では、貸与される福祉用具の候補として当該の機種を提案したわけですから、その機種（商品・製品）の特徴・機能を記載します。福祉用具の商品名は提案品目欄で書かれているので、ここでは記載しなくていいです。「利用計画」の「選定理由」との違いですが、「選定理由」は利用者のアセスメントを行い、利用者の希望、心身状態、おかれている環境を踏まえた結果を記します。

　したがって「利用計画」の「選定理由」では、次節「利用計画の書き方」で述べるように、利用者の状態＋商品の機能・特徴を書きますが、「選定提案」では、その前段階です。

　福祉用具専門相談員としてのアセスメントを踏まえたうえで、「選定提案」の福祉用具が必要な理由を作成し、その理由に基づき「提案する理由」を書きます。ここでは、利用者に候補となる機種の機能や価格を説明するという意味から、着目した事柄と主として機種の特徴、機能を書くようにしてください。着目する点は、利用者の希望、意向、生活での困りごと、利用する環境と、分けて考えるとよいでしょう。これは、詳細に利用者の状態を書くものではなく、提案する商品にはそれぞれにいろいろな特徴があることを理解してもらうためです。利用者にどのような観点からこの商品・機種を選んだのかがわかることがねらいです。福祉用具専門相談員の豊富な商品知識が活かせるといえます。

　そのため機種の機能は必ず書いてください。「最適です」や「快適です」という抽象的な言い方ではなく、**機種には具体的にこのような機能があると説明してください**。

　「選定提案」には、全国平均貸与価格と自事業所の価格を記載する欄があるので、「提案する理由」には、「同じ機能の中で最安値です」などと価格だけを書くのは趣旨に反しま

す。機能や価格帯の異なる複数の商品が他には確認できない場合は、一つの提示となることは差しつかえありません（2018（平成30）年3月厚生労働省通知「介護報酬に関するQ＆A」）。

- 「この機種はこのような機能・特徴がある」ということが利用者にわかるように記載する。
- 「このような（特性・機能）の商品・機種です」「このような特性・機能なので選びました」と提案する理由がわかるように記載する。
- 着目点は利用者の希望・意向、生活での困りごと、利用する環境に分けて考える。
- 利用者に見せて説明するので、文章は「〜です、ます」調で丁寧に。

記載例

●車いす

福祉用具が必要な理由	「家の中を1人で動くことができるようになりたい」ので車いすを利用します。
提案する理由	おからだの具合（状態）と室内の移動をスムーズにするため、こぎやすい6輪の機種を選んでみました。
提案する理由	室内での動かしやすさ（操作のしやすさ）を考えて、こぎやすい〇〇の機種を選びました。
提案する理由	安全性を考えて、立ち上がるとブレーキのかかる機種です。転倒の危険を減らすことを考えました。
福祉用具が必要な理由	「買い物や外出を楽しみたい」ので車いすを使用します。
提案する理由	外出時に車への積み込みがしやすい、〇〇kgと軽量で折り畳みできる機種です。
提案する理由	足こぎしやすい低床タイプ、〇〇cmの機種です。

福祉用具が必要な理由　「『１人でトイレに行って排泄する』ことができるようにするため」車いすを使用します。

提案する理由　トイレまでの移動のしやすさ（こぎやすさ、介助のしやすさ）を踏まえて○○の機種を選びました。

提案する理由　トイレで移乗しやすいように肘かけの取り外しが可能な○○の機種です。

●歩行器

福祉用具が必要な理由　「夫婦して散歩などしたい」ので歩行器を使用します。

提案する理由　歩道の段差の乗り越えなど、使用環境と転倒リスクを考えて、○○の機種を選びました。

提案する理由　○○は持ち手が握りやすいので、操作がしやすい機種です。

●特殊寝台

福祉用具が必要な理由　「できるだけ手を借りずに、寝起きできるようにしたい」ので特殊寝台（ベッド）と付属品を利用します。

提案する理由　起き上がり、立ち上がりのしやすさを考えて、高さが○○cmになる機種です。

提案する理由　１人での起き上がり、立ち上がりのしやすさを考え、昇降スピードが○○の機種を選んでみました。

●特殊寝台付属品（サイドレール）

提案する理由　A機種の付属品のサイドレールです。転落防止・布団のずり落ち防止のためで、幅○○cm、取り付けの高さは○○cmです。

提案する理由　A機種の付属品、サイドレールです。転落防止・布団のずり落ち防止のためで、幅○○cm、取り付けの高さは○○cmです。マットレスの厚みを考慮して、少し高めのものです。

●特殊寝台付属品（介助バー）

提案する理由　A機種の付属品です。つかまることで立ち座りがしやすく、転倒の危険を減らします。本機種は○○度まで開き、ベッドの左右どちらにも取り付けられる商品です。

「提案する理由」でいくつか提案した中から商品が決まったなら、そのまま「利用計画」にスライドして「選定理由」に記載してよいですが、その際は、利用者の状態などの情報

を付加して記載してください。「選定理由」は利用者の状態像プラス機能を書くからです。しかし、無理に「提案する理由」と「選定理由」を書きわける必要はありません。違いを出すために思案し、そのために時間を費やすことは、「利用計画」作成の本意ではないからです。

「選定提案」と「利用計画」の選定理由の違いがあるとしたら、「選定提案」は「利用計画」よりも利用者の「状態像」が不明確な段階での提案だということでしょう。依頼があり、取り急ぎ訪問したというような場合です。ケアマネジャーからのアセスメントシートや情報も入手していないというときもあるかと思います。

そのときは、まず利用者の希望や困りごとを聴いて、住まいの環境についても把握していくとよいと思われます。「利用計画」の選定理由にはこうした利用者の状態像がわかる記載が求められますが、「選定提案」は提案する段階であり、利用者の状態を記載するというより、利用者が選ぶ目安にするために、どのような機能特性があるかを記載することが主眼となります。したがって**「他機種と比べて、どうである」というように、福祉用具専門相談員のもつ商品知識を活かして記載**することが大切です。

7. 貸与価格 / 全国平均貸与価格

自事業所の貸与価格と全国平均貸与価格を記入します。

枠を大きくして、自治体が公表する平均価格や最頻価格、また半月利用の場合などの価格を記載してもよいです。

福祉用具貸与は公定価格ではないので、事業者の設定する貸与価格と全国平均貸与価格との間に差がつく場合があること、搬出入代金や、説明・取り付け・利用後のモニタリングにかかる料金も価格に含まれること等を利用者にきちんと説明することが望まれます。

- 全国平均貸与価格のほか、最頻価格、自治体の平均価格等を書いてもよい
- 福祉用具専門相談員は事業所の価格と、全国平均貸与価格の差について、説明できるようにする

なお、複数商品の説明、全国平均貸与価格の説明の義務化に伴い、「選定提案」を追加したことで、「利用計画」の末尾の利用者への説明を行い、署名・捺印を頂く欄に「私は、貸与の候補となる福祉用具の全国平均貸与価格等の説明を受けました」「私は、貸与の候補となる機能や価格の異なる複数の福祉用具の提示を受けました」というチェック項目が増えました。

このチェックは確かに利用者に説明をしたことを示すためです。チェック漏れがないようにしましょう。
　また、指定基準では記録は2年の保存が定められています。自治体の条例ではサービス提供記録、介護給付費の請求明細の保存を5年と定めているところもあります。「選定提案」も保存をしておいてください。

ここがポイント

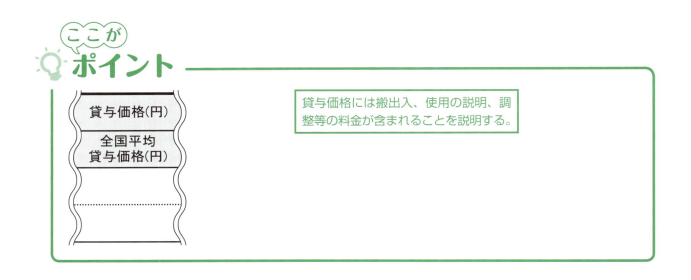

貸与価格には搬出入、使用の説明、調整等の料金が含まれることを説明する。

3 「利用計画」の書き方

1 「管理番号」「利用者名」「生年月日」「要介護度」「居宅介護支援事業所」

　「利用計画」は、利用者に渡すものです。したがって、事業所によっては管理番号があれば、その番号、利用者名、生年月日、要介護度や居宅介護支援事業所の名前は「基本情報」と重複しますが、記載してください。

ここがポイント

利用者名等は基本情報と重複しても記載する。

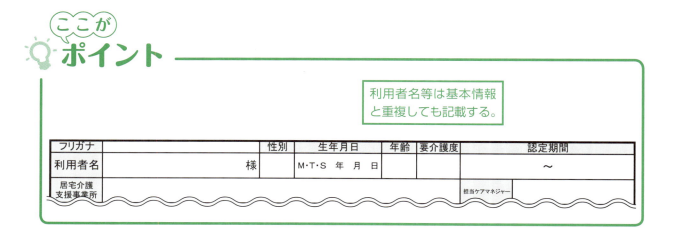

2 「生活全般の解決すべき課題・ニーズ（福祉用具が必要な理由）」

　福祉用具の利用の目的は、利用者の「自立」を目指すことです。「生活全般の解決すべき課題・ニーズ」は、ケアプラン第2表の「生活全般の解決すべき課題（ニーズ）」の中で、福祉用具により解決が考えられる項目について転記します。ケアプランは、生活全般にわたるものですので、すべての「生活全般の解決すべき課題（ニーズ）」を「利用計画」に転記する必要はありません。例えば、「血圧を安定させて、健康的な生活を送りたい」といったように、福祉用具との関連で、直接該当しない箇所は転記する必要はありません。まだケアプランの作成が完結していない場合においては、ケアマネジャーとの連携を図りつつ、福祉用具専門相談員が福祉用具を利用するという観点から「生活全般の解決すべき課題・ニーズ」を考えて記載してください。

　この欄は、課題・ニーズに対して、福祉用具の利用でどのように解決を図るのかという意味で、「選定提案」の福祉用具が必要な理由および「利用計画」の「福祉用具利用目標」と連動します。ケアプランでは、「生活全般の解決すべき課題（ニーズ）」は援助目標の「長期目標」と「短期目標」に対応します。「生活全般の解決すべき課題（ニーズ）」の中で「長期目標」を達成するために「短期目標」を設定します。「長期目標を達成するための各段階を短期目標として明確化し、計画的支援に結び付けるのがこの『目標』のねらい」です。

　「生活全般の解決すべき課題・ニーズ」が複数あるときは箇条書きにし、番号を振り、「福祉用具利用目標」と対になるようにしています。それは、「生活全般の解決すべき課題・ニーズ」を実現するのが「福祉用具利用目標」という考え方だからです。「選定提案」の「福祉用具が必要な理由」では本人の意向・困りごとを整理して福祉用具専門相談員が書きますが、「生活全般の解決すべき課題（ニーズ）」は原則ケアプランの第2表になります。

ポイント

ケアプランの「生活全般の解決すべき課題（ニーズ）」は、福祉用具と関連する箇所を転記する。

「生活全般の解決すべき課題・ニーズ」は、利用者の生活する場面の中の課題やニーズのこと。

なお、ケアプラン原案が未完成のために、「生活全般の解決すべき課題・ニーズ」を福祉用具専門相談員が記載するときは、「生活場面」を考えてください。「外出したい」「囲碁を楽しむ」「家の湯船につかって入浴する」「手を借りずにトイレの後始末をしたい」など利用者のさまざまな生活場面をイメージするとよいでしょう。日常生活では、したいことがあっても、難しいこと、時間がかかること、できないことなど、さまざまあります。福祉用具専門相談員が記載するとき、またケアプランの記載事項の中から、福祉用具の利用を考えていくときも、共通していえることは、「生活全般の解決すべき課題・ニーズ」は、利用者の生活場面から導き出されるということです。「生活全般の解決すべき課題・ニーズ」は、「元のような元気な生活に戻りたい」といった生活を大きく包含するものもあれば、「人の手を借りずにトイレの後始末をしたい」という具体的な行為をとらえたものもあります。利用者の生活している場面の中の課題であり、ニーズであることに変わりはありませんが、福祉用具の利用を考えるうえでは「元のような元気な生活に戻りたい」だけでは、利用する福祉用具の根拠がわかりません。

3 「福祉用具利用目標」

「福祉用具利用目標」は、利用者の「自立支援」の視点が重要です。目標設定の根底には、ケアプランの「総合的な援助の方針」があり、「生活全般の解決すべき課題（ニーズ）」および「短期目標」と連動するということです。

ケアプランは方針として「総合的な援助の方針」があり、援助目標は長期目標と短期目標があります。この短期目標にあたるところは、「福祉用具利用目標」とつながるので必ず確認してください。

例えば、ケアプランに「人の手を借りずに外出がしたい、買い物がしたい」という「生活全般の解決すべき課題（ニーズ）」があったとします。それに対して長期目標が「スーパーまで歩いて行ける」、短期目標が「玄関先の郵便受けを毎日覗いて新聞をとる」だったとします。「生活全般の解決すべき課題・ニーズ」は、「人の手を借りずに外出がしたい」「買い物がしたい」と箇条書きにして、利用目標はその課題に対して福祉用具を使ってどのように解決するかを書きます。その生活の具体化のために「福祉用具（品目）を使って、どのようにするか、どのようにできるか」を書きます。

援助目標の短期目標が「玄関先の郵便受けを毎日覗いて新聞をとる」のであれば、例えば「福祉用具利用目標」は、以下のようになります。

歩行器の利用で人の手を借りずに玄関先まで行けるようにする。

これなら「人の手を借りずに外出がしたい」という「生活全般の解決すべき課題・ニー

ズ」の解決に向けた福祉用具の利用目標といえます。つまり「生活全般の解決すべき課題・ニーズ」という生活場面の困りごと、解決したい課題に対して、目指す生活の実現のための一歩としての短期目標があり、「福祉用具利用目標」では、さらに、福祉用具を使って「どのようなことができるのか、するのか」を書きます。

利用目標は、「生活全般の解決すべき課題・ニーズ」に書かれた生活場面を具体化するものです。実際に解決ができる、改善が図られる事柄を書きます。後述しますが、「ふくせん版　モニタリングシート」では、モニタリングで個別の利用目標に対して達成状況を記載する欄を設けています。利用目標が「安全な移乗を実現する」や「快適に生活する」など、あまりに漠然とした目標設定では、達成度を確認するときに困るからです。

1. 目標は、福祉用具の種類（品目）＋生活動作

「福祉用具利用目標」は前述したように、福祉用具を利用して直接的にも間接的にも利用者の自立を図り、問題の解決や解消を図ることです。「ふくせん様式」では、「生活全般の解決すべき課題・ニーズ」を利用目標で解決するという考え方から、箇条書きで番号を振り、一つずつ記載していきます。

目標の書き方は「車いすの利用で」など、利用する福祉用具の種類（品目）を「使って」、それに生活場面の中でこれができるという生活動作を記載します。

> 福祉用具の種類を利用して、〜できるようにする
>
> 記載例
>
> ・車いす・付属品を利用して、1人で買い物や散歩ができるようにする
>   （どのような品目・種類で）（利用者が）（目指す生活の実現）
> ・車いす・付属品を利用して、奥様の外出介助の負担を減らして、ご主人様と一緒に散歩ができるようにする
>   （どのような品目・種類で）（介護者が）（利用者とともに目指す生活の実現）
> ・歩行器の利用で、屋内での移動をスムーズにし、転倒予防を図る
>   （どのような品目・種類で）（生活場面での動作ができるようになり）（課題を解決）
> ・ポータブルトイレを利用することで、自力での排泄動作ができるようにする
>   （どのような品目・種類で）（生活場面での動作により）（目指す生活の実現）
> ・認知症徘徊感知機器の利用で、ご家族の見守りの負担を軽くする
>   （どのような品目・種類で）（介護者の）（課題を解決）

　以上のように、決して長く書かなくてもいいのです。「車いす・付属品を利用して、1人で買い物や散歩ができるようにする」という短い文章ですが、この文章から「生活全般の解決すべき課題・ニーズ」は、「買い物や散歩に行きたい」「他人の手を借りずに行きたい」というようなものではないかと推測されます。

　また、介護者である妻の意向が「夫の気持ちに沿って、家で介護していきたい。夫と一緒に散歩がしたい」とあり、「生活全般の解決すべき課題」が「できるだけ外出して外の空気に触れたい」という場合、本人の自立支援とともに妻の負担を減らして、ともに自立できるよう支援するという目的から「車いす・付属品を利用して、奥様の外出介助の負担を減らして、ご主人様と一緒に散歩ができるようにする」と利用目標を設定することもできます。

　利用目標が「移動用リフトを利用して、介護者の腰痛の負担軽減と安全な移乗・移動動作が行えるようにする」の場合は、介護者の腰痛の軽減と安全な移乗・移動の二つが目標です。介護者がリフトの操作をするとしたら、介護者がリフトの使用ができているのかという確認もモニタリングに必要です。

　なお、本章第4節でモニタリングシートの書き方の際にも述べますが、「安全に使用できる」と利用目標に記載し、モニタリングの際も「達成」とチェックをして、その後、万が一その用具を使用して事故が起きたとき、「安全管理」はどのようにしていたのかという問題が浮上する可能性があります。また、利用目標に記載する「安全・安心」という言葉は、どのように確認するのかということとともに、「安全」をどのように管理するのかという「安全管理」上の問題が発生します。例示の文章の場合、「移動用リフトを利用して、介護者の腰痛の負担軽減と移乗・移動動作が行えるようにする」と「安全な」の文字がなくても、意味としては十分に通じます。

　ただし、確認しにくい目標の設定は避けてください。例えば、「認知症の予防」という

目標の達成をモニタリングで確かめるとき、どうしたらよいのかわかりません。また、ベッドの下に空間があることで、「介護ベッドは掃除がしやすいので、清潔を保つから選定」と書くのは、妥当とはいえません。あくまで利用者（と介護者・家族）がどうしていきたいのかということであり、掃除のしやすさだけでは目標とはいえないのです。

ここがポイント

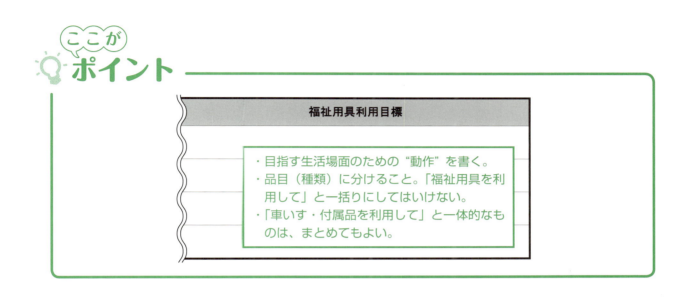

2. 語尾は、できる、行う、する、図る

利用目標は、福祉用具を利用することで、利用者の生活が改善され、課題が解決されることです。したがって、このような姿という記載でなければなりません。

目指す生活の実現、課題解決という意味から、利用目標は「（できるように）する」「（目標と）する」「（転倒を）防ぐ」「（負担軽減を）図る」など、目標の文章は「動詞」で終わるようにしてください。あくまで、「生活の中での○○」という生活場面での動作が前提になりますので、「歩行器を利用して、自宅で健康に暮らす」というように、生活全般にまで広げてはいけません。また「（1人でできるように）なる」よりも、目標の明確化という意味では「（1人でできるように）する」のほうが伝わります。

なお、生活動作は、利用者の動作を前提としていますが、介護負担の軽減を利用目標とした場合、介護者の動作になります。

3. 目標期間について

ケアプランの短期目標に相当するのが、利用目標です。

「ふくせん様式」では利用目標に「期間」という項目はありません。それは「いつまで」ということが「状況に応じて」としかいえないものもあるからです。例えば、「介助バーの利用で安全な起き上がりを実現する」としたときに、その安全な起き上がりを図る期間は、どの程度なのでしょうか。あるいは、利用者の状態変化が起きるまでは、「介助バーの利用で安全な起き上がりを実現する」のままということでしょうか。もちろん変更が必

要になったときは、福祉用具貸与の見直しができるわけですが、期間は利用者の「生活全般の解決すべき課題・ニーズ」によって異なります。あるいは、期間の設定が難しい事柄もあります。

　ケアプランの短期目標は、長期目標の達成のための段階的対応で、およそ3か月、最長でも6か月を期間としていますが、利用目標の期間もそうしたことを踏まえると、少なくとも「介助バーの利用で安全な起き上がりを実現する」のがいつまでなのかを考える必要があります。したがって、必要な場合には利用目標を記入した後に「目標期間6か月」、あるいは「3か月後に電話で状況確認」等と記載してください。また、目標達成までの期間があいまいな書き方は避けたほうがよいです。「何を」「いつ」検証するのかがわからないからです。

　「介助バーの利用で安全な起き上がりを実現する」より、「介助バーの利用で1人で起き上がり動作ができるようにする」のほうが、モニタリングのときに、目標の達成状況を検証しやすくなるでしょう。

　福祉用具の性格上、一律に定めることは難しいので、必ず記載するものではありませんが、**期間のイメージをもつことは必要**です。

　なお、要介護認定の期間を考慮して設定してもよいでしょう。5か月後に認定期間の更新時期となるなら、目標期間を5か月とするということです。

ここがポイント

4 「選定理由」「品目」「機種」

　「ふくせん様式」の柱は、「選定提案」と「利用計画」です。「利用計画」を構成するのは利用目標と選定理由です。利用目標を立案するための前提については、これまで述べました。その目標に沿って、どのような機種が妥当なのかを検討し、具体的な機種とそれを選定した理由を書くのが、「選定理由」「品目」「機種」の欄です。「選定理由」は「利用目

標」に沿って選定した根拠ということになります。「利用目標」の段階で、車いすやベッド（特殊寝台）など利用する福祉用具の種類については記載されています。ケアプランにおいては、種類（品目）までを記載しています。そのうえで、目標の実現のためには車いすの仕様がどのようなものが適切なのかを考えて、複数商品を抽出、「選定提案」に記載し、記載した中から導入が決定した機種についてその選定理由を書くことになります。

選定福祉用具（レンタル・販売）		選定理由
品目	単位数	
機種（型式）		
①		
②		
③		

・どうしてこの機種を選定したのかを書くのが、「選定理由」。
・「選定理由」は、利用者の状況を踏まえて記載する。

1. 選定理由の記載は、利用者の状況＋商品の機能・特性

「選定理由」は、単に「食事ができる」、「転倒を予防する」と書くものではありません。これでは利用者の状況がわかりません。

「車いすを利用して室内の移動を1人でできるようにする」という利用目標だとして、そのニーズが、「リビングで家族みんなで食事をとりたい」ということだとしたら、単に「食事ができる」、「転倒を予防する」ではなく、選定理由には「自力でリビングまで行けるように小回りの利く6輪の車いすを選定」と、利用者の状況と車いすの機能・特性を書きます。

利用者の状況とは、「利用者の身体状況」のほか、「住環境・生活環境」、「家族・介護者」があります。これらは、利用者を取り巻く状況の要素であり、利用者の自立支援に役立つという意味をもつものです。自立は、直接的にできることは当然ですが、介護する家族の負担を軽減し、そのことにより利用者の自立が図られる場合もあるということです。ただし、利用者よりも家族が優先されるという意味ではありません。

前述の「リビングで家族みんなで食事をとりたい」というニーズから、「車いすを利用して室内の移動を1人でできるようにする」という利用目標を立てたとしても、選定する車いすは利用者の身体状況、住環境、介護環境によって次のように異なります。

> **身体状況から、**
> 　　「片手でこぎやすいように」
> **住環境から、**
> 　　「室内の廊下幅を考えて」
> **生活環境から、**
> 　　「車に積み込みしやすいように」
> **介護環境から、**
> 　　「奥様の背丈から操作のしやすさを考えて」

　こうした状況に合わせて、車いすの機種の特性や機能を書きます。「6輪型」なのか、「足こぎしやすいタイプ」なのか、「軽量タイプ」なのか、機種の特性が複数あったとしても、それらすべてを書く必要はありません。利用者の状況に合わせて選んだ機能にしぼって書けばよいのです。

　例えば、ベッドの場合は、背上げ、高さ調整、足上げの機能があり、利用者の身体状況、住環境、介護環境に合わせて、機能を選んでいると思いますが、そのベッドの利用が、背上げ機能を使って座位保持するのが主たる理由なのか、高さ調整機能と介助バーで立ち上がりをしやすくするのか、次のように、それを選ぶ理由があるはずです。

> **ベッドの背上げ機能を使うことで、**
> ・起き上がり動作ができるようにする、容易にする、負担を軽減させる。
> ・寝返り動作ができるようにする、容易にする、負担を軽減させる。
> ・立ち上がり動作ができるようにする、容易にする、負担を軽減させる。
> ・ベッド上での姿勢を保つ、できるようにする。
>
> **足上げ機能を使うことで、**
> ・むくみを軽くする。
>
> **高さ調整機能を使うことで、**
> ・介護者の腰の負担が軽くなり、介助をしやすくする。
> ・移乗をしやすくする。
> ・端座位をとりやすくする。

　このように、利用者の状況から福祉用具の機能・特性を考えて、「選定」となります。

なお、記載するときは「とりやすくします」「とりやすいものを選定しました」と「です、ます」調で書いたほうがよいでしょう。

また、「ふくせん様式」では記載スペースが狭いという意見がありますが、その場合はスペースを足して記載してください。選定理由の記載に求めることは、利用者の状況と福祉用具の機能から判断してその機種を選定したということがわかることです。したがって、機能を列挙する必要はありません。機能を中心に書くのは「選定提案」の「提案する理由」です。

しかし、機能や特性を記載していないものは、選定理由としては不十分です。「ご家族の選択で」、「経済的な理由で」だけでは、利用者の状態も機種の特性もわからないので、選定理由の根拠としては、適切ではありません。

選定福祉用具（レンタル・販売）			選定理由
品目		単位数	
機種（型式）			
①			「選定理由」は、商品説明ではない。
②			
③			

2. 不適切な表現

利用者や家族に対する心理的負担という視点から、記載事項の中には婉曲な表現にしたほうがよい場合もあります。例えば、末期がんであるが、利用者本人はそのことを知らないというようなときに、「末期がんのために2モーターベッドを利用して起き上がり立ち上がりをしやすくし、1人でトイレまで行けるようにする」と、わざわざ末期であること、あるいは疾患名を記す必要はないのです。

また、認知症が進行してきてリモコン操作がわからなくなるというようなときに、「アルツハイマーが進行しているので、利用者本人の手の届かないところにリモコンを置いてください」と注意事項に書くよりは、「誤操作をするといけないので、リモコンは利用者本人の手の届かないところに置いてください」と書いても意図は伝わります。情報としては疾患診断名を記すほうが正確かもしれませんが、福祉用具専門相談員は利用者や家族がどのように受けとめるかという気持ちを配慮してください。「頻尿なので」ではなく、「トイレに行きやすいように」と書いても、選定した理由としては十分伝わります。

あるいは、「できるだけ値段の安いものを」と利用者が要望したとします。そのとき、選定理由に「経済的理由」と書いたら、計画書を渡されたときに利用者はどう思うかということを考えてほしいのです。仮に、値段が優先されたとしても、車いすの座幅、ベッドを1モーターにしたのには、何かしらの理由があるはずです。そうした仕様を選んだ理由（なぜ車いすは38cm幅にしたのか、なぜ40cm幅がいるのか）を記載してください。

3. 無理な言い換え

例えば、「体圧」を「体にかかる圧力」というように、無理に言い換える必要はありません。言い換えたことでかえってわかりにくくなる用語や、利用者や家族が十分に認識している疾病・疾患に関することは言い換える必要はありません。専門用語を乱用しないとする目的は、利用者や家族に意味が伝わりにくくなることを避けるためなのです。

5 「留意事項」

厚生労働省は、「平成24年度介護報酬改定に関するQ&A」の中で福祉用具サービス計画に必ず記載すべき事項として、「その他関係者間で共有すべき情報（福祉用具を安全に利用するために特に注意が必要な事項や、日常の衛生管理に関する留意点等）」としています。事故を防止するうえでは、留意事項に記載した事項を関係者で確認することが重要です。

そのため留意事項には、①利用者や家族に対する福祉用具の利用上での注意事項、②利用者の服薬や疾患、生活習慣など個別の状況に配慮した注意事項、③特に誤操作や事故の危険性についての注意事項、④福祉用具専門相談員によるメンテナンスやモニタリングの次回予定などの連絡事項があります。とりわけ、ケアマネジャーや訪問介護員などといった福祉用具の使用にかかわる関係職種として共通に知っておくべき事柄、事故・ヒヤリハットといったリスクに関する事柄については、事故を予防するというリスクマネジメントの点からも重要です。例えば、ベッドの周りに着替えやボックスティッシュなど身の回りのものを置く利用者には、「ベッドを上げ下げするときに、ティッシュなど挟み込みをしないように注意しましょう（訪問介護員の方も、ご留意ください。ご確認をお願いします）」というように記載します。「ベッド周りにものは置かないでください」と言っても、一人暮らしで、手の届く範囲に置きたいという気持ちはよくわかります。そうしたときに、ベッドの昇降の際に挟み込みの危険があること、ものが壊れるだけでなく、手足を挟み込んだら大事故になることなどの説明とともに、留意事項に記載することで関係者の注意を喚起することができます。

また、利用上の注意として、洗浄などの衛生に関する事柄を書いておくとよいでしょう。自動排泄処理装置のタンクやホース、カップは水洗いしますが、そうした処理につい

ても記載しておきます。「ブレーキのかけ忘れに気をつけてください。車いすの乗り降りのときは必ずブレーキをかけましょう」など、当然と思える注意事項も、はじめて使う利用者や家族には当然ではない場合があります。そのため、口頭で伝えるだけでなく、留意事項の欄に書いておくとよいでしょう。留意事項はこのように注意する事項の記載が主な目的ですが、福祉用具専門相談員としての連絡事項も記載しておくと情報の共有に役立ちます。

留意事項
- 「留意事項」に注意点を書くことで事故の防止に役立つ。
- 口頭で説明したことも文章に書いておくことで、繰り返し確認ができる。
- 利用者や家族、ケアマネジャー、サービス担当者会議関係者の共通認識に活用できる。

家族や多職種との共通の理解のため、気をつけて書いていること

「安全に使用していただくこと」は最重要事項と考えています。取扱説明書に記載されている注意事項は一般的な事柄が多いため、各利用者の使用方法や使用環境に照らし合わせた注意事項を意識しています。各サービス事業者も福祉用具を扱うことが多いため、導入した福祉用具の活用方法なども記載します。

（福祉用具専門相談員 B）

6 交付署名

　本章第1節で述べたように、福祉用具の利用時には利用者や家族に同意を得るのが前提です。介護保険では利用者の「選択」を前提とするということを忘れてはなりません。身体状況や介護の環境、あるいは住環境などを確認し合った結果による利用目標があります。「ふくせん様式」は、利用者のために作成されたものです。したがって、利用者の同意を得たことを確認するためにチェック欄にチェックをつけ署名をしてもらい、原本を渡します。事業所内での保管はコピーしたものにします。

　同時にケアマネジャーにも渡してください。それにより、ケアプランと福祉用具サービス計画との整合性、ケアマネジャーと福祉用具専門相談員の連携が図られ、適切な活用につながります。

第3節 「ふくせん版 モニタリングシート」の考え方

1 目的と「ふくせん版 モニタリングシート」のねらい

　ケアマネジャーは、ケアマネジメントの過程の中でモニタリングを行っていますが、福祉用具専門相談員が行うモニタリングは、福祉用具の利用に限定した状況の把握であり、確認です。福祉用具の利用のモニタリングには目標の達成状況の確認という「検証」と、利用開始後の使用状況を確認するという「経過確認」の二つの目的があります。

　モニタリングは「福祉用具専門相談員は、福祉用具貸与計画の作成後、当該福祉用具貸与計画の実施状況の把握を行い、必要に応じて当該福祉用具貸与計画の変更を行うものとする」と指定基準に明記されています。また、介護予防福祉用具貸与計画では「福祉用具専門相談員は、介護予防福祉用具貸与計画に基づくサービス提供の開始時から、必要に応じ、当該介護予防福祉用具貸与計画の実施状況の把握(以下この条において「モニタリング」という。)を行うものとする」とし、「モニタリングの結果を記録し、当該記録を当該サービスの提供に係る介護予防サービス計画を作成した指定介護予防支援事業者に報告」することが義務づけられ、「モニタリングの結果を踏まえ、必要に応じて介護予防福祉用具貸与計画の変更を行うものとする」とされています。つまり、福祉用具サービス計画の作成と併せて、モニタリング(実施状況の把握)は必須ということです。

ポイント

モニタリングとは、次のことを指します。
- ①福祉用具導入後の利用者の状況と変化の確認
- ②福祉用具サービス計画の目標の達成状況の確認

　「ふくせん版 モニタリングシート」は2009(平成21)年の「ふくせん版 個別援助計画書」(名称当時)の開発を受けて、2010(平成22)年に開発されました。これは、「ふくせん版 個別援助計画書」を開発したことで、「目標を立案しても、モニタリングシートがないのでその後の検証ができない」という福祉用具専門相談員からの声があがったからです。「ふくせん版 モニタリングシート」として、計画とモニタリングによる確認と

が一対のものであることを示す必要性があると考え、開発したものです。Ａ４判の用紙１枚に収めてコンパクトにしました。開発当時は、モニタリングシートを独自に作成している事業者は少なく、保守点検のためのメンテナンスシートを事業者として使っているところはありました。「ふくせん版　モニタリングシート」は、このメンテナンスシートとモニタリングシートを別々に作成するよりは、１枚にして訪問時に一緒に確認することとしたため、「利用状況の問題」「点検結果」の欄を設けています。

　ところで、モニタリングは、福祉用具の保守点検というメンテナンスを行うだけではありません。メンテナンスは使用するうえでの「整備点検」のことで、その場で調整すること、場合によっては修理交換など、貸与した福祉用具を適切に使用するための「福祉用具そのものの確認作業」のことです。これに対して、モニタリングは利用者が操作を間違わずに使っているか、当初の想定どおりに使われているか、あるいは使用による不満や、使用による利用者の変化といった「利用者と福祉用具についての状況確認」を指します。そのため、利用目標を転記し、「ふくせん版　モニタリングシート」では「身体状況の変化」「意欲・意向等の変化」「介護環境①（家族の状況の変化）」「介護環境②（サービス利用・住環境の変化）」の４項目を見るように項目欄を設けており、利用目標の達成度と今後の方針について記載するようにしました。

　「ふくせん版　モニタリングシート」は、ガイドラインを受けて利用目標に対する達成状況がより明確にわかるように、利用目標→達成状況（達成度のチェックと詳細）を記載するようにしています。その結果、「総合評価」として「福祉用具サービス計画の見直しの必要性」の有無を記載するようにしています。

2　モニタリングの実施と頻度について

　モニタリングの実施は、福祉用具専門相談員の訪問により行います。ここで大切なのは、モニタリングは、利用者や家族とともに行うことです。単に福祉用具専門相談員が「聴き取っておしまい」ではありません。目標の達成状況をお互いに確認し、振り返ることで新たな気づきになります。「そういえば、そうだった」という気づきです。その結果、もう一度利用目標に対して取り組む、あるいは、目標の設定自体がそもそも違っていたという気づきにもつながります。また、モニタリングまでの経過の間に変化した事柄について出し合うことにもなります。したがって、モニタリングの結果をケアマネジャーに伝えなければなりません。必要によっては再アセスメントすることになりますし、サービス担当者会議での検討が求められるかもしれません。また、「変化なし、このまま継続」という結果においても、ケアマネジャーに知っておいてもらうという意味では、福祉用具専門相談員が福祉用具の利用プロセスをきちんと支援していることの伝達にもなります。

　モニタリングの頻度は、介護予防福祉用具貸与の指定基準では「介護予防福祉用具貸与

計画に定める計画期間が終了するまでに少なくとも1回は目安としてモニタリング」とあり、頻度を明記してはいません。これは、前述の「3．目標期間について」(p.103)でも述べたように、「いつまで」ということが「状況に応じて」としかいえないものがあり、福祉用具の機能・特性と利用者の状態とを加味しなければならないからです。

　例えば、リフトをはじめて利用したときは、最初は何度も訪問して利用者や操作をする家族に確認と説明を繰り返すかもしれません。安全な使用のために操作がどれだけできるようになるか、という点もモニタリングの際の大事な確認だからです。全国福祉用具専門相談員協会の調査では、福祉用具導入後10日以内のモニタリングは、約76％が実施していました。目標期間は、3か月あるいは6か月と一律にはいえませんが、ケアプランとの連動を意識して、福祉用具の利用目標の期間を設定し、モニタリングはその目標期間を踏まえて行うということになります。

　なお、モニタリングの一部分については電話での聴き取りもあり得ますが、利用者や家族の状況と福祉用具の状態を電話で聴くときは、「変わらないです」「なんでもありません」という言葉の奥に潜むものを読み取ることを心がけてください。対面であれば、表情やしぐさでわかることもありますが、電話ではその点がわからないからです。

3 利用者や家族への説明と交付

　モニタリングシートは福祉用具サービス計画とは異なり、指定基準に利用者への交付の義務はありません。しかし、モニタリングシートは利用者や家族に聴き取りをするという意味で一緒に行うものです。安全な使用のために、モニタリングの結果を説明することは当然ですし、利用者の意欲を引き出すことにもつながります。

　利用者や家族へのモニタリングシートの交付は義務ではないですが、渡すことを控えるべきものではありません。モニタリングシートを利用者や家族が希望したときのみならず、お互いの確認事項として説明し、渡すとよいでしょう。その場合は、コピーを必ずとっておいてください。モニタリング結果は、ケアマネジャーへ報告をするとともに、モニタリングシートを渡してください。

第4節 「ふくせん版 モニタリングシート」の書き方

「ふくせん版 モニタリングシート」はA4判の用紙1枚の中に、利用後の状況を確認するために設けられた多くの項目があり、福祉用具専門相談員が記入します。

記載の流れの考え方は、「①モニタリング実施日、前回実施日、お話を伺った人、確認手段など、利用者名、居宅介護支援事業所、担当ケアマネジャー、要介護度、認定期間→②利用目標の転記（モニタリングの訪問前に転記しておくとよいでしょう）、目標達成状況→③利用福祉用具、利用開始日、利用状況の問題、点検結果、今後の方針、再検討の理由等→④利用者等の変化→⑤総合評価」になります。

目標達成状況と総合評価は、利用状況の問題や利用者等の変化を把握してから、最終的に利用目標に対してどうであったかという判断とモニタリングのまとめとして総合評価があるという考えです。また、導入後10日以内の初回モニタリングでも、その後の利用時のいわゆる「継続モニタリング」でも使えるようにしています。

モニタリングシートについては利用者への交付義務はありませんが、利用者や家族との情報の共有という意味からは、モニタリングシートは渡すメリットのほうが大きいでしょう。ただし、渡すことを前提にするときは、利用者にわかりやすい言葉遣いが求められます。本節では、利用者に渡すことを考えて、例示の文章は「です、ます」調としました。

1 「モニタリング実施日」「前回実施日」

福祉用具導入後の初回モニタリングの場合は、実施日のみ記入してください。継続モニタリングの場合は、前回実施日を記入します。モニタリング実施者は、いつも同じ福祉用具専門相談員とは限らないので、前回実施日の記載は忘れないでください。モニタリング実施者と福祉用具サービス計画の作成者が異なるときは、事前に福祉用具サービス計画で内容を確認してください。

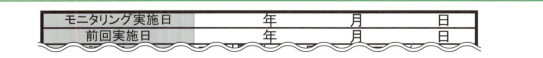

2 「お話を伺った人」「確認手段」

モニタリングは、利用者の状況と目標に対する達成度を把握するという意味では訪問が原則ですが、その一部のみ確認する場合や、長期にわたって問題なく利用しているような場合は、電話での確認も手段としてはあり得ます。したがって、確認手段の方法をチェックします。なお、確認手段として家族にメールをしたときは、確認手段欄に例えば「ご家族にメールで」と記載してください。

お話を伺った人	□ 利用者　□ 家族　□ 他（　　　）
確認手段	□ 訪問　□ 電話

3 「利用者名」「居宅介護支援事業所」「担当ケアマネジャー」「要介護度」「認定期間」

福祉用具サービス計画の基本情報欄と同じですが、認定期間などが計画書作成時点から変わっている場合は、モニタリング実施時点での情報を記載してください。

4 「福祉用具利用目標」「目標達成状況」

福祉用具サービス計画に記載した利用目標を転記し、その目標に対して達成状況をチェックし、自由記載欄に詳細を記載します。利用目標に対して達成できているかどうかをみるもので、前回モニタリング時点での違いや変化をみるものではありません。

例えば、「1人で歩行器を使用してトイレに行くことができるようにする」が利用目標で、これに対して前回モニタリングでは、「歩行器を用いてトイレに行くことはできたが、ときどきふらつきがあり家族が支える場面があった」ということで「一部達成」としたとします。今回のモニタリングでは、「ときどきふらつきがあり家族が支える」という点がどのようになったのかをみるのではなく、あくまで「1人で歩行器を使用してトイレに行くことができるようにする」という利用目標に対して、どうであるかを確認してください。

なお、利用目標に対する達成状況の記載は、モニタリング時の聴き取りや福祉用具専門相談員の確認が終わって最終的に判断されるものです。したがって、訪問時の記載の流れとしては、総合評価とともに最後に記載するとよいでしょう。

> 目標達成状況の詳細記載欄の記載例
> ・電動ベッドの利用で、目標とした自力での寝起き動作を行うことができています

また、目標は達成しているが、新たな課題を発見したという場合は、一部達成にチェックをして、詳細記載欄にその事柄を書いてください。

> 記載例
> 「外出機会を増やすという目標は達成している」が、電動車いすでヒヤリハットを起こしたとき
> ・目標とした外出の機会は増えていますが、電動車いすで横断中に通行している人にぶつかりそうになりました

福祉用具利用目標	目標達成状況	
	達成度	詳細
1	☐ 達成 ☐ 一部達成 ☐ 未達成	
2	☐ 達成 ☐ 一部達成 ☐ 未達成	
3	☐ 達成 ☐ 一部達成 ☐ 未達成	

5 「利用福祉用具」「利用開始日」「利用状況の問題」「点検結果」

利用している福祉用具の品目、型式番号、利用開始日を記入し、「点検結果」はモニタリング時に福祉用具のメンテナンスを行うことも想定します。部品の交換やへたり、破損等があるかを確認し、「問題あり」「問題なし」にチェックします。また、「利用状況の問題」とは貸与した福祉用具の点検結果は問題がなくても、本人が拒んで「使われていない」、重くて「使いたくない」「誤操作をしていた」など利用にかかる問題の確認です。

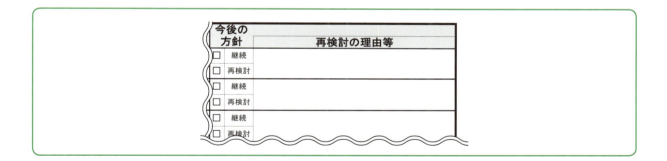

6 「今後の方針」「再検討の理由等」

「利用状況の問題」「点検結果」の有無と「目標達成状況」「利用者等の変化」を確認した結果、福祉用具の利用も目標の設定も変更する必要がない場合は、「今後の方針」欄は「継続」にチェックを入れます。継続のときは「再検討の理由等」に記入する必要はありません。利用状況の問題や点検結果のいずれか（または両方）に「あり」とチェックがついたときは、「再検討」にチェックをして、必ずその内容を記載してください。

> 再検討の理由等の記載例
> ・車いすでの姿勢保持がうまくできていないので、機種変更の必要があると思います
> ・マットレスのへたりがみられるため、交換の提案をさせていただきます

7 「利用者等の変化」

「ふくせん版　モニタリングシート」では下段にありますが、利用状況、福祉用具の点検とともに、福祉用具サービス計画作成時点に書いたアセスメントの内容から変化があったかを確認し、その変化を聴き取ってください。

●「身体状況・ADL の変化」

「身体状況・ADL の変化」は、福祉用具サービス計画の「基本情報」の「身体状況・

ADL」のチェック項目にあたる事柄ですが、利用者に応じてそれ以外の項目、例えば褥瘡・皮膚疾患、認知症の症状なども聴き取ることが必要です。これらは、福祉用具の利用の見直しにかかわる重要な事柄です。「あり」「なし」にチェックをつけて自由記載欄にその内容を記載します。モニタリング時には福祉用具専門相談員が利用者から聴き取った情報では変化がない場合も、気がついたことは書いておくとよいでしょう。例えば、「訪問時は変化なし。奥様の話では日によって変動があるとのこと」と書いておくと、今後の利用を検討するうえで参考になります。

> 自由記載欄の記載例
> ・ベッドと介助バーで起居動作がご自分でできています
> ・歩行は廊下から玄関先まで行けるようになりました
> ・前回よりも歩く動作がスムーズで、足が上がっているように感じました
> ・ベッドからポータブルトイレの移動が難しくなってきました

● 「意欲・意向等の変化」

「意欲・意向等の変化」は、利用者の意欲や気持ちの変化について、「あり」「なし」にチェックをつけて自由記載欄に記載します。利用者の気持ちを聴き取るということは信頼関係がないと困難なことです。したがって、無理に聴き出そうとすると、信頼関係を損なうことがあります。聴けないときは空欄にせず、「聴けなかった」と記載してください。

> 自由記載欄の記載例
> ・娘さん一家の転勤と息子さんが上京されて、心細いお気持ちをもたれているようです
> ・話し声が前回より明るいように思えました

● 「介護環境①（家族の状況）の変化」

「介護環境①（家族の状況）の変化」は、同居家族の人数やキーパーソンの変更だけでなく、家族の様子について記載します。「夜、何度もトイレに行くことで起こされるので眠れない」というような家族が疲れている様子や訴えも記載します。利用目標は達成されていたとしても、家族にこのような変化があれば、家族を支えることで利用者の自立を図るためにも、再アセスメントの必要性があるかもしれないからです。こうしたこともケアマネジャーに伝えてほしい事柄です。「あり」「なし」にチェックをつけてその内容を自由記載欄に記載します。

> 自由記載欄の記載例
> ・現在、通院介助は娘さんが行い、奥様自身はされていないとのこと
> ・夜、トイレに行くので、起こされて眠れないとの訴えがありました

●「介護環境②（サービス利用等）・住環境の変化」

「介護環境②（サービス利用等）・住環境の変化」は、他サービスの利用や住環境に変化があった場合に記載します。例えば、「週に2回デイサービスを利用していたが、デイサービスのほかに、ショートステイの利用もはじまった」など前回のモニタリング時点からの変化を記載します。このような変化は福祉用具の見直し、変更提案と直結します。また、「孫の結婚式に行くため、介護旅行サービスを頼んだ」など、介護保険サービスの利用以外についても、今後の福祉用具の利用にかかわる事柄を書いておくとよいでしょう。

> 自由記載欄の記載例
> ・電動車いすの操作に慣れて、町内の食事会など社会参加の機会が増えたそうです
> ・寝室からトイレまでの動線が整理され、確保されていました

利用者等の変化はチェックだけでなく、このように自由記載欄に福祉用具専門相談員が見たこと、感じたこと、利用者や家族からうかがったことを書いてください。この四つの変化は独立したものではなく、利用者の生活を構成する要因として、ひとつづきになっているともいえます。それによって、利用者の福祉用具を利用している生活の背景と現在の状況がよくわかります。

例えば、介護環境①の家族の状況が変化したことで、利用者の身体状況も変化したということもあるでしょう。身体状況の変化があり、向上したことで、意欲・意向等が前向きに変化し、家族の状況も変わったということもあるでしょう。

これら4項目は、いずれも利用者の福祉用具の利用を検討するうえで、相互に関連するものであり、モニタリングでは欠かせないものです。モニタリング項目は、身体状況の変化だけではないのです。

なお、利用者の状況や訪問時の状況によっては、これら4項目をすべて確認することはできないときがあります。独居の場合、あるいは家族がモニタリング時に不在で聴けなかった場合は、自由記載欄に「ご家族が外出でお話はうかがえなかった」などと記載しておいてください。なぜ空欄なのかという理由がわかるからです。

利用者等の変化					
身体状況・ADLの変化	☐なし ☐あり	変化を確認できなかったときは、「確認できなかった」と記載する。	介護環境①（家族の状況）の変化	☐なし ☐あり	
意欲・意向等の変化	☐なし ☐あり		介護環境②（サービス利用等）・住環境の変化	☐なし ☐あり	

8 「総合評価」「福祉用具サービス計画の見直しの必要性」

　モニタリング結果のまとめにあたるもので、目標達成状況や今後の方針から福祉用具サービス計画の見直しの必要性についてチェックします。総合評価は変更がある場合だけでなく、結果を書くものです。したがって、このまま継続する場合は、「目標は達成できているので、今後もこのまま利用経過を見守っていきましょう。定期的にモニタリングで確認していくことをご家族にお話しました」など、利用状況、目標の継続に問題がない旨を記載します。

　また、目標を達成し、今後の新たな目標設定や用具の提案をしたいというときは、「歩行器で玄関まで1人で行くことができるという目標は達成できているので、今後は屋外の外出について提案をしたいと思います」などと記載してケアマネジャーに連絡し、再アセスメント、提案につなげていきます。また、目標は達成しているが、今後の変化が予測されるので今のうちに今後について検討したいというときは、「電動車いすでの外出は今のところできていますが、そろそろ今後について、ご本人にお気持ちをうかがいながら、ケアマネジャー、ご家族とご相談していきたいと思います」などと記載し、ケアマネジャーに連絡し、今後の状態変化にどのように対応するのかについて検討をしていきます。

　今後の方針が「継続」であるにもかかわらず、見直しの必要性が「あり」となっているのは何か理由があるのか、あるいはチェック間違いかもしれません。同様に今後の方針が「再検討」であるのに、見直しの必要性は「なし」にチェックをつけていたら、記載漏れかどちらかのチェックが間違いです。チェックをつけるときは、理由を記載しなければなりません。総合評価はモニタリング結果のまとめであり、今後の方針と連動するということです。

　利用者や家族に説明するときは、主として「目標達成状況」と「総合評価」が中心となります。

総合評価の結果、見直しの必要がなく、「なし」にチェックをした場合の自由記載欄の記載例

- 今後も定期的に様子をうかがってまいります
- 6か月後のモニタリングにて、利用状況の確認を行います。それまでに、ご不明なことや何かありましたら、いつでもご連絡をください

「今後の方針」と「福祉用具サービス計画の見直しの必要性」は、関連し合う。

【参考文献】
- 一般社団法人全国福祉用具専門相談員協会「福祉用具サービスの支援プロセスに関するアンケート調査」2014年
- 社団法人シルバーサービス振興会「福祉用具貸与価格の情報提供システムに関する調査研究事業報告書」2009年
- 株式会社日本能率協会総合研究所「介護支援専門員及びケアマネジメントの質の評価に関する調査研究事業報告書」2014年
- 居宅サービス計画書作成の手引編集委員会編『四訂居宅サービス計画書作成の手引』財団法人長寿社会開発センター、2008年
- 厚生労働省福祉用具における保険給付の在り方に関する検討会「議論の整理」2011年
- 佐藤信人『ケアプラン作成の基本的考え方』中央法規出版、2008年
- 東畠弘子・加島守『明解！福祉用具サービス計画の手引き』筒井書房、2013年

第5章

現場の事例に基づく福祉用具サービス計画の書き方

「ケアプラン」から「ふくせん版 モニタリングシート」までの流れを理解しましょう

事例 1　退院後、福祉用具の活用で自立度の向上に至った支援

事例のあらまし

　コーラス教室で指導の仕事を続けていた最中に脳出血で倒れたMさん（59歳・女性）は、急性期病院から回復期リハビリテーション病院に転院後に要介護認定を受け、要介護2となりました。リハビリへの姿勢も積極的で、退院後の生活も入院前のようにできるだけ自分のことは自分でできるようにと考えています。

　退院の日程が決まると同時に、ケアマネジャーを決めました。福祉用具などを使って住環境を整えれば自分でできることが増えるということをMさんは理解していました。退院前カンファレンスが病院で行われ、そこにはケアマネジャーと福祉用具専門相談員も出席しました。その後、家屋調査が行われ、Mさん、病院のリハビリスタッフ、ケアマネジャー、福祉用具専門相談員が自宅で一緒に検討を行いました。

　トイレと浴室、玄関の手すりは住宅改修でつけることが決まりました。できるだけ家事は自分でしたいということで、洗濯物を干すための自助具の紹介をし、ベランダの出入り口に手すりを設置することや、浴室に置くシャワーチェアを決めました。

　療養型のベッドと、夫とともに外出するときの介護用車いすを導入し、マンション出入り口のスロープもレンタルしました。

　退院して3か月後にモニタリングを行いました。

　自宅での生活にも慣れて家事も思うようにでき、自分でできる範囲を広げています。室内は、手すりがあることで、装具をつけていたら自由に移動ができます。片手での調理も自助具などに慣れてきています。

　外の用事（銀行に行くなど）は夫に頼んでいましたが、電動車いすを使用できれば外出時の行動範囲も広がるのではないかと福祉用具専門相談員から提案を受け、電動車いすの利用を検討することになりました。片手（右手）での操作が可能です。

　電動車いすが利用できると、夫に負担をかけることなく散歩や買い物にも行くことができます。慣れてきたらコーラス教室にも行きたいと思っているところです。

基本情報

●利用者情報

氏名：M　　　年齢：59歳
性別：女性　　要介護度：要介護2　　住所：〇〇県〇〇市

入院から退院まで：2月10日脳出血で入院。4月17日に回復期リハビリテーション病院に転院。転院前に介護保険申請を行う。7月20日病院にて退院時のカンファレンスを行い、7月25日家屋調査。8月2日退院となった。
現在は近医の外来受診を月1回行っている。

生活歴：東北で生まれ育ち高校卒業後〇〇県のコーラス教室で指導を始める。25歳で結婚。長男生まれる。育児をしながら仕事を続け、コーラス教室は地域でも人気のある教室として有名だった。コーラス教室で脳出血により倒れて救急搬送されている。リハビリを継続しコーラスを教えたいと意欲あり。

主訴（本人の意向等）：リハビリを継続しながら少しでも動けるようにしたい。買い物や家事が自分でできるようになって自立した生活を送り、職場復帰もしたい。

●家族状況
世帯状況：夫と二人暮らし　息子は他県で就職
主たる介護者：夫　　経済状況：夫の収入と本人の年金等

アセスメントに関する情報項目

健康状態	脳出血による左上下肢麻痺である。血圧は服薬にて安定しており服薬管理も自分で行っている。褥瘡のリスクも少ない状態である。
「認知症・高次脳機能障害」等の有無	高次脳機能障害等は認められない。
ADL	自宅内は装具を利用して伝い歩き。屋外歩行は装具装着、四点杖を利用して100m程度可能である。起居動作、座位、起立、立位保持はベッド等つかまるところがあれば可能。 浴槽へのまたぎ動作ができないため入浴はシャワーチェア利用でシャワーを行っている。 食事、整容、更衣、排泄は自立。
IADL	買い物は夫が代行。調理、掃除は時間がかかるが自分で行っている。洗濯機も使用できる。干すのはハンガーであれば可能。 金銭管理は銀行に行くのは夫であるが小口管理を行っている。
コミュニケーション	複雑な内容も理解する力あり。表出はゆっくりではあるができる。
介護力	夫は建築関係の仕事を自宅でしており主たる介護者である。
居住環境	エレベータ付きマンションの4階、3LDK、水回りに段差がある。マンション入り口にも道路との段差15cmあり。

〈サービス提供開始時〉

居宅サービス計画書（1）

第1表			作成年月日 平成30年7月25日
			初回 ・ 紹介 ・ 継続　　認定済 ・ 申請中

利用者名　利用者M　　殿　　生年月日　昭和35年　2月　6日　　住所　○○県○○市○○町×-×-×

居宅サービス計画作成者氏名　ケアマネジャーA

居宅介護支援事業者・事業所名及び所在地　居宅介護支援センター○○○

居宅サービス計画作成（変更）日　平成30年7月25日　　　初回居宅サービス計画作成日　平成30年7月25日

認定日　平成30年4月18日　　認定の有効期間　平成30年4月1日　～　平成31年3月31日

要介護状態区分　　要支援　・　要支援1　・　要支援2　・　要介護1　・　**要介護2**　・　要介護3　・　要介護4　・　要介護5

利用者及び家族の生活に対する意向	利用者：病気になる前と同じような生活が自宅でできるようになりたいと思う。そのためにもリハビリも頑張りたいし継続したい。生活全般の動作や主婦としての仕事もできるだけ自分でできるようになりたい。 家族：夫：私もできる限り介護を頑張りますが、仕事もあるのでできるところまでできるかが不安もある。本人の希望や意欲を大事にして自分でできるような環境を整えてあげたい。
介護認定審査会の意見及びサービスの種類の指定	特になし。
総合的な援助の方針	2月に脳出血を発症し入院しました。回復期リハ病院を経て8月2日に退院となり自宅に戻りました。本人には今まで通りの生活を目指したい希望があります。その意向を尊重し排泄や入浴の自立、家事を行えるようになることなど、環境整備をしながら自立支援を目指します。買い物のための外出も可能となるように車いすや玄関先の整備を行い、より安全な起居動作や歩行を目指した福祉用具の活用を目指します。 主治医：○○○○ 緊急連絡先：夫　電話　○○○-○○○○-○○○○
生活援助中心型の算定理由	1．一人暮らし　2．家族等が障害、疾病等　3．その他（　　　　）

居宅サービス計画について説明を受け、内容に同意し交付を受けました。　説明・同意日　平成30年8月2日　署名・捺印　利用者M　㊞

居宅サービス計画書（2）

第2表

利用者名　利用者M　　殿

作成年月日　平成30年7月25日

※1 「保険給付対象か否かの区分」について、保険給付対象内サービスについては○印を付す。
※2 「当該サービス提供を行う事業所」について記入する。

生活全般の解決すべき課題（ニーズ）	目標				援助内容				
	長期目標	期間	短期目標	期間	サービス内容	※1	サービス種別	※2	頻度	期間
家事などの仕事が自立して行えるようになりたい。	道具を使って自分でできることを増やしたい。	30.8.2〜31.3.31	洗濯物を自分で干せるようになる。	30.8.2〜30.10.31	・住宅改修による手すりの設置 ・片手用洗濯物干しなどの自助具の導入	○	住宅改修　自助具の利用		毎日	30.8.2〜30.10.31
			車いすで買い物に行けるようになる。	30.8.2〜30.10.31	・スロープの利用、介助式車いすの適用、レンタル	○	福祉用具貸与		週に1回	30.8.2〜30.10.31
					・付き添いと車いす介助		家族（夫）		随時	30.8.2〜30.10.31
室内の移動を自立して行い動作を安全に行えるようにする。	トイレ・浴室・居室での移動を安全に行いたい。	30.8.2〜31.3.31	手すりを使ってトイレ動作を安全に行う。	30.8.2〜30.10.31	・肘掛け付きトイレ用設置型手すりの取り付けとその後の使用状況確認	○	住宅改修		毎日	30.8.2〜30.10.31
			福祉用具を使って、入浴を自分で行う。	30.8.2〜30.10.31	・シャワーチェアの定期的なメンテナンス	○	福祉用具販売		毎日	30.8.2〜30.10.31
			ベッドからの起き上がりなど安全に自立して行う。	30.8.2〜30.10.31	・ベッド、マットレス、起き上がり介助バー等の適用、メンテナンス	○	福祉用具貸与		毎日	30.8.2〜30.10.31
			装具を使って室内で安定的に歩くことができるようになる。	30.8.2〜30.10.31	・歩行やバランスの維持のための訓練	○	訪問リハビリテーション		週に2回	30.8.2〜30.10.31
					・歩行を安定させる四点杖のレンタル	○	福祉用具貸与		毎日	30.8.2〜30.10.31
自宅で健康に注意しながら規則正しく生活し、外出して趣味を活かした活動を行う。	心身の状態を健康に保ちたい。	30.8.2〜31.3.31	定期的な受診を行い身体状況を把握して異常を早期に発見する。	30.8.2〜30.10.31	・身体状況の定期的な観察と検査		受診		月に1回	30.8.2〜30.10.31
					・通院や外出の付き添い		家族（夫）		必要時	30.8.2〜30.10.31
			外出したり趣味を活かして気分転換を図る。	30.8.2〜30.10.31	・コーラス教室への参加の付き添い		家族（夫）		月に2回	30.8.2〜30.10.31

ふくせん 福祉用具サービス計画書（基本情報）

管理番号	●●●●
作成日	平成30年7月25日
福祉用具専門相談員名	担当者B

フリガナ		性別	生年月日	年齢	要介護度	認定期間
利用者名	利用者M 様	女	M・T・㊂ 35年2月6日	59	要介護2	平成30年4月1日 ～ 平成31年3月31日
住所	○○県○○市○○町 ×-×-×				TEL	××-××××-××××
居宅介護支援事業所	居宅介護支援センター○○○				担当ケアマネジャー	ケアマネジャーA

相談内容

相談者	Mさんご夫婦	利用者との続柄	本人・家族	相談日	平成30年7月25日

退院前カンファレンス：福祉用具などを使って自宅の環境を整えることができれば、自分でできることが増えると思います。

ケアマネジャーとの相談記録	退院に向けて住環境を整えていきたいと思っています。家屋調査も予定していますので、同行訪問で住環境整備の提案をお願いします。	ケアマネジャーとの相談日 平成30年7月25日

身体状況・ADL （平成30年 7月）現在

身長	155 cm	体重	52 kg

寝返り	□つかまらないでできる	■何かにつかまればできる	□一部介助	□できない
起き上がり	□つかまらないでできる	■何かにつかまればできる	□一部介助	□できない
立ち上がり	□つかまらないでできる	■何かにつかまればできる	□一部介助	□できない
移乗	□自立（介助なし）	■見守り等	□一部介助	□全介助
座位	□できる	■自分の手で支えればできる	□支えてもらえればできる	□できない
屋内歩行	□つかまらないでできる	■何かにつかまればできる	□一部介助	□できない
屋外歩行	□つかまらないでできる	□何かにつかまればできる	■一部介助	□できない
移動	□自立（介助なし）	□見守り等	■一部介助	□全介助
排泄	■自立（介助なし）	□見守り等	□一部介助	□全介助
入浴	□自立（介助なし）	■見守り等	□一部介助	□全介助
食事	■自立（介助なし）	□見守り等	□一部介助	□全介助
更衣	■自立（介助なし）	□見守り等	□一部介助	□全介助
意思の伝達	■意思を他者に伝達できる	□ときどき伝達できる	□ほとんど伝達できない	□伝達できない
視覚・聴覚	問題なし			

疾病	脳出血
麻痺・筋力低下	左上下肢片麻痺
障害日常生活自立度	
認知症の日常生活自立度	
特記事項	・歩行時装具着用

介護環境

家族構成/主介護者	夫と二人暮らし／夫
他のサービス利用状況	訪問リハビリテーション（予定）
利用している福祉用具	杖
特記事項	夫は建築関係の仕事に自宅で従事・介護力あり

意欲・意向等

■利用者から確認できた　□利用者から確認できなかった

利用者の意欲・意向、今困っていること（福祉用具で期待することなど）
- リハビリを継続しながら少しでも動けるようになりたい。
- 買い物や家事が自分でできるようになりたい。
- コーラス教室を再開したい。

居宅サービス計画

利用者及び家族の生活に対する意向	利用者	病気になる前と同じような生活が自宅でできるようになりたいと思う。そのためにもリハビリも頑張りたいし継続したい。生活全般の動作や主婦としての仕事もできるだけ自分でできるようになりたい。
	家族	夫：私もできる限り介護を頑張るが、仕事もあるのでどこまでできるか不安もある。本人の希望や意欲を大事にして自分でできるような環境を整えてあげたい。

総合的な援助方針	2月に脳出血を発症し入院しました。回復期リハ病院を経て8月2日に退院となり自宅に戻りました。本人には今まで通りの生活を目指したい希望があります。その意向を尊重し排泄や入浴の自立、家事を行えるようになることなど、環境整備をしながら自立支援を目指します。買い物のための外出も可能となるように車いすや玄関先の整備を行い、より安全な起居動作や歩行を目指した福祉用具の活用をします。

住環境

□戸建
■集合住宅（ 4 階 ）
（ エレベーター ■有 □無 ）

例：段差の有無など

- 水回りに段差が目立つ。
- マンション入り口に道路との段差15cmあり。
- 住宅改修工事にてトイレ・浴室・玄関ベランダ出入り口に手すり設置。

一般社団法人 全国福祉用具専門相談員協会（30版 基本情報）

ふくせん 福祉用具サービス計画書(選定提案)

管理番号	●●●●
説明日	平成30年7月25日
説明担当者	担当者B

フリガナ 利用者名	利用者M 様	性別 女	生年月日 M・T・⑤ 35年2月6日	年齢 59	要介護度 要介護2	認定期間 平成30年4月1日～平成31年3月31日
居宅介護支援事業所	居宅介護支援センター○○○				担当ケアマネジャー	ケアマネジャーA

福祉用具が必要な理由(※)

1	「寝起きを夫の力を借りずに自分で行っていきたい」ので、特殊寝台・付属品を利用します。
2	買い物など家事に少しでもかかわっていきたいが、外出時などの移動はまだ不安が大きいので、車いすを利用します。
3	マンション入り口に段差がある。「夫と出かけるときに負担をかけたくない」ので、スロープを利用します。

貸与を提案する福祉用具 （1／2枚）

(※)との対応	種目／提案福祉用具品目／機種(型式)／TAISコード	貸与価格(円)／全国平均貸与価格(円)	提案する理由	【説明方法】カタログ/Webページ/TAISページ/実物 等	採否
1	特殊寝台／○社介護用ベッド(2モーター)／○○／△△△△△-□□□□□	10,000円／10,000円	ズレと腹圧を軽減できる付属の背上げ機能で起き上がり時の負担軽減と、立ち上がりやすい高さに高さ調整ができる2モーターベッドです。	カタログ	○
1	特殊寝台／×社介護用ベッド(2モーター)／××／△△△△△-□□□□□	10,000円／10,000円	背上げ機能によりからだに負担をかけずに起き上がりが行え、立ち上がりやすい高さに高さ調整ができます。付属機能により目線を前に向けることができ、誤嚥リスクを軽減できる機種です。	カタログ	×
1	特殊寝台付属品／○社サイドレール／○○／△△△△△-□□□□□	500円／500円	○社製に対応する長さ90cmのベッド本体JIS認証規格と適合するサイドレールです。	カタログ	○
1	特殊寝台付属品／×社サイドレール／××／△△△△△-□□□□□	500円／500円	×社製に対応する長さ95cmのベッド本体JIS認証規格と適合するサイドレールです。	カタログ	×
1	特殊寝台付属品／○社介助バー／○○／△△△△△-□□□□□	1,500円／1,500円	○社の特殊寝台に対応し起き上がりや立ち上がり時の動作に把持できることで移動・移乗動作が安定し、ロックのかけ忘れ時でも付属機能により安全性が保たれる介助バーです。	カタログ	○
1	特殊寝台付属品／×社介助バー／××／△△△△△-□□□□□	1,500円／1,500円	×社の特殊寝台に対応し起き上がりや立ち上がりの動作時に把持できることで離床・移乗動作が安定するようグリップ部が○○～○○度の角度調節可能な介助バーです。	カタログ	×
1	特殊寝台付属品／○社マットレス／○○-5／△△△△△-□□□□□	3,000円／3,000円	異なる素材の組み合わせと加工によりからだにフィットしやすく、体圧分散性も優れています。端部は高硬度ウレタンを使用していて立ち上がりしやすいマットレスです。	カタログ	×
1	特殊寝台付属品／☆社マットレス／☆☆／△△△△△-□□□□□	4,000円／4,000円	マットレス全体に加工が施されており、ベッド背上げ時のからだのズレが軽減できる、異なる素材の組み合わせのマットレスです。	カタログ	○
2	車いす／自走式標準車いす／■■／□□□□□-△△△△△	4,000円／4,000円	前座高43cm、座幅40cm、全幅59.5cm、重量9.6kg。長めのアームサポートで立ち座り動作を安定させることができます。持ち運びや車への積み下ろしが容易に行える超軽量自走式車いすです。	実物	×
2	車いす／自走式多機能車いす／●●／□□□□□-△△■■	6,000円／6,000円	前座高43cm、座幅40cm、全幅59.5cm、重量10.9kg。肘掛の跳ね上げや足乗台がスイングアウトと取り外しができます。足乗せ台を取り外して足こぎで動かすことも可能な持ち運びがしやすいタイプです。	TAISページ	○

一般社団法人 全国福祉用具専門相談員協会（30版 選定提案）

ふくせん 福祉用具サービス計画書(選定提案)

管理番号	●●●●
説明日	平成30年7月25日
説明担当者	担当者B

フリガナ		性別	生年月日	年齢	要介護度	認定期間
利用者名	利用者M 様	女 M・T・Ⓢ	35年2月6日	59	要介護2	平成30年4月1日～平成31年3月31日
居宅介護支援事業所	居宅介護支援センター○○○			担当ケアマネジャー		ケアマネジャーA

福祉用具が必要な理由(※)

4	リハビリの歩行訓練では普通の杖で大丈夫でしたが、自宅ではまだ不安があるので杖をいくつか紹介してほしい。

貸与を提案する福祉用具

(2／2枚)

(※)との対応	種目／提案福祉用具品目／機種(型式)/TAISコード	貸与価格(円)／全国平均貸与価格(円)	提案する理由	【説明方法】カタログ/Webページ/TAISページ/実物 等	採否
3	スロープ／●●スロープ1.2m／□△/●●●●●-○○○○○○	6,000円／6,000円	二つ折りタイプなので、設置、撤去が簡単にできます。重量6kg・耐荷重300kg、幅70cm、段差に設置することで車いすや歩行器などでも段差を昇降できるので提案。15cm段差で傾斜角度約8度。	カタログ	×
3	スロープ／●●スロープ90cm／□△/●●●●●-○○○○○△	5,000円／5,000円	二つ折りタイプなので、設置、撤去が簡単にできます。重量4kg・耐荷重300kg、幅70cm、15cm段差で傾斜角度約12度です。	実物	○
4	歩行補助杖／四点杖／△□/○○○○○○-△△△△□	1,500円／1,500円	重量○○○g。台座サイズ：約22×16cm。10mm単位で16段階の高さ調節可能。T字杖では体重の支持が不安定になるため、支持面積の広い四点杖。特殊金属製の超軽量タイプのため、手や肩の痛みを軽減できます。	実物	○
4	歩行補助杖／四点杖／○△/△△△△□-◆◆◆◆◆◆	2,000円／2,000円	重量：約○○○g。高さ調整：12段階、ピッチ2.5cm。歩行が不安定でT字杖では体重の支持が不安定になるため、杖先の接地面積が広く斜めについても滑りにくい構造になっています。	Web	×

一般社団法人 全国福祉用具専門相談員協会（30版　選定提案）

ふくせん 福祉用具サービス計画書(利用計画)

管理番号: ●●●●

フリガナ		性別	生年月日	年齢	要介護度	認定期間
利用者名	利用者M 様	女	M・T・⑤ 35年2月6日	59	要介護2	平成30年4月1日 ～ 平成31年3月31日
居宅介護支援事業所	居宅介護支援センター○○○				担当ケアマネジャー	ケアマネジャーA

	生活全般の解決すべき課題・ニーズ (福祉用具が必要な理由)	福祉用具利用目標
1	室内の移動を自立して行いたい。	特殊寝台・同付属品を利用して、ご主人の力を借りずに1人で寝起き動作ができるようになることで、日中の活動につなげるようにする。
2	家事などの仕事が自立して行えるようになりたい。	車いすを利用して、ご主人との外出を気軽に行えるようにすることで、買い物や散歩などの気分転換が行えるようにする。
3	家事などの仕事が自立して行えるようになりたい。	マンション入り口の段差でスロープを利用して、車いすでの外出時の移動が無理なく行えることで、外出機会を増やすことができる。
4	室内の移動を自立して行いたい。	四点杖を利用して、室内での歩行移動を1人で転倒なく行えるようにする。

選定福祉用具(レンタル・販売)

(1 / 2 枚)

	品目 / 機種(型式)	単位数	選定理由
①	特殊寝台 / ○社介護用ベッド(2モーター)○○	1000	ズレと腹圧を軽減できる付属の背上げ機能により起き上がり時の負担軽減と、立ち上がりやすい高さに任意の高さ調整ができる、身長155cmに適合するレギュラーサイズ2モーターベッドを選定。
②	特殊寝台付属品 / ○社サイドレール○○	50	からだの転落防止・寝具の落下防止および寝返り時などの支持物として、長さ90cmのベッド本体JIS認証規格と適合するサイドレールを選定。
③	特殊寝台付属品 / ○社介助バー○○	150	特殊寝台からの起き上がりや立ち上がり時の動作に把持できることで移動・移乗動作が安定し、ロックのかけ忘れ時でも付属機能により安全性が保たれ、片手で立ち上がる際に、把持しやすい角度に調整できる介助バーを選定。
④	特殊寝台付属品 / ☆社マットレス☆☆	400	褥瘡リスクは少ないが、マットレス全体への加工により、ベッド背上げ時のからだのズレを軽減し、異なる素材の組み合わせにより体圧分散効果も期待できるマットレスを選定。
⑤	車いす / 自走式多機能車いす●●	600	肘掛の跳ね上げや足乗せ台のスイングアウトと取り外しができるため乗り移りがしやすく、足乗せ台を取り外すことでご自身でも片手と足こぎで自走することができる自走式多機能車いすを選定。
⑥	スロープ / ●●スロープ90cm□△	500	自宅マンション入り口の15cmの段差に適応し、約12度の傾斜角度でご主人が車いすの上げ下ろしをする際にも無理なく昇降できる。二つ折で設置や取り外しも容易に行えるスロープを選定。
⑦	歩行補助杖 / 四点杖△□	150	T字杖だけでは体重の支持が不安定になるため、室内移動の際の利用頻度を考えて、特殊金属製の超軽量タイプで手や肩の痛みを軽減できる四点杖を選定。
⑧	入浴補助用具 / シャワーチェア◆◆		片手で簡単に折りたためて、設置した手すりと肘かけを併用することで、自立した立ち座り等の入浴動作をサポートするシャワーチェアを選定。

留意事項

①～④特殊寝台・同付属品
・背上げ操作の際に、麻痺している上肢がサイドレールに挟み込まれないように確認をお願いします。マットレスに寝心地の悪さや不具合が生じた場合は再選定いたします。

⑤自走式多機能車いす
・玄関での車いすへの乗り移りの際に、肘掛の跳ね上げや足乗せ台のスイングアウト・取り外し機能を活用することで、足をぶつけたりするのを予防できます。

⑥スロープ
・スロープは上下が決まっています。「上端」「下端」を確認して正しく設置をお願いします。

⑦四点杖
・付属のストラップを活用して片手で行う作業のときにも杖が手元から離れないようにできます。使用経過で杖先ゴムの摩耗が考えられます。モニタリングでの確認等で適時交換を行っていきます。

⑧シャワーチェア
・浴槽へのまたぎ動作ができないため、冬場に向けて浴槽への出入りを安全に行うことができる環境整備が課題として残ります。

☐ 私は、貸与の候補となる福祉用具の全国平均貸与価格等の説明を受けました。
■ 私は、貸与の候補となる機能や価格の異なる複数の福祉用具の提示を受けました。
■ 私は、福祉用具サービス計画の内容について説明を受け、内容に同意し、計画書の交付を受けました。

日付	平成30年 8月 2日
署名	利用者M 印
(続柄)代理署名	( ) 印

事業所名	株式会社●●●ケア	福祉用具専門相談員	担当者B
住所	○○県○○市○○町×-×-×	TEL ××-××××-××××	FAX ××-××××-××××

一般社団法人 全国福祉用具専門相談員協会 (30版 利用計画)

ふくせん 福祉用具サービス計画書(利用計画)

管理番号	●●●●

フリガナ		性別	生年月日	年齢	要介護度	認定期間
利用者名	利用者M 様	女	M・T・⑤ 35年2月6日	59	要介護2	平成30年4月1日 ～ 平成31年3月31日
居宅介護支援事業所	居宅介護支援センター○○○				担当ケアマネジャー	ケアマネジャーA

生活全般の解決すべき課題・ニーズ（福祉用具が必要な理由）	福祉用具利用目標
5 室内の移動を自立して行いたい。	シャワーチェアを利用することで、洗体およびシャワー浴が1人で継続して行うことができる。

(2 / 2 枚)

選定福祉用具(レンタル・販売)

	品目 機種(型式)	単位数	選定理由
①			
②			
③			
④			
⑤			
⑥			
⑦			
⑧			

留意事項

☐ 私は、貸与の候補となる福祉用具の全国平均貸与価格等の説明を受けました。
☒ 私は、貸与の候補となる機能や価格の異なる複数の福祉用具の提示を受けました。
☒ 私は、福祉用具サービス計画の内容について説明を受け、内容に同意し、計画書の交付を受けました。

日付	平成30年 8月 2日
署名	利用者M　印
(続柄)代理署名	(　)　印

事業所名	株式会社●●●ケア	福祉用具専門相談員	担当者B
住所	○○県○○市○○町 ×-×-×	TEL ××-××××-××××	FAX ××-××××-××××

一般社団法人 全国福祉用具専門相談員協会 (30版 利用計画)

ふくせん モニタリングシート（訪問確認書）

管理番号	●●●●	（ 1 ／ 1 枚）
モニタリング実施日	平成30 年 10 月 26 日	
前回実施日	年 月 日	
お話を伺った人	■ 利用者　■ 家族　□ 他（　）	
確認手段	■ 訪問　□ 電話	
事業所名	(株)●●●ケア	
福祉用具専門相談員	担当者B	
事業所住所	○○県○○市○○町○-○	
TEL	○○-○○○○-○○○○	

フリガナ		居宅介護支援事業所	居宅介護支援センター○○○	担当ケアマネジャー	ケアマネジャーA
利用者名	利用者M　様	要介護度	要介護2	認定期間	平成30年4月1日 ～ 平成31年3月31日

福祉用具利用目標 / 目標達成状況

	福祉用具利用目標	達成度	詳細
1	特殊寝台・同付属品を利用して、ご主人の力を借りずに1人で寝起き動作ができるようになることで、日中の活動につなげるようにする。	■ 達成　□ 一部達成　□ 未達成	体調に合わせて、背上げ・高さ調整機能を活用して、寝起き動作は自立。ベッド端での装具着用も介助バーを活用して自分でできています。
2	車いすを利用して、ご主人との外出を気軽に行えるようにすることで、買い物や散歩などの気分転換ができるようにする。	■ 達成　□ 一部達成　□ 未達成	ご主人との外出が継続できています。自分で簡単な買い物などに出かけたいとの相談がありました。電動車いすを活用することで1人での外出も可能ではないかと思います。
3	マンション入り口の段差にスロープを利用して、車いすでの外出時の移動が無理なく行えることで、外出機会を増やすことができる。	■ 達成　□ 一部達成　□ 未達成	外出時の車いす移動の際には必ず利用されており、ご主人も設置方法にも慣れてこられて、使用上の問題はありません。
4	四点杖を利用して、室内での歩行移動を1人で転倒なく行えるようにする。	■ 達成　□ 一部達成　□ 未達成	歩行状態の改善がみられ、住宅改修で設置した手すりや所有のT字杖での装具着用で自由に移動が可能となったことから四点杖は不要と判断します。

利用福祉用具

	利用福祉用具（品目）／ 機種（型式）	利用開始日	利用状況の問題	点検結果	今後の方針	再検討の理由等
①	特殊寝台 / ○社介護用ベッド（2モーター）○○		■ なし　□ あり	■ 問題なし　□ 問題あり	■ 継続　□ 再検討	
②	特殊寝台付属品 / ○社サイドレール○○		■ なし　□ あり	■ 問題なし　□ 問題あり	■ 継続　□ 再検討	
③	特殊寝台付属品 / ○社介助バー○○		■ なし　□ あり	■ 問題なし　□ 問題あり	■ 継続　□ 再検討	
④	特殊寝台付属品 / ☆社マットレス☆☆		■ なし　□ あり	■ 問題なし　□ 問題あり	■ 継続　□ 再検討	
⑤	車いす / 自走式多機能車いす●●		■ なし　□ あり	■ 問題なし　□ 問題あり	■ 継続　□ 再検討	電動車いすの追加利用の検討をお願いします。
⑥	スロープ / ●●スロープ90cm□△		■ なし　□ あり	■ 問題なし　□ 問題あり	■ 継続　□ 再検討	電動車いす利用の場合は適合を再確認いたします。
⑦	歩行補助杖 / 四点杖△□		■ なし　□ あり	■ 問題なし　□ 問題あり	□ 継続　■ 再検討	装具着用にてT字杖で自由に移動が可能。サービスの終了を提案いたします。
⑧			□ なし　□ あり	□ 問題なし　□ 問題あり	□ 継続　□ 再検討	

利用者等の変化

身体状況・ADLの変化	□ なし　■ あり	自宅での生活にも慣れて、歩行状態も改善、家事や片手での調理など自分でできる範囲が広がっています。	介護環境①（家族の状況）の変化	■ なし　□ あり	活動範囲が広がっていることにご主人も喜ばれていました。
意欲・意向等の変化	□ なし　■ あり	外の用事を自分でできるようになりたいとの相談がありました。行動範囲の広がりを感じました。	介護環境②（サービス利用等）・住環境の変化	■ なし　□ あり	冬場に向けて寝室にじゅうたんを敷きたいとの相談がありました。素材や歩行時の滑りなどの確認が必要です。

総合評価

福祉用具サービス計画の見直しの必要性	□ なし　■ あり	・歩行状態が安定していますので、四点杖を使わなくても問題ないと思います。サービス終了を提案いたします。 ・銀行に行くなどの外の用事はご主人に頼まれていますが、片手でも操作できる電動車いすを活用することで、屋外への行動範囲が広がり、ご主人に負担をかけることなく散歩や買い物も可能となります。コーラス教室を再開したい意向も次のステップでみえてくると思いますので、追加利用の検討を提案いたします。

次回実施予定日　平成31 年 2 月 28 日

一般社団法人 全国福祉用具専門相談員協会（30版　訪問確認書）

〈モニタリング後〉

居宅サービス計画書（1）

作成年月日　平成 30 年 11 月 1 日

初回 ・ 紹介 ・ ⓔ継続　　認定済 ・ 申請中

| 利用者名 | 利用者 M | 殿 | 生年月日 | 昭和 35 年 2 月 6 日 | 住所 | ○○県○○市○○町 ×-×-× |

居宅サービス計画作成者氏名　ケアマネジャー A

居宅介護支援事業者・事業所名及び所在地　居宅介護支援センター○○○

居宅サービス計画作成(変更)日　平成 30 年 11 月 1 日　　初回居宅サービス計画作成日　平成 30 年 7 月 25 日

認定日　平成 30 年 4 月 18 日　　認定の有効期間　平成 30 年 4 月 1 日 ～ 平成 31 年 3 月 31 日

要介護状態区分	要支援 ・ 要支援 1 ・ 要支援 2 ・ 要介護 1 ・ ⓔ要介護 2 ・ 要介護 3 ・ 要介護 4 ・ 要介護 5
利用者及び家族の生活に対する意向	利用者：自宅での生活にも慣れてきました。外に出かけることも1人でできるようにチャレンジしたいと思っています。また、外出が自由になったら、もう一度仕事をする可能性も考えたいと思います。夫も仕事があるのでできるだけ負担をかけないようにしたいです。 家族：夫：少しずつ自分でできることが増えてきていて、本人の意欲も増してきた。私もできる限り介護を頑張るが、仕事も忙しくなっている。サービスを上手に利用したい。
介護認定審査会の意見及びサービスの種類の指定	特になし。
総合的な援助の方針	8月に退院となって3か月、自宅での生活を前向きに一つひとつ時間がかかっても行動できるようになってきました。家事は自信がついてきた様子で、買い物に1人で出かけたい気持ちがあり、電動車いすでの移動を行ってみることにしました。電動車いすによる職場復帰も目指している様子です。リハスタッフからの意見も聞きながら室内でのつかまり歩行の訓練の継続も予定です。 主治医：○○○○ 緊急連絡先：夫　電話　○○○-○○○○-○○○○
生活援助中心型の算定理由	1．一人暮らし　2．家族等が障害、疾病等　3．その他（　　　　　　）

居宅サービス計画について説明を受け、内容に同意し交付を受けました。　説明・同意日　平成 30 年 10 月 30 日　署名・捺印　利用者 M　　印

居宅サービス計画書（2）

| 作成年月日 | 平成30年11月1日 |

※1 「保険給付対象か否かの区分」について、保険給付対象内サービスについては○印を付す。
※2 「当該サービス提供を行う事業所」について記入する。

利用者名　　　　　　殿

第2表

生活全般の解決すべき課題（ニーズ）	目標				援助内容				
	長期目標	期間	短期目標	期間	サービス内容	※1	サービス種別	※2	頻度	期間
家事などの仕事が自立して行えるようになりたい。	道具を使って自分でできることを増やしたい。	30.8.2〜31.3.31	洗濯物を自分で干せるようになる。	30.11.1〜31.3.31	・住宅改修による手すりの設置 ・片手用洗濯物干しなどの自助具の導入	○	住宅改修 自助具の利用		毎日	30.11.1〜31.3.31
			車いすで買い物に行けるようになる。	30.11.1〜31.3.31	・スロープの利用、電動車いすの適用、レンタル	○	福祉用具貸与		毎日	30.11.1〜31.3.31
					・電動車いすの使用訓練	○	訪問リハビリテーション		週に1回	30.11.1〜31.3.31
室内の移動を自立して行い、トイレ・浴室・居室での移動動作を安全に行えるようにする。	トイレ・浴室・居室での移動動作を安全に行えるようにする。	30.8.2〜31.3.31	手すりを使ってトイレ動作を安全に行う。	30.11.1〜31.3.31	・肘掛付きトイレ用設置型手すりの取り付けとその後の使用状況確認	○	住宅改修		毎日	30.11.1〜31.3.31
			福祉用具を使って、入浴を自分で行う。	30.11.1〜31.3.31	・シャワーチェアの定期的なメンテナンス	○	福祉用具販売		毎日	30.11.1〜31.3.31
			ベッドからの起き上がりなどを安全に自立して行う。	30.11.1〜31.3.31	・ベッド、マットレス、起き上がり介助バー等の適用、メンテナンス	○	福祉用具貸与		毎日	30.11.1〜31.3.31
			入浴時に浴槽に入れるようになる。	30.11.1〜31.3.31	・移乗やバランスの維持のための訓練	○	訪問リハビリテーション		週に2回	30.11.1〜31.3.31
自宅で健康に注意しながら規則正しく生活し、外出に慣れたら職場復帰を検討したい。	心身の状態を健康に保ちたい。	30.8.2〜31.3.31	定期的な受診を行い身体状況を把握して異常を早期に発見する。	30.11.1〜31.3.31	・身体状況の定期的な観察と検査	○	受診		月に1回	30.11.1〜31.3.31
					・通院や外出の付き添い		家族（夫）		必要時	30.11.1〜31.3.31
			交通機関を使って外出し職場復帰を目指したい。	30.11.1〜31.3.31	・電動車いすの適用とレンタル	○	福祉用具貸与		毎日	30.11.1〜31.3.31

事例2 障害福祉制度から介護保険制度への移行をした支援

事例のあらまし

　長年、税務署員として働いてきたKさん（65歳・女性）は、壮年期に入り関節リウマチを発症しました。定年後3年ほどは再雇用で就労するも、膝の痛みがひどく、職場までのバスの昇降にも難儀をするようになり、手術前に退職しました。

　痛みがひどかったので、病院の医療ソーシャルワーカー（MSW）や患者仲間からの助言を得て、まずは身体障害者手帳の申請と障害者総合支援法による制度の利用を図り、あわせて機能悪化防止のための手術を行いました。

　65歳から、一部が障害者総合支援法から介護保険制度への移行となりました。

　ケアマネジャーと今後の生活について相談をしたところ、手術後の身体状況については、主治医のいる医療機関から情報提供を受け、そのうえで日々の身辺動作など、セルフケアでの不自由な事象、一人暮らしのため家事等の家庭内生活の援助の意向などを話し合い、介護保険で可能な支援を選択していきました。

　特殊寝台は障害者福祉制度時代のものを使用し、手術後、自費購入をした歩行器は、現在の部屋では使い勝手が悪いことから変更することにしました。買い物などの外出の際には車いすの利用を考えることにしています。今は落ち着いている手指の拘縮を考えると、電動車いすの導入もしてはどうかと本人は思っています。

　入浴については、浴槽の出入りが難しく、退院後は浴槽には入っていませんが、バスボードや浴槽内のいすなどでは入浴は困難と思われます。時折、友人とスーパー銭湯などへ一緒に行っています。排泄における福祉用具は障害者福祉制度で対応していますが立ち上がりが不便です。

　家庭内での生活は、これまで同様「掃除」や「洗濯干し」などは訪問介護を継続利用し、外出時には車いすを利用すれば、行動範囲が広がることが想定されます。

　リウマチであっても、人生を前向きにとらえ、病気と上手に付き合いながらの生活を目指し、できることはなるべく自分でやりたいと考えています。

　幸いなことに、信頼できるリウマチ専門医や病院のスタッフがおり、知人との人間関係もよく、この先も一人暮らしを続けていきたいと思っています。

基本情報

●**利用者情報**

氏名：K　　　　　　年齢：65歳
性別：女性　　　　　要介護度：要介護3

入院歴
（簡易な受診歴）：53歳のとき、四肢のこわばりがあり、関節リウマチと診断された。しばらく抗リウマチ薬服用にて無症状であった。定年後からだの諸関節、特に膝の疼痛、また両足部の変形やタコが出現、歩くと膝の痛みが顕著となり、生活にも支障が生じてきたので半年前に人工関節置換術を実施、その後は服薬治療を主に月2回外来受診。

生活歴：地元で生まれ育ち、都内の短大卒業後国家公務員として税務署に長年勤務。30代で結婚するも数年で離婚、以後定年まで事務職として勤務。趣味は山歩きと古代遺跡巡りで、仕事と上手に両立させていた。定年後はしばらく働き、その後本格的に歴史研究云活をと考えていたが、病状が進み、計画どおりにできなくなってきたのが悔しいとのこと。

主訴
（本人の意向等）：病気のため外出や好きな活動などを制限せざるを得ないが、リウマチと上手に付き合いながら、生活では自分のできることはやっていきたい。セルフケアも不自由になることが増えてきたのでどうにかしたい。

●**家族状況**

世帯状況：一人暮らし
主たる介護者：なし。何かあれば、唯一の親族の弟が対応してくれることになっている。
（利用者との関係）
世帯構成：一人暮らし（離婚歴あり）　弟（58歳・教師）は妻子があり、義妹も教師、子ども2人、実家に居住。他に友人知人の交流あり。
経済状況：公務員年金と他都市にある借地の賃貸収入。

アセスメントに関する情報項目

健康状態	・関節リウマチ 　左膝の人工関節置換術後は、疼痛は改善、現在は薬の服用と、外来受診による経過観察で症状は安定している。手指等拘縮変形もみられるが進行はしていない。 ・高血圧 　40代後半より健診にて指摘、降圧剤を1日1回服薬、安定。 ・褥瘡等皮膚疾患はないが、両足部の指数か所にタコがある。
「認知症・高次脳機能障害」等の有無	なし。
ADL	起居動作：寝返りはどうにか可能、立ち上がりは手術後は痛みが半減した。 移動：リウマチ発症時、室内はどうにか何かに把持しながら自力移動、屋外は杖歩行であった。手術後はしばらく歩行器を利用、今は室内に何か把持できるものがあれば自立、屋外は車いす利用の予定。 排泄：洋式便器。障害者福祉制度の日常生活用具を使用。立ち上がりが不便。 入浴：浴槽の出入りが困難。シャワーチェア利用で、シャワー浴のみ実施。 更衣：脱ぎ着しやすい衣類を選んで着用、デザインが限られるのが悩み。 保清：ブラッシングなど、患者会（リウマチ友の会）から入手した自助具を用いて自立、化粧も以前に比して、適当になったと話す。
IADL	調理：食材のカットなども調理器具を活用し、できるだけ自身で行うようにしている。加熱は「電磁調理機」と「レンジ」が活躍。 洗濯：全自動洗濯機、乾燥まで可能だが、外干しはヘルパー対応。 掃除：居室・トイレ・風呂掃除はヘルパー対応、簡易な「ホコリ取り」のみハンディモップで自分が行う。 買い物：生活協同組合の宅配、ネットで注文。コンビニへも行きたいと考えている。 金銭管理：どうにか自立、友人や弟の訪問時に銀行へ出向く。 通院：タクシーにて、見守り介助でどうにか通院。
コミュニケーション	特に問題はない、スマホも不自由な手指で上手に操作する。
介護力	障害施策での訪問介護サービス利用、週2回。 唯一の親族の弟は、不定期な連絡と訪問あり、懇意な元同僚の訪問支援あり。
居住環境	私鉄駅から徒歩10分のURの集合住宅、分譲で15年前に一部バリアフリーに改築済み。5階建て1階、3DK。

第1表			居宅サービス計画書（1）		作成年月日	平成30年4月14日
					（初回）・紹介・継続	（認定済）・申請中

利用者名　利用者K　殿　　生年月日　昭和28年 4月 14日　　住所　○○県○○市○○町×-×-×

居宅サービス計画作成者氏名　ケアマネジャーC

居宅介護支援事業者・事業所名及び所在地　居宅介護支援センター○○

居宅サービス計画作成（変更）日　平成30年4月14日　　初回居宅サービス計画作成日　平成30年4月14日

認定日　平成30年 4月 14日　　認定の有効期間　平成30年4月14日 ～ 平成31年3月31日

要介護状態区分	要支援　・　要支援1　・　要支援2　・　要介護1　・　要介護2　・　㊦要介護3　・　要介護4　・　要介護5
利用者及び家族の生活に対する意向	リウマチのためにセルフケアや趣味活動などが不自由になってきたが、通院やリハビリテーション等の加療を継続し、病気と上手に付き合いながら、できることは自分でやっていきたい。定期的に入浴もして、買い物など、外出もしたい。
介護認定審査会の意見及びサービスの種類の指定	特になし。
総合的な援助の方針	リウマチという進行性の病気を伴っての独居生活なので、セルフケアや家事等への必要な支援をご一緒に相談をしながら提供していきます。「できることは自分で極力やっていきたい」というご意志を大切にしてまいります。将来、また趣味活動などができるよう、まずは外出時の方法等を検討します。
生活援助中心型の算定理由	①　一人暮らし　　2．家族等が障害、疾病等　　3．その他（　　　　　　　　）

居宅サービス計画について説明を受け、内容に同意し交付を受けました。　説明・同意日　平成30年4月14日　署名・捺印　利用者K　㊞

第2表

居宅サービス計画書（2）

作成年月日　平成30年4月14日

利用者名　利用者K　殿

※1 「保険給付対象か否かの区分」について、保険給付対象内サービスについては○印を付す。
※2 「当該サービス提供を行う事業所」について記入する。

生活全般の解決すべき課題（ニーズ）	目標				援助内容				
	長期目標	期間	短期目標	期間	サービス内容	※1	サービス種別	※2	頻度	期間
病気に伴う痛みや拘縮などの悪化が起きないでほしい。	痛みなどの対応もでき、病気と上手に向き合える。	平成30年4月14日〜平成31年3月31日	病状の変化などをみながら、療養生活をする。	平成30年4月14日〜平成30年10月31日	・診察等定期受診 ・下肢機能維持のためのリハビリテーション訓練 ・抗リウマチ剤の服薬管理	○	・医療サービス ・訪問看護（PT）		月2回 週1回	平成30年4月14日〜平成30年10月31日
膝の手術後なので、便座からの立ち上がり動作が不安である。	排泄が自力でできる。	平成30年4月14日〜平成31年3月31日	膝に負担なく立ち上がり動作ができる。	平成30年4月14日〜平成30年10月31日	・腰掛便座の選定 トイレでの立ち座りに膝への負担を軽くする。手指にも痛みがあるため、手指機能付きのタイプを選定 ・トイレ等、必要箇所へ手すり設置	○ ○	・特定福祉用具販売 ・住宅改修		継続 即応	平成30年4月14日〜平成30年10月31日
自宅浴槽にも入り、気持ちよく暮らしたい。	・希望時、自宅のお風呂に入ることができる。 ・常にからだの清潔を保てる。	平成30年4月14日〜平成31年3月31日	・自宅浴槽の出入りができる。 ・床ずれの予防をする。	平成30年4月14日〜平成30年10月31日	・浴槽出入りを助ける入浴移動用リフト等を選定 ・浴槽の出入りを想定した動作訓練 ・床ずれ防止用具の導入 ベッド下で横になっていることが多くなっているため、床ずれを予防し、1人でも寝起きがしやすいタイプのマットレスを選定	○ ○ ○	・福祉用具貸与 ・訪問看護（OT） ・福祉用具貸与		即応 週1回 即応	平成30年4月14日〜平成30年10月31日
掃除や洗濯などの家事が自分だけではできない。	支援の導入や手段を工夫することで、家事ができる。	平成30年4月14日〜平成31年3月31日	・掃除と洗濯の支援を継続する。 ・室内の移動がスムーズに行える。	平成30年4月14日〜平成30年10月31日	・掃除と洗濯（衣類干）の支援 ・歩行器の選定 安全に歩けるだけでなく、家事にも活用できる歩行器を選定	○ ○	・訪問介護 ・福祉用具貸与		週2回 即応	平成30年4月14日〜平成30年10月31日
1人で買い物などをできるようにはなりたい。	1人で外出ができるようになる。	平成30年4月14日〜平成31年3月31日	買い物の際の移動手段の検討、車いすの導入。	平成30年4月14日〜平成30年10月31日	・1人でも外出ができるよう電動車いすを選定	○	・医療サービス（OT） ・福祉用具貸与		月2回 即応	平成30年4月14日〜平成30年10月31日

ふくせん 福祉用具サービス計画書（基本情報）

管理番号	●●●●
作成日	平成30年4月14日
福祉用具専門相談員名	担当者D

フリガナ		性別	生年月日	年齢	要介護度	認定期間
利用者名	利用者K 様	女	M・T・Ⓢ 28年4月14日	65	要介護3	平成30年4月14日 ～ 平成31年3月31日
住所	○○県○○市○○町 ×-×-×				TEL	××-××××-××××
居宅介護支援事業所	居宅介護支援事業所 ○○○				担当ケアマネジャー	ケアマネジャーC

相談内容

相談者	Kさん	利用者との続柄	ご本人	相談日	平成30年4月1日

セルフケアで不自由なことが増えてきたのでどうにかしたい。

ケアマネジャーとの相談記録	障害者総合支援法から介護保険制度へ利用切替えになります。ご自宅で一人暮らしを続けていきたいという希望があります。福祉用具、住環境整備の提案をお願いします。	ケアマネジャーとの相談日 平成30年3月24日

身体状況・ADL （平成30年 4月）現在

身長	164 cm	体重	64 kg
寝返り	□つかまらないでできる ■何かにつかまればできる □一部介助 □できない
起き上がり	□つかまらないでできる ■何かにつかまればできる □一部介助 □できない
立ち上がり	□つかまらないでできる ■何かにつかまればできる □一部介助 □できない
移乗	■自立（介助なし） □見守り等 □一部介助 □全介助
座位	□できる ■自分の手で支えればできる □支えてもらえればできる □できない
屋内歩行	□つかまらないでできる ■何かにつかまればできる □一部介助 □できない
屋外歩行	□つかまらないでできる □何かにつかまればできる ■一部介助 □できない
移動	□自立（介助なし） □見守り等 ■一部介助 □全介助
排泄	■自立（介助なし） □見守り等 □一部介助 □全介助
入浴	□自立（介助なし） ■見守り等 □一部介助 □全介助
食事	■自立（介助なし） □見守り等 □一部介助 □全介助
更衣	■自立（介助なし） □見守り等 □一部介助 □全介助
意思の伝達	■意思を他者に伝達できる □ときどき伝達できる □ほとんど伝達できない □伝達できない
視覚・聴覚	問題なし

疾病	関節リウマチ、左膝人工関節置換術 高血圧
麻痺・筋力低下	麻痺なし
障害日常生活自立度	
認知症の日常生活自立度	
特記事項	手足等拘縮変形あり

介護環境

家族構成/主介護者	独居 / 弟
他のサービス利用状況	訪問介護　訪問看護
利用している福祉用具	特殊寝台、歩行器、杖、シャワーチェア
特記事項	弟は不定期な連絡と訪問 懇意な元同僚の訪問支援有

意欲・意向等

■利用者から確認できた　□利用者から確認できなかった

利用者の意欲・意向、今困っていること（福祉用具で期待することなど）	リウマチと上手に付き合いながら、生活では自分のできることはやっていきたい。

居宅サービス計画

利用者及び家族の生活に対する意向	利用者	リウマチのためにセルフケアや趣味活動などが不自由になってきたが、通院やリハビリテーション等の加療を継続し、病気と上手に付き合いながら、できることは自分でやっていきたい。定期的に入浴もして、買い物など、外出もしたい。
	家族	
総合的な援助方針		リウマチという進行性の病気を伴っての独居生活なので、セルフケアや家事等への必要な支援をご一緒に相談をしながら提供をしていきます。「できることは自分で極力やっていきたい」というご意志を大切にしてまいります。将来、また趣味活動などができるよう、まずは外出時の方法等を検討します。

住環境

□戸建
■集合住宅（ 1 階 ）
（ エレベーター ■有 □無 ）

例：段差の有無など
・UR分譲、一部を建替バリアフリー対応
・浴室、トイレ手すりあり
・玄関から建物入り口まで3段あり

一般社団法人 全国福祉用具専門相談員協会（30版　基本情報）

ふくせん 福祉用具サービス計画書（選定提案）

管理番号	●●●●
説明日	平成30年4月14日
説明担当者	担当者D

フリガナ		性別	生年月日	年齢	要介護度	認定期間
利用者名	利用者K 様	女	M・T・㊁ 28年 4月 14日	65	要介護3	平成30年4月14日～平成31年3月31日
居宅介護支援事業所	居宅介護支援事業所 ○○○			担当ケアマネジャー		ケアマネジャーC

福祉用具が必要な理由（※）

1	ADL低下によりベッドで横になる時間が増えてきたため、床ずれができる可能性が高くなってきたので床ずれ防止用具を利用します。
2	室内を歩行したいですが、所有の歩行器では室内移動で使用するには向かないため、介護保険の歩行器を利用します。
3	買い物など自分で行きたいですが、痛みがあり長時間歩行ができないので車いすを利用します。

貸与を提案する福祉用具 （1／2枚）

（※）との対応	種目／提案福祉用具品目／機種(型式)／TAISコード	貸与価格(円)／全国平均貸与価格(円)	提案する理由	【説明方法】カタログ/Webページ/TAISページ/実物 等	採否
1	床ずれ防止用具／○○○○マットレス／○○○○○-○○○○○○	○○○○／△△△△	防止効果は少し落ちますが、ベッド上での動きを制限なくできるように床ずれ防止用具の中でも硬いマットレスを選んでみました。	カタログ	×
1	床ずれ防止用具／高機能静止型マットレス／○○○○○-○○○○○○	○○○○／△△△△	多少ベッド上での動きがしにくくなる可能性がありますが、柔らかさの異なる組み合わせの静止型マットレスで床ずれ防止効果が見込めます。	実物	○
2	歩行器／○○○○／○○○○○-○○○○○○	○○○○／△△△△	室内で使用しやすい、コンパクトで取り回しがしやすいタイプです。	カタログ	×
2	歩行器／△△△△／○○○○○-○○○○○○	○○○○／△△△△	洗濯物や買い物した荷物が運べるように○○cmと幅広になりますが、利便性のある歩行器です。	実物	○
3	車いす／自走式車いす△△△／○○○○○-○○○○○○	○○○○／△△△△	外出時の段差の乗り越えやすさなど介助者の負担の軽減も図れる、自走式車いすです。	カタログ	×
3	車いす／電動車いす○○○／○○○○○-○○○○○○	○○○○／△△△△	介助者がいなくてもご自身でお好きなときに外出ができるように片手でレバー操作ができる電動車いすです。	実物	○
4	移動用リフト／○○社製入浴用リフト／○○○○○-○○○○○○	○○○○／△△△△	座面が電動で昇降でき、浴槽内での立ち座りが安全に行えます。取り外しが簡易にでき、持ち運びができます。	カタログ	×
4	移動用リフト／△△社製入浴用リフト／○○○○○-○○○○○○	○○○○／△△△△	座面が電動で昇降でき、浴槽内での立ち座りが安全に行え、あまり幅をとらないので設置後でも窮屈な入浴になりにくいタイプです。	実物	○

一般社団法人 全国福祉用具専門相談員協会（30版 選定提案）

ふくせん 福祉用具サービス計画書(選定提案)

管理番号	●●●●
説明日	平成30年4月14日
説明担当者	担当者D

フリガナ		性別	生年月日	年齢	要介護度	認定期間
利用者名	利用者K 様	女	M・T・S 28年4月14日	65	要介護3	平成30年4月14日～平成31年3月31日
居宅介護支援事業所	居宅介護支援事業所 ○○○				担当ケアマネジャー	ケアマネジャーC

福祉用具が必要な理由(※)

4	「定期的な入浴を安全に継続して行いたい」ので、移動用リフトを利用します。

貸与を提案する福祉用具

(2／2枚)

(※)との対応	種目／提案福祉用具品目／機種(型式)／TAISコード	貸与価格(円)／全国平均貸与価格(円)	提案する理由	【説明方法】カタログ／Webページ／TAISページ／実物 等	採否

一般社団法人 全国福祉用具専門相談員協会（30版　選定提案）

ふくせん 福祉用具サービス計画書（利用計画）

管理番号	●●●●

	フリガナ		性別	生年月日	年齢	要介護度	認定期間
利用者名	利用者K 様		女	M・T・㊊ 28年4月14日	65	要介護3	平成30年4月14日 ～ 平成31年3月31日

居宅介護支援事業所	居宅介護支援事業所 ○○○	担当ケアマネジャー	ケアマネジャーC

生活全般の解決すべき課題・ニーズ（福祉用具が必要な理由）	福祉用具利用目標
1 自宅浴槽にも入り、気持ちよく暮らしたい。	床ずれ防止用具を利用し、ベッド上で過ごす時間が増えても床ずれ防止を図る。
2 掃除や洗濯などの家事が自分だけではできない。	歩行器を利用し、室内移動を安全に行えるようにして、ご自身でできることは継続して行えるようにする。
3 1人で買い物などをできるようになりたい。	車いすを利用し、ご自身での外出機会を増やし気分転換ができるようにすること、ご自身でできることを継続できるようにする。
4 自宅浴槽にも入り、気持ちよく暮らしたい。	移動用リフトを利用し、ご自身でも安全に入浴ができる環境を整え清潔を保てるようにする。

選定福祉用具（レンタル・販売） （1／2 枚）

	品目／機種（型式）	単位数	選定理由
①	床ずれ防止用具／高機能静止型マットレス		多少ベッド上での動きがしにくくなる可能性があるが、柔らかさの異なる組み合わせの静止型マットレスで、床ずれ防止効果が見込めるため選定。
②	歩行器／△△△△		洗濯物や買い物した荷物が運べるように幅広のタイプで廊下幅など動線との適合性にも問題ないため利便性を考慮した歩行器を選定。
③	車いす／電動車いす○○○		介助者がいなくてもご自身でお好きな時に外出ができるように片手でレバー操作ができる電動車いすを選定。
④	移動用リフト／○○社製入浴用リフト		座面が電動で昇降でき、浴槽内での立ち座りが安全に行え、あまり幅をとらないので設置後でも窮屈な入浴になりにくいタイプを選定。
⑤	腰掛便座／洗浄機能付補高便座		既設の便器の高さでは立ち座り動作に支障があるため、3cm高くして動作を補助し、おからだへの負担を軽くするために洗浄機能が付いたものを選定。
⑥			
⑦			
⑧			

留意事項

①床ずれ防止用具
電源コードを抜いてしまうと自動での空気圧調整ができなくなるため電源は抜かないようにしてください。
②歩行器
荷物を歩行器に載せる際は歩行器が動かないように必ずストッパーをかけてから載せるようにしてください。
③車いす
スピードを出しすぎないようにしてください。歩行者とすれ違う際は無理に横を通るのではなく止まって待つようにしてください。歩行者扱いとなりますので使用時は歩道を通ってください。
④移動用リフト
充電式の電池を使用していますので使用後は充電するようにしてください。使用時にガタツキを感じる際は設置をし直しますので、無理な使用はせず連絡をお願します。

☐ 私は、貸与の候補となる福祉用具の全国平均貸与価格等の説明を受けました。
■ 私は、貸与の候補となる機能や価格の異なる複数の福祉用具の提示を受けました。
■ 私は、福祉用具サービス計画の内容について説明を受け、内容に同意し、計画書の交付を受けました。

日付	平成30年 4月 14日
署名	利用者K 印
（続柄）代理署名	（ ） 印

事業所名	株式会社●●	福祉用具専門相談員	担当者D
住所	●●県●●市●●町 ×-×-×	TEL ××-××-××××	FAX ××-××-××××

一般社団法人 全国福祉用具専門相談員協会（30版 利用計画）

ふくせん 福祉用具サービス計画書(利用計画)

管理番号	●●●●

フリガナ		性別	生年月日	年齢	要介護度	認定期間
利用者名	利用者K 様	女	M・T・Ⓢ 28年4月14日	65	要介護3	平成30年4月14日 〜 平成31年3月31日

居宅介護支援事業所	居宅介護支援事業所 ○○○	担当ケアマネジャー	ケアマネジャーC

	生活全般の解決すべき課題・ニーズ（福祉用具が必要な理由）	福祉用具利用目標
5	膝の手術後なので、便座からの立ち上がり動作が不安である。	腰掛便座を利用し、立ち座りがしやすいようにし1人でも安全に排泄が行えるよう環境を整える。

選定福祉用具(レンタル・販売)　　　　　　　　　　　(2／2枚)

	品目 / 機種(型式)	単位数	選定理由
①			
②			
③			
④			
⑤			
⑥			
⑦			
⑧			

留意事項

- □ 私は、貸与の候補となる福祉用具の全国平均貸与価格等の説明を受けました。
- ■ 私は、貸与の候補となる機能や価格の異なる複数の福祉用具の提示を受けました。
- ■ 私は、福祉用具サービス計画の内容について説明を受け、内容に同意し、計画書の交付を受けました。

日付	平成30年 4月 14日
署名	利用者K　印
(続柄)代理署名	(　)　印

事業所名	株式会社●●	福祉用具専門相談員	担当者D
住所	●●県●●市●●町 ×-×-×	TEL ××-××-××××	FAX ××-××-××××

一般社団法人 全国福祉用具専門相談員協会 (30版 利用計画)

ふくせん モニタリングシート（訪問確認書）

管理番号	●●●●	（ 1 / 1 枚）
モニタリング実施日		平成30年 9月 25日
前回実施日		年 月 日
お話を伺った人	■利用者	□家族 □他（ ）
確認手段	■訪問	□電話
事業所名		株式会社●●
福祉用具専門相談員		担当者D
事業所住所		●●県●●市●●町 ×-×-×
TEL		××-××-××××

フリガナ		居宅介護支援事業所	居宅介護支援事業所 ○○○	担当ケアマネジャー	ケアマネジャーC
利用者名	利用者K 様	要介護度	要介護3	認定期間	平成30年4月14日 ～ 平成31年3月31日

目標達成状況

	福祉用具利用目標	達成度	詳細
1	床ずれ防止用具を利用し、ベッド上で過ごす時間が増えても不安なく過ごせるようにし、今後の状況悪化を予防する。	■達成 □一部達成 □未達成	ベッド上での動きにくさもあまり感じられていないようです。からだへの負担も特に感じていなく寝られているそうです。
2	歩行器を利用し、室内移動を安全に行えるようにして、ご自身でできることは継続して行えるようにする。	■達成 □一部達成 □未達成	操作は特に問題なくできているそうです。
3	車いすを利用し、ご自身での外出機会を増やし気分転換ができるようにすること、ご自身でできることを継続できるようにする。	■達成 □一部達成 □未達成	今のところ不安なく外出ができているようです。
4	移動用リフトを利用し、ご自身でも安全に入浴ができる環境を整え清潔を保てるようにする。	■達成 □一部達成 □未達成	操作自体問題なくできているようです。入浴も継続して行えているようです。

	利用福祉用具（品目） 機種（型式）	利用開始日	利用状況の問題	点検結果	今後の方針	再検討の理由等
①	床ずれ防止用具 高機能静止型マットレス		■なし □あり	■問題なし □問題あり	■継続 □再検討	
②	歩行器 △△△△		■なし □あり	■問題なし □問題あり	■継続 □再検討	
③	車いす 電動車いす○○○		■なし □あり	■問題なし □問題あり	■継続 □再検討	現状では問題ないと思います。
④	移動用リフト ○○社製入浴用リフト		■なし □あり	■問題なし □問題あり	■継続 □再検討	
⑤			□なし □あり	□問題なし □問題あり	□継続 □再検討	
⑥			□なし □あり	□問題なし □問題あり	□継続 □再検討	
⑦			□なし □あり	□問題なし □問題あり	□継続 □再検討	
⑧			□なし □あり	□問題なし □問題あり	□継続 □再検討	

利用者等の変化

身体状況・ADLの変化	■なし □あり		介護環境①（家族の状況）の変化	■なし □あり	最近弟さんが訪問してくれたそうです。元同僚の方も定期的に来てくれて助かっているそうです。
意欲・意向等の変化	□なし ■あり	用具の利用にもだいぶ慣れてこられて、ご自身でやれることを今後も増やしていきたいそうです。	介護環境②（サービス利用等）・住環境の変化	■なし □あり	

総合評価

福祉用具サービス計画の見直しの必要性	■なし □あり	電動車いすについては今のところ見直す必要はないと考えます。ご本人が少しでも不安を抱えたりADLの低下がみられるようになった際には、使用の停止や普通の車いすへの変更の検討を行いたいと思います。

次回実施予定日 平成31年 3月 25日

一般社団法人 全国福祉用具専門相談員協会（30版 訪問確認書）

事例 3 福祉用具の活用とリハビリテーションによって自立度向上に至った支援

事例のあらまし

　工務店経営のHさん（68歳・男性）は、業務中に中階段から転落してしまいました。その際に、腰を強く打撲し、腰髄を損傷しました。事故当時は救急病院へ搬送され、安静期を待って回復期リハビリテーション病院に転院しました。病院では本人の「会社の経営ができるようになりたい」との思いを尊重し、環境整備と自走用標準型車いすで仕事ができることを目標にリハビリテーションを実施してきました。

　退院時には杖と装具を両下肢に装用して歩行が可能になるレベルまで回復しました。在宅では、住環境整備（居室・トイレ・浴室・家屋周囲）を図りながら、「車いす」も併用しての生活となりました。本人は、今回の受傷は「不徳のいたすところ」としていますが、病弱な妻の心配や会社を維持し、大切な従業員を守りたいとの意思があることから、まだまだ現職に戻りたい気持ちでいっぱいです。

　障害は脊椎損傷（腰部打撲L1）で、杖と装具での歩行は可能ですが、実用性はいまひとつの状態です。従前よりお酒や甘いものが大好きで、大食漢であり、糖尿病の管理ができず、肥満も含めこの点が不安の種です。

　脊柱管狭窄症から軽度のしびれがあり、四肢末端の感覚が鈍く、油断するとお尻も赤くなる傾向があるなど、糖尿病も含め病気等の体調管理が必要です。

　退院後の生活は、車いすでの在宅生活、一部自立もあるものの、介護保険サービスも活用しながら生活の再建を図ることとしました。

　自宅は2階建て事務所と同一敷地にあります。生活の場を2階からトイレや浴室、キッチンがある1階へ移動しました。応接室を本人専用居室とし、寝台は特殊寝台へ変更。各部屋のスペースは広く、廊下と居室の間は車いす使用が可能ですが、廊下やトイレ、浴室などには手すりがなく、玄関内は上がり框があります。

　トイレは、洗浄機能付き便座は設置されています。浴室は、シャワーチェアの導入のほか、入浴関連備品と、希望を実現するための浴槽出入りの検討と対応が、各事業所に提案されました。浴槽は和洋折衷タイプです。

　なお、車いすは、障害者総合支援法の補装具として処方され、クッションも提案されていますが、実施・実際の導入使用時の不都合な点などは、訪問リハビリテーションスタッフへ点検確認が依頼されています。

基本情報

●利用者情報
氏名：H　　　　　　　　年齢：68歳
性別：男性　　　　　　　要介護度：要介護3

入院歴：10年前に仕事で腰を痛め脊柱管狭窄症がある。外来等加療しながら工務店経営者として働いていた。5か月前の業務中、高所から転落し腰部を打撲、救急搬送にて入院、リハビリにより両足装具で杖歩行ができるようになり在宅生活となった。
　　　　また50代後半より糖尿病を発症、定期受診と併せて服薬や食事制限が必要となり、2年前に教育入院をするも食事管理はできていない。

生活歴：地元で生まれ育ち、高専卒業後地元建築会社に勤務、30代で結婚、40代で独立、現工務店を営む。妻は子育て（2子）の傍ら事務員も務め、夫唱婦随でまじめに働き、従業員12名を雇用するまでになった。
　　　　現在、妻は専業主婦。本人は若い頃より野球が好きで、地元の少年野球チームの創設や、社会人野球へ従業員と参加などもしてきたが、腰を痛めてスポンサーに回っている。大柄で磊落な人柄、社交的、従業員や業界関係者からの信頼も厚い。

主訴　　　　　　：本人：リハビリをして、以前のように会社の経営をしていきたい。まずは、室内の移動が自力でできるようになりたい。糖尿病を悪くさせないようにしたい。自宅でお風呂に入りたい。
（本人の意向等）
　　　　　　　　　妻：車いすでも自宅へ戻ることができてよかった、できる範囲で夫を助けていきたいが、介護は少し不安がある。

●家族状況
世帯状況：本人、妻（64歳）の二人暮らし
主たる介護者　　　：妻：2年前に乳がんを患い、術後の経過観察中、通常の家事等は支障なくできるが、夫の介助は体力、耐久力等まだ自信なく厳しい（入浴等）。
（利用者との関係）
世帯構成・家族等：妻と二人暮らし。長男は公務員で他市に居住。次男は飲食店を経営しており、独立している。
経済状況：会社経営は継続しており、収入も確保でき問題ない。

アセスメントに関する情報項目

健康状態	身長 185cm、体重 90kg。 脊椎損傷（腰部打撲L1）による下肢不全麻痺。 腰部脊柱管狭窄症、糖尿病、脂質異常症。 皮膚の状況：狭窄症により足部の感覚がなく、物にあたり怪我をすることが多い。また、糖尿病で打撲部分が治りにくい。 他：糖尿病は食事制限必須、また体重減量の指示（入院で減量した）。
「認知症・高次脳機能障害」等の有無	高次脳機能障害等は認められない。
ADL	起居動作：柵等につかまれば自力でできる。 移動：屋内は両下肢に装具を付け、杖にて歩行までになったが、屋外は車いすレベル、車いすへの移乗は自立。 排泄：尿意および便意あり。トイレまで歩行できるが、ふらつきがあり転倒のリスクがある。手すり未設置。 入浴：浴室（脱衣場も含め）は障害への仕様が不十分、シャワーチェア他入浴補助用具が必要、現状では浴槽の利用は難しい、また手すり未設置。 食事や保潔は自立。 更衣：着脱しやすい衣類を選んでの脱ぎ着ができる。自立。 口腔：義歯なく自分で磨くも、手先に力が入らず汚れている。 服薬：自分で管理、お薬カレンダーを利用し、妻が確認する予定。
IADL	金銭管理以外すべて妻が対応。 金銭管理は本人がパソコンで対応できるように次男が調整している。 必要時には本人が銀行へも行きたいと考えている。 他：自動車運転は条件付きで運転は可能なので相談予定。
コミュニケーション	特に問題はない、スマートフォンの操作はやや苦手、手指の動きが悪い。
介護力	主介護者は妻だが、本人が大柄で浴槽出入りの介護は困難。
居住環境	自宅2階建て5LDK、同一敷地に事務所あり。 居室を2階から1階へ、玄関・浴室・トイレ等を車いす仕様に改造予定。 段差解消・手すり設置・バリアフリー化（屋外周辺、事務所や駐車場へのアクセス）。

居宅サービス計画書（1）

第1表

作成年月日 平成30年4月10日

初回 ・ 紹介 ・ 継続　　認定済 ・ 申請中

利用者氏名　利用者H　殿　　生年月日 昭和25年6月25日　　住所 ○○県○○市○○町×-×-×

居宅サービス計画作成者氏名　ケアマネジャーE

居宅介護支援事業者・事業所名及び所在地　○○居宅介護支援事業所

居宅サービス計画作成（変更）日　平成30年4月10日　　初回居宅サービス計画作成日　平成30年4月10日

認定日　平成30年4月10日　　認定の有効期間　平成30年4月10日 ～ 平成30年10月31日

要介護状態区分　　要支援　・　要支援1　・　要支援2　・　要介護1　・　要介護2　・　**要介護3**　・　要介護4　・　要介護5

利用者及び家族の生活に対する意向	利用者：リハビリをして以前のように会社の経営をしていきたい。まずは室内の移動が自力でできるようになりたい。また、糖尿病を悪くさせないようにしたい。自宅でお風呂に入りたい。 家族（妻）：車いすでも自宅に戻ることができてよかった。できる範囲で夫を助けていきたいが、介護は少し不安がある。
介護認定審査会の意見及びサービスの種類の指定	特になし。
総合的な援助の方針	突然の受傷で車いすを伴う生活となり、何かと戸惑っておられることと察します。さいわい、自力歩行の併用や上肢の機能は大きな制限がないからだであることから、起居等動作や自分でできる日常生活行為等を大切に維持しながら、ご希望の会社経営への復帰が図れるよう介護保険等社会サービスを使いお手伝いしてまいります。また、持病の「糖尿病」については、食生活と服薬も含め通院加療の継続が必要ですので、受診医療機関と連携を図りながらこの面も併せて支援していきます。
生活援助中心型の算定理由	1．一人暮らし　2．家族等が障害、疾病等　3．その他（　　　　　　）

居宅サービス計画について説明を受け、内容に同意し交付を受けました。　説明・同意日　平成30年4月10日　利用者同意欄　利用者H　印

居宅サービス計画書（2）

第2表

利用者名　利用者 H　殿　　　作成年月日　平成 30 年 4 月 10 日

※1「保険給付対象か否かの区分」について、保険給付対象内については○印を付す。
※2「当該サービス提供を行う事業所」について記入する。

生活全般の解決すべき課題（ニーズ）	目標					援助内容				
	長期目標	（期間）	短期目標	（期間）	サービス内容	※1	サービス種別	※2	頻度	期間
室内はしっかりと自力で歩けるようになりたい。	室内は転倒せずに歩けるようになる。	平成 30 年 4 月 10 日 ～ 平成 30 年 10 月 31 日	家の中をふらつかないで歩ける。	平成 30 年 4 月 10 日 ～ 平成 30 年 7 月 31 日	・リハビリテーション専門職の指導による下肢等機能訓練、歩行訓練 ・歩行支援用具の使い方指導 ・玄関昇降動作の確認・方法指導 ・住宅改修：手すり設置、動線確保用具選定	○ ○	・訪問リハ（PT） ・福祉用具貸与 ・住宅改修		2/週 即応	平成 30 年 4 月 10 日 ～ 平成 30 年 7 月 31 日
糖尿病が悪くならないようにしたい。	新たな病気や状態の悪化がなく生活できる。	平成 30 年 4 月 10 日 ～ 平成 30 年 10 月 31 日	病気と上手に付き合うことができる。	平成 30 年 4 月 10 日 ～ 平成 30 年 7 月 31 日	・外来受診：診察、検査、食事指導 糖尿病教室への夫婦での参加 受診時同行介護と、食生活学習 ・全身状況の把握、服薬チェック情報提供	○ ○	・医療サービス 医師・栄養士 ・妻 ・訪問看護		2/月 1/週	平成 30 年 4 月 10 日 ～ 平成 30 年 7 月 31 日
自宅でお風呂に入って、気持ちよく暮らしたい。	自宅でお風呂に入ることができる。	平成 30 年 4 月 10 日 ～ 平成 30 年 10 月 31 日	週 3 回は入浴できる。	平成 30 年 4 月 10 日 ～ 平成 30 年 7 月 31 日	・浴槽への出入りを想定した機能訓練と動作指導 ・入浴を支援する用具の選定 ・浴室の点検と必要な改修内容検討 ・シャワーチェア他関連備品の購入	○ ○ ○	・訪問リハ（PT） ・福祉用具 貸与＆購入 ・住宅改修		2/週 即応 適時	平成 30 年 4 月 10 日 ～ 平成 30 年 7 月 31 日
セルフケアや各種動作で自分でできることを確実に行いながら、職場復帰の準備を図りたい。	車いすベースでの生活方法が定着し、社会参加ができるようになる。	平成 30 年 4 月 10 日 ～ 平成 30 年 10 月 31 日	・起居や移乗など諸動作が安全にでき、妻と一緒に買い物に行くことができる。	平成 30 年 4 月 10 日 ～ 平成 30 年 7 月 31 日	・起居および立ち上がり動作の安全確保 特殊寝台（付属品付）、玄関昇降での支援用具の提案 ・自走型車いすクッションの提案 ・口腔ケアへの助言：電動歯ブラシ ・福祉用具貸与・衛生備品の購入 ・自動車運転免許の書き換え	○ ○	・訪問リハ（PT） ・訪問看護 ・福祉用具貸与 ・本人・息子		2/週 1/週 即応	平成 30 年 4 月 10 日 ～ 平成 30 年 7 月 31 日

ふくせん 福祉用具サービス計画書（基本情報）

管理番号	●●●
作成日	平成30年4月10日
福祉用具専門相談員名	担当者F

フリガナ	
利用者名	利用者H 様
性別	男
生年月日	M・T・⑤25年6月25日
年齢	68
要介護度	要介護3
認定期間	平成30年4月10日 ～ 平成30年10月31日
住所	○○県○○市○○町 ×-×-×
TEL	××-××××-××××
居宅介護支援事業所	○○居宅介護支援事業所
担当ケアマネジャー	ケアマネジャーE

相談内容

相談者	Hさん	利用者との続柄	本人	相談日	平成30年4月8日

「不徳のいたすところ」であるが転落してしまい、受傷してしまったが、リハビリをして、ともかく以前のように会社の経営をしていきたい。まずは、室内の移動が自力でできるようになりたい。

ケアマネジャーとの相談記録：まずはご本人の希望として、自宅で生活していくうえで、ご自身で自立した移動ができるようにしたい、会社経営をまだまだ継続していきたいという目標に対してアプローチしていく提案をお願いします。

ケアマネジャーとの相談日：4月8日

身体状況・ADL （平成30年4月）現在

身長	185 cm
体重	90 kg
寝返り	■何かにつかまればできる
起き上がり	■何かにつかまればできる
立ち上がり	■何かにつかまればできる
移乗	■自立（介助なし）
座位	■できる
屋内歩行	■何かにつかまればできる
屋外歩行	■できない
移動	■一部介助
排泄	■自立（介助なし）
入浴	■見守り等
食事	■自立（介助なし）
更衣	■自立（介助なし）
意思の伝達	意思を他者に伝達できる
視覚・聴覚	問題なし

疾病	脊椎損傷・腰部脊柱管狭窄症・糖尿病・脂質異常症
麻痺・筋力低下	脊椎損傷（腰部打撲L1）による下肢不全麻痺
障害日常生活自立度	A1
認知症の日常生活自立度	自立
特記事項	・歩行時は両足装具で杖歩行可能であるが実用レベルには至っていない。

介護環境

家族構成/主介護者	妻と二人暮らし/妻
他のサービス利用状況	訪問看護　訪問リハ
利用している福祉用具	杖・車いす（身障補装具対応）
特記事項	妻は2年前に乳がんを患い、術後経過観察中。入浴介助は困難。

意欲・意向等

■利用者から確認できた　□利用者から確認できなかった

利用者の意欲・意向,今困っていること（福祉用具で期待することなど）
・会社の経営ができるようになりたい。

居宅サービス計画

利用者及び家族の生活に対する意向（利用者）	リハビリをして以前のように会社の経営をしていきたい。まずは室内の移動が自力でできるようになりたい。また、糖尿病を悪くさせないようにしたい。自宅でお風呂に入りたい。
（家族）	車いすでも自宅に戻ることができてよかった。できる範囲で夫を助けていきたいが、介護は少し不安がある。（妻）
総合的な援助方針	突然の受傷で車いすを伴う生活となり、何かと戸惑っておられることと察します。さいわい、自力歩行の併用や両上肢の機能は大きな制限のないからだであることから、起居等動作や自分でできる日常生活行為等を大切に維持しながら、ご希望の会社経営への復帰が図れるよう介護保険等社会サービスを使いお手伝いしてまいります。また、持病の「糖尿病」についても、食生活と服薬も含め通院加療の継続が必要ですので、受診医療機関と連携を図りながらこの面も併せて支援していきます。

住環境

■戸建
□集合住宅（　階）
（エレベーター　□有　□無）

例：段差の有無など
・居住スペースは1階に変更
・室内居室間 廊下等の床はバリアフリー
・敷地内事務所へ動線整地予定（住宅改修）
・駐車場へ動線整地予定（住宅改修）
・玄関框は200mm程度残る
・靴の着脱は土間にイスを設置
・廊下 玄関 浴室 トイレの手すりは無し

一般社団法人 全国福祉用具専門相談員協会（30版　基本情報）

ふくせん 福祉用具サービス計画書（選定提案）

管理番号	●●●
説明日	平成 30 年 4 月 11 日
説明担当者	担当者 F

フリガナ		性別	生年月日	年齢	要介護度	認定期間
利用者名	利用者 H 様	男	M・T・⑤ 25 年 6 月 25 日	68	要介護 3	30 年 4 月 10 日 ～ 30 年 10 月 31 日
居宅介護支援事業所	○○居宅介護支援事業所			担当ケアマネジャー	ケアマネジャー E	

福祉用具が必要な理由（※）

1	受傷している腰になるべく負担をかけることなく、自分で起き上がりや立ち座りなどが続けられるように特殊寝台を利用する。
2	末梢感覚が鈍いことや、油断するとお尻が赤くなる傾向があることから床ずれ防止用具を利用する。
3	室内移動が転倒なく自分で行えるように歩行杖を利用する。

貸与を提案する福祉用具

（ 1 ／ 2 枚）

（※）との対応	種目／提案福祉用具品目／機種（型式）／TAISコード	貸与価格（円）／全国平均貸与価格（円）	提案する理由	【説明方法】カタログ／Webページ／TAISページ／実物 等	採否
1	特殊寝台／2モーターベッド／○○○○○-○○○○○○	10,000 円／9,000 円	起き上がりや立ち座りの際に腰部にかかる負担を軽減し、寝起き動作が無理なく自分でできるように背上げ・高さが調整できる2モーターベッドです。＊膝上げ機能は背上げ連動タイプ	カタログ	×
1	特殊寝台／3モーターベッド／○○○○○-○○○○○○	12,000 円／11,000 円	起き上がりや立ち座りの際に腰部にかかる負担を軽減し、寝起き動作やベッド上での良姿勢が取りやすいように背上げ・膝上げ・高さがそれぞれ調整できる3モーターベッドです。	カタログ	○
1	特殊寝台付属品／延長フレーム／○○○○○-○○○○○○	1,000 円／1,470 円	身長185cmへの対応として上記ベッド本体専用の延長フレームです。＊提案するベッド本体への適合は1機種のみのため複数提案はありません。	カタログ	○
1	特殊寝台付属品／延長マットレス／○○○○○-○○○○○○	500 円／750 円	身長185cmへの対応として上記ベッド本体専用の延長マットレスです。＊提案するベッド本体への適合は1機種のみのため複数提案はありません。	カタログ	○
1	特殊寝台付属品／サイドレール／○○○○○-○○○○○○	500 円／470 円	ベッド本体のJIS認証規格に適合し、抜き差しがしやすく長さ約96cm・高さ約50cmのスタンダードタイプのサイドレールです。	カタログ	×
1	特殊寝台付属品／サイドレール／○○○○○-○○○○○○	500 円／470 円	ベッド本体のJIS認証規格に適合し、抜き差しがしやすく長さ約96cm・高さは56cmと大柄な体格に合わせて高めのサイドレールです。	カタログ	○
1	特殊寝台付属品／介助バー／○○○○○-○○○○○○	2,000 円／1,800 円	起き上がり立ち上がりの動作支えに、重心移動時に支持部分が持ちやすいものを選びました。	カタログ	○
1	特殊寝台付属品／介助バー／○○○○○-○○○○○○	1,000 円／1,200 円	起き上がりの動作支えに、しっかりと支持して加重できるものです。	カタログ	×
2	床ずれ防止用具／静止型マットレス／○○○○○-○○○○○○	5,000 円／4,900 円	高弾性ウレタンフォームとゲルの組み合わせで、床ずれが心配になり始めた方に適していて、体圧分散性能と動きやすさのバランスが特徴の床ずれ防止マットレスです。	カタログ	×
2	床ずれ防止用具／静止型マットレス／○○○○○-○○○○○○	5,000 円／4,700 円	弾力性の異なるウレタンフォームの3層構造です。からだ全体を低圧で支えて体圧分散をはかり、摩擦によるからだへの負担を低減する床ずれ防止マットレスです。	カタログ	○

一般社団法人 全国福祉用具専門相談員協会（30 版　選定提案）

ふくせん 福祉用具サービス計画書（選定提案）

管理番号	●●●
説明日	平成30年4月11日
説明担当者	担当者F

フリガナ 利用者名	利用者H 様	性別 男	生年月日 M・T・⑤ 25年6月25日	年齢 68	要介護度 要介護3	認定期間 30年4月10日～30年10月31日
居宅介護支援事業所	○○居宅介護支援事業所			担当ケアマネジャー		ケアマネジャーE

福祉用具が必要な理由（※）

4	自立して入浴したいということから、浴槽またぎに浴槽用のリフトを利用する。
5	室内への昇降で転倒なく自分で行えるために上がり框用手すりを利用する。

（2／2枚）

貸与を提案する福祉用具

（※）との対応	種目／提案福祉用具品目／機種(型式)／TAISコード	貸与価格(円)／全国平均貸与価格(円)	提案する理由	【説明方法】カタログ Webページ TAISページ 実物 等	採否
3	歩行補助杖 4点杖 00000-000000	1,000円 1,000円	使用時に荷重による安定感が高く、大柄なおからだに適合するように選びました。	実機	×
3	歩行補助杖 ロフストランドクラッチ 00000-000000	1,000円 1,000円	使用時に力が入りにくくても、前腕支持にてしっかり加重が可能なものを選びました。足に接触しないうえに、車いすの杖ホルダーに搭載可能です。	実機	○
4	移動用リフト バスリフト 00000-000000	15,000円 15,000円	下肢不全麻痺に対し、浴槽出入りを座って行うことができ、電動昇降でご自身による浴槽出入りが行えます。	実機	○
4	移動用リフト 吊り上げ式 浴室用リフト 00000-000000	17,000円 16,000円	下肢不全麻痺に対し、吊り上げ式で安全に浴槽出入りを行うことができ、介助負担少なく浴槽出入りが行えます。	カタログ	×
5	手すり 上がり框用手すり 00000-000000	3,000円 2,800円	框高200mmに対応可能であり、ステップ台付属で昇降時の安全性が高い置き型手すりです。	カタログ	○
5	手すり 上がり框用手すり 00000-000000	4,000円 3,500円	床天井突っ張り式の縦手すりに、付属手すりを加えて框の昇降が安全に行えます。	カタログ	×

一般社団法人 全国福祉用具専門相談員協会（30版 選定提案）

ふくせん 福祉用具サービス計画書（利用計画）

| 管理番号 | ●●● |

フリガナ		性別	生年月日	年齢	要介護度	認定期間
利用者名	利用者H 様	男	M・T・㊊ 25年6月25日	68	要介護3	平成30年4月10日 〜 平成30年10月31日
居宅介護支援事業所	○○居宅介護支援事業所			担当ケアマネジャー		ケアマネジャーE

生活全般の解決すべき課題・ニーズ（福祉用具が必要な理由） / 福祉用具利用目標

	課題・ニーズ	福祉用具利用目標
1	自身で起き上がりや立ち座りなどを継続して行いたい。	特殊寝台・同付属品を利用して、腰などおからだへの負担を軽減して、寝起き動作が自分で続けられるようにする。
2	末梢神経の鈍いこと、治りにくいことから皮膚トラブルが起きないようにしたい。	床ずれ防止用のマットレスを利用して、日常の寝起き動作と皮膚の状態変化の両方に対応できるようにする。
3	室内はしっかりと自力で歩けるようになりたい。	歩行補助杖を利用することで、転倒を防ぎ、自宅内での活動を続けられるようにする。
4	自宅で入浴し、気持ちよく暮らしたい。	バスリフトを利用することで、転倒を防ぎ、ご自身による自立した安全な入浴を続けられるようにする。

選定福祉用具（レンタル・販売） （1／2枚）

	品目／機種（型式）	単位数	選定理由
①	特殊寝台／3モーターベッド	1200	脊椎損傷と脊柱管狭窄症により起居動作において負担が大きいため、寝起き動作の際に腰部にかかる負担を軽減し、ベッド上での良姿勢が取りやすいように背上げ・膝上げ・高さがそれぞれ調整できる3モーターベッドを選定。
②	特殊寝台付属品／延長フレーム	100	身長185cmに対応するため、全長を長くできるベッド本体専用の延長フレームを選定。
③	特殊寝台付属品／延長マットレス	50	身長185cmに対応するため、延長フレーム専用の延長マットレスを選定。
④	特殊寝台付属品／サイドレール	50	ベッド本体のJIS認証規格に適合し、ベッドからの転落や寝具の落下を予防できる長さ約96cm・高さは56cmのサイドレールを選定。
⑤	特殊寝台付属品／介助バー	200	起き上がり立ち上がりの動作の支えに、重心移動時に支持部分が持ちやすい本品を提案。
⑥	床ずれ防止用具／静止型マットレス	500	弾力性の異なるウレタンフォームの3層構造で、からだ全体を低圧で支えて体圧分散をはかり、摩擦によるからだへの負担を低減し、足部の感覚障害や受傷の際の対応など幅広く対応できる床ずれ防止マットレスを選定。
⑦	歩行補助杖／ロフストランドクラッチ	100	使用時に力が入りにくくても、前腕支持にてしっかり加重が可能な本品を提案します。杖先が足部に接触しにくく、安全に歩行を補助する本品を選定。加えて車いすの杖ホルダーに搭載可能。
⑧	移動用リフト／バスリフト	1500	下肢不全麻痺に対し、浴槽のまたぎを座って行うことができ、電動昇降で自立した安全な入浴が行える本品を選定。

留意事項

- 各福祉用具についての取扱説明書を交付させていただきました。
- 各福祉用具について、加工・改造・汚損等の修復不可能な状態でご返却の場合、ご負担金が発生する可能性をご了承ください。
- ベッドのご利用について　高さ昇降時、ものの挟み込みにご注意ください。
- ベッドのご利用について　背上げ昇降時、おからだおよびものの挟み込みにご注意ください。
- マットレスのご利用について　定期的に皮膚状態を関係サービスと連携し、必要に応じて選定交換を行ってまいります。
- 杖のご利用について　使用頻度から杖先の早めの摩耗が推察できますので、必要に応じて確認交換を行ってまいります。
- 室内移動について　生活上必要動線に杖移動との相性を勘案し、要所に手すりを設置いたします。
- バスリフトのご利用について　ご使用前に十分に充電がなされているかランプの確認と、一度昇降試運転をお勧めいたします。
- バスリフトのご利用について　使用時の安定および移乗時のつかみどころとして浴槽奥に住宅改修にて横手すりを設置します。
- ご入浴について　浴室出入りに住宅改修にて浴室扉（折れ戸）交換と縦手すり、および浴室内移動に要所に縦手すりを設置します。

■ 私は、貸与の候補となる福祉用具の全国平均貸与価格等の説明を受けました。
■ 私は、貸与の候補となる機能や価格の異なる複数の福祉用具の提示を受けました。
■ 私は、福祉用具サービス計画の内容について説明を受け、内容に同意し、計画書の交付を受けました。

日付	平成30年 4月 12日
署名	利用者H　印
(続柄)代理署名	(　) 印

| 事業所名 | 株式会社●●● | 福祉用具専門相談員 | 担当者F |
| 住所 | ○○県○○市○○町×-×-× | TEL | ××-××××-×××× | FAX | ××-××××-×××× |

一般社団法人 全国福祉用具専門相談員協会（30版　利用計画）

ふくせん 福祉用具サービス計画書(利用計画)

管理番号：●●●

フリガナ		性別	生年月日	年齢	要介護度	認定期間
利用者名	利用者H 様	男	M・T・⓼ 25年6月25日	68	要介護3	平成30年4月10日 ～ 平成30年10月31日
居宅介護支援事業所	○○居宅介護支援事業所				担当ケアマネジャー	ケアマネジャーE

生活全般の解決すべき課題・ニーズ（福祉用具が必要な理由）	福祉用具利用目標
5　室内はしっかりと自力で歩けるようになりたい。	手すりを利用することで、転倒を防ぎ、自宅内での活動を続けられるようにする。
6　自宅で入浴し、気持ちよく暮らしたい。	シャワーチェアを利用することで、転倒を防ぎ、安全な入浴を続けられるようにする。

（ 2 ／ 2 枚）

選定福祉用具(レンタル・販売)

	品目／機種(型式)	単位数	選定理由
⑨	手すり／上り框用手すり	300	框高200mmに設置可能であり、100mmステップ台付属で昇降時の安全性が高い置き型手すりを選定。
⑩	特定福祉用具／シャワーチェア		下肢不全麻痺および腰部の痛みに対し、入浴時の安全な立ち座りや、からだを洗う際の安定確保が行える、肘掛け付きの本品を選定。

留意事項

- 手すりのご利用について　設置後の移動は可能ですが重量があるため、移設の際は担当の専門相談員にご相談ください。
- シャワーチェアのご利用について　立ち座りの際には、肘掛けをしっかりつかんでいただき、腰への負担がなるべくかからないように使用してください。普段のお手入れは、別途お渡しいたしました取扱い説明書をご参考にしてください。
- シャワーチェアのご利用について　特定福祉用具購入は介護保険の助成金利用の購入では、基本的に同一品目一回となりますのでご了承ください。(経年劣化、ADLの変化にて再度認められる場合もございます。)
- 自宅と事務所間の動線の整地、駐車場等敷地内の動線の整地に住宅改修適用にて土間打ち、動線確保を行います。
- トイレ内立ち座りおよび移動に手すりを設置いたします。
- 玄関にて靴の着脱用いすの立ち座りに手すりを設置いたします。

■ 私は、貸与の候補となる福祉用具の全国平均貸与価格等の説明を受けました。
■ 私は、貸与の候補となる機能や価格の異なる複数の福祉用具の提示を受けました。
■ 私は、福祉用具サービス計画の内容について説明を受け、内容に同意し、計画書の交付を受けました。

日付	平成30年　4月　12日
署名	利用者H　印
(続柄)代理署名	(　　)　印

事業所名	株式会社●●●	福祉用具専門相談員	担当者F
住所	○○県○○市○○町 ×-×-×	TEL ××-××××-××××	FAX ××-××××-××××

一般社団法人 全国福祉用具専門相談員協会（30版　利用計画）

ふくせん モニタリングシート（訪問確認書）

（ 1 ／ 2 枚）

管理番号	●●●
モニタリング実施日	平成30 年 9 月 11 日
前回実施日	年　月　日
お話を伺った人	■ 利用者　□ 家族　□ 他（　）
確認手段	■ 訪問　□ 電話
事業所名	株式会社●●●
福祉用具専門相談員	担当者F
事業所住所	○○県○○市○○町○-○
TEL	○○-○○○○-○○○○

フリガナ	
利用者名	利用者H 様
居宅介護支援事業所	○○居宅介護支援事業所
担当ケアマネジャー	ケアマネジャーE
要介護度	要介護3
認定期間	平成30年4月10日 ～ 平成30年10月31日

目標達成状況

#	福祉用具利用目標	達成度	詳細
1	特殊寝台・同付属品を利用して、腰などおからだへの負担を軽減して、寝起き動作が自分で続けられる。	■ 達成 / □ 一部達成 / □ 未達成	リモコン操作にも慣れられて、背上げ・高さ調整機能を活用され、腰に負担がかからないように離床が行われております。
2	床ずれ防止用のマットレスを利用して、日常の寝起き動作と皮膚の状態変化の両方に対応できるようにする。	■ 達成 / □ 一部達成 / □ 未達成	現状、皮膚状態に問題は聞かれず、就寝、離床動作にも支障なく利用されていますので、適合性にも問題ないと思われます。
3	歩行補助杖を利用することで、転倒を防ぎ、自宅内での活動を続けられる。	■ 達成 / □ 一部達成 / □ 未達成	室内移動時に住宅改修の手すりと併用してゆっくり歩行はできております。
4	バスリフトを利用することで、転倒を防ぎ、ご自身による自立した安全な入浴を続けられる。	■ 達成 / □ 一部達成 / □ 未達成	不安視されていた入浴介助負担少なく、見守り程度でご自身での入浴が徐々に行えています。

利用福祉用具

#	利用福祉用具（品目）／機種（型式）	利用開始日	利用状況の問題	点検結果	今後の方針	再検討の理由等
①	特殊寝台／3モーターベッド		■ なし／□ あり	■ 問題なし／□ 問題あり	■ 継続／□ 再検討	
②	特殊寝台付属品／延長フレーム		■ なし／□ あり	■ 問題なし／□ 問題あり	■ 継続／□ 再検討	
③	特殊寝台付属品／延長マットレス		■ なし／□ あり	■ 問題なし／□ 問題あり	■ 継続／□ 再検討	
④	特殊寝台付属品／サイドレール		■ なし／□ あり	■ 問題なし／□ 問題あり	■ 継続／□ 再検討	
⑤	特殊寝台付属品／介助バー		■ なし／□ あり	■ 問題なし／□ 問題あり	■ 継続／□ 再検討	
⑥	床ずれ防止用具／静止型マットレス		■ なし／□ あり	■ 問題なし／□ 問題あり	■ 継続／□ 再検討	
⑦	移動用リフト／バスリフト		■ なし／□ あり	■ 問題なし／□ 問題あり	■ 継続／□ 再検討	念のためバッテリーの交換を行いました。
⑧	歩行補助杖／ロフストランドクラッチ		■ なし／□ あり	■ 問題なし／□ 問題あり	■ 継続／□ 再検討	杖ゴムの交換は次回で十分です。

利用者等の変化

身体状況・ADLの変化	□ なし／■ あり	リハビリの成果として室内歩行が安定してきております。
意欲・意向等の変化	□ なし／■ あり	環境にも慣れてきており、会社経営への意欲が更に増してきております。
介護環境①（家族の状況）の変化	■ なし／□ あり	奥様もお元気でご夫婦での生活が落ち着いてこられているご様子でした。
介護環境②（サービス利用等）・住環境の変化	■ なし／□ あり	住宅改修によって移動動線等確保され、現状新たなニーズは聞かれませんでした。

総合評価

福祉用具サービス計画の見直しの必要性	内容
■ なし／□ あり	特殊寝台、床ずれ防止用具、歩行補助杖、移動用リフト、手すりともに各操作にも慣れられ、臀部の発赤等も聞かれませんでしたので、現状の適合性に問題はみられませんでした。離床機会も向上してきておりますので、今後はマットレスを更に活動に適したものに再選定というのも視野に入ってくるかと思います。

次回実施予定日　平成31 年 4 月 25 日

一般社団法人 全国福祉用具専門相談員協会（30版　訪問確認書）

ふくせん モニタリングシート（訪問確認書）

管理番号	●●●	（ 2 ／ 2 枚）
モニタリング実施日	平成30 年 9 月 11 日	
前回実施日	年 月 日	
お話を伺った人	■ 利用者　□ 家族　□ 他（　　）	
確認手段	■ 訪問　□ 電話	
事業所名	株式会社●●●	
福祉用具専門相談員	担当者F	
事業所住所	○○県○○市○○町○-○	
TEL	○○-○○○○-○○○○	

フリガナ		居宅介護支援事業所	○○居宅介護支援事業所	担当ケアマネジャー	ケアマネジャーE
利用者名	利用者H 様	要介護度	要介護3	認定期間	平成30年4月10日 ～ 平成30年10月31日

福祉用具利用目標 / 目標達成状況

	福祉用具利用目標	達成度	詳細
5	手すりを利用することで、転倒を防ぎ、自宅内での活動を続けられる。	■ 達成 □ 一部達成 □ 未達成	外出時、出勤時の玄関移動に安全に框昇降を行い、玄関イスまで移動できております。
		□ 達成 □ 一部達成 □ 未達成	
		□ 達成 □ 一部達成 □ 未達成	
		□ 達成 □ 一部達成 □ 未達成	

利用福祉用具

	利用福祉用具（品目）機種（型式）	利用開始日	利用状況の問題	点検結果	今後の方針	再検討の理由等
⑨	手すり 上り框用手すり		■ なし □ あり	■ 問題なし □ 問題あり	■ 継続 □ 再検討	
			□ なし □ あり	□ 問題なし □ 問題あり	□ 継続 □ 再検討	
			□ なし □ あり	□ 問題なし □ 問題あり	□ 継続 □ 再検討	
			□ なし □ あり	□ 問題なし □ 問題あり	□ 継続 □ 再検討	
			□ なし □ あり	□ 問題なし □ 問題あり	□ 継続 □ 再検討	
			□ なし □ あり	□ 問題なし □ 問題あり	□ 継続 □ 再検討	
			□ なし □ あり	□ 問題なし □ 問題あり	□ 継続 □ 再検討	
			□ なし □ あり	□ 問題なし □ 問題あり	□ 継続 □ 再検討	

利用者等の変化

身体状況・ADLの変化	□ なし ■ あり	リハビリの成果として室内歩行が安定してきております。	介護環境①（家族の状況）の変化	■ なし □ あり	奥様もお元気でご夫婦での生活が落ち着いてこられているご様子でした。
意欲・意向等の変化	□ なし ■ あり	環境にも慣れてきており、会社経営への意欲が更に増してきております。	介護環境②（サービス利用等）・住環境の変化	■ なし □ あり	住宅改修によって移動動線等確保され、現状新たなニーズは聞かれませんでした。

総合評価

福祉用具サービス計画の見直しの必要性	■ なし □ あり	特殊寝台、床ずれ防止用具、歩行補助杖、移動用リフト、手すりともに各操作にも慣れられ、臀部の発赤等も聞かれませんでしたので、現状の適合性に問題はみられませんでした。離床機会も向上してきておりますので、今後はマットレスを更に活動に適したものに再選定というのも視野に入ってくるかと思います。

次回実施予定日　平成31 年 4 月 25 日

一般社団法人 全国福祉用具専門相談員協会（30 版　訪問確認書）

参考資料

福祉用具サービス計画作成ガイドライン（全文）

（平成26年3月　一般社団法人　全国福祉用具専門相談員協会）

第1章　福祉用具サービス計画および本ガイドラインの位置づけ

1．本ガイドラインの位置づけ

本ガイドラインは、福祉用具専門相談員が「福祉用具サービス計画」[i]を作成する際の考え方を示すことで、福祉用具に係るサービス（以下、「福祉用具サービス」という。）のより一層の質の向上を図ることを目指して、一般社団法人全国福祉用具専門相談員協会（愛称：ふくせん）[ii]（以下、「本会」という。）が厚生労働省の老人保健健康増進等事業の助成を受けて策定したものです。

これまで本会では、福祉用具の計画的なサービス提供を支援するためのツールとして2009年に「ふくせん・福祉用具個別援助計画書」を開発し、次いで2010年には、同計画書に基づく定期の訪問確認によって適切な利用を支援するためのツールとして「モニタリングシート」を開発しました。2012年4月に福祉用具サービス計画の作成が義務化されたことに伴い、上記様式について名称をふくせん版「福祉用具サービス計画書」と変更し、様式の普及・啓発活動に取り組んできました。

本ガイドラインは、福祉用具サービス計画に関する現場での蓄積を基に取りまとめたものです。福祉用具サービス計画を作成するための基本的な考え方や留意点、関係機関との連携方法、さらにモニタリングの実施方法などを分かりやすく示しています。また、併せて本書の中にはガイドラインだけでなく、参考として本会が作成した様式（平成26年3月版）を示すとともに、様式の記載方法等についても触れることといたしました。

今後、さらに質の高い福祉用具サービスを利用者に提供できるよう、多くの福祉用具専門相談員に、日々の福祉用具サービス計画の作成時や研修等の様々な場面で、本ガイドラインを活用していただくことを期待しています。

2．福祉用具サービス計画とは何か

(1) 導入の経緯

介護保険制度は、要介護状態となった高齢者等に対して、自立支援の理念のもと、居宅サービス計画（以下、「ケアプラン」という。）に基づき、多様なサービスを組み合わせて提供しながら、高齢者等の日常生活を支えるための仕組みです。単に各サービスを個別に提供するのではなく、可能な限り居宅において、その有する能力に応じ自立した日常生活が営めるようにするため、すべてのサービスがケアプランを核に生活目標を共有し、認識を合わせることが求められます。

福祉用具サービスは、介護保険サービスの1つです。高齢者等の心身の状況、希望及びその置かれている環境を踏まえて利用目標を定めるとともに、適切な福祉用具を選定し、利用者がその目標に向けて福祉用具を活用した生活を送れるよう、専門職である福祉用具専門相談員が支援するものです。

福祉用具サービスは、これまで他の介護保険サービスと異なり、個別のサービス計画の作成が義務づけられていませんでした。しかし、「福祉用具における保険給付の在り方に関する検討会」（平成23年5月に「議論の整理」をとりまとめ）において、「福祉用具サービスにおいて、利用者の状態像の変化に応じた適切なアセスメント、マネジメントの仕組みが必要である」という指摘がなされ、個別サービス計画の必要性が示唆されました。

これを受け、福祉用具サービスがより効果的に活用され、利用者の生活の質の向上が図られるよう、平成24年4月より福祉用具専門相談員が「福祉用具サービス計画」を作成することが義務化されることになりました。

(2) 福祉用具サービス計画について

福祉用具サービス計画は、「利用者の希望、心身の状況及びその置かれている環境を踏まえ、指定福祉用具貸与の目標、当該目標を達成するための具体的なサービスの内容等を記載した」[iii]ものです。

介護支援専門員が作成するケアプランとの関係としては、ケアプランに記載されている生活上の目標と、その実現を支援するサービスのうち、福祉用具サービスに関する具体的な内容を示したものになります。

なお、本ガイドラインでは、福祉用具サービス計画を記載するための様式について言及する際は、本会が開発した「福祉用具サービス計画書」という用語を用います。

3．福祉用具サービス計画の意義

福祉用具サービス計画の主な意義としては、以下の5つが挙げられます。

① 福祉用具サービスの目標や内容に対する利用者等の理解の促進

福祉用具サービス計画を用いることで、利用者や家族に対して福祉用具の利用目標や選定理由、活用方法を含

---

[i] 指定基準上の「福祉用具貸与計画」、「特定福祉用具販売計画」、「介護予防福祉用具貸与計画」、「特定介護予防福祉用具販売計画」を総称したもの。
[ii] 一般社団法人全国福祉用具専門相談員協会の詳細については以下のHPを参照。http://www.zfssk.com/
[iii] 指定居宅サービス等の事業の人員、設備及び運営に関する基準（平成十一年三月三十一日厚生省令第三十七号）（以下指定基準とする）第百九十九条の二　第1項

む利用上の留意点を明確に説明することができます。

特に利用目標については、利用者が目指す生活の実現に向けて福祉用具を効果的に利用できるよう、利用者や家族だけでなく、関係する他職種とも共有する必要があり、文書化して示すことが有効です。

② **利用者の状態像等の変化に応じた福祉用具の提供**

福祉用具の選定にあたっては、利用者の状態像等を把握し、それを根拠として最適なものを判断することが重要です。福祉用具サービス計画において、それぞれの福祉用具の選定理由を明確にしておくことで、利用者の状態像等に変化があった場合に現在の選定理由を再確認したうえで、福祉用具の見直しが必要かを判断するといったシームレスの対応が可能になります。

③ **事故防止・リスクマネジメント**

福祉用具の利用に際しては、誤った使い方による事故やトラブルを防ぐための支援も重要です。利用者や家族をはじめ、日常的に福祉用具の利用に関わる介護職等に対して、福祉用具の適切な活用方法や利用上の留意事項等について、福祉用具サービス計画を通じてあらかじめ伝えることにより、事故やトラブルを未然に防ぐことにつながります。

また、万が一、事故が発生した場合においても、事故の検証から得られた結果と福祉用具サービス計画等の記録をもとに、利用者や家族に説明すべき内容をさらに整理することで、今後の事故防止に役立てることができます。

④ **関係者間の情報共有・共通理解**

利用者が住み慣れた地域で自分らしく生活を続けていくためには、多職種[i]等の関係者間で支援に必要な情報を共有し、生活目標等について共通理解のもと連携し、利用者を支えていく体制が重要です。しかしながら、介護施設等と違い、在宅では必ずしも関係者が常に顔を合わせられるわけではありません。

そのため、利用者の状態像や利用するサービス内容等に関する情報を記録として残し、その情報を関係者間で共有することが重要となります。福祉用具サービス計画は、そのような記録類の1つであり、他のサービスの記録と同様、関係者間で活用することが期待されます。

⑤ **福祉用具専門相談員のスキルアップ**

福祉用具サービス計画の作成にあたっては、利用者の生活のニーズや状態像といった情報を適切に把握・整理し、文章化する等の作業を行う必要があり、そこでは多様な知識や技術が求められます。

福祉用具サービス計画の作成に必要な、これらの知識や技術の習得に向けて日々研鑽を積むことで、専門職としての自覚が促され、福祉用具専門相談員としての資質と専門性の向上が期待されます。

4．福祉用具サービス計画の作成の基本的な手順と方法

福祉用具サービス計画の作成の基本的な手順と方法は以下の通りです。第2章以降では、各項目の具体的な実施内容について述べていきます。

なお、この手順は基本的な流れであり、利用者を取り巻く状況により前後することがあることにも留意が必要です。

---

[i] 本ガイドラインにおいては、福祉用具専門相談員を含む医療・介護・福祉の専門職を「多職種」と記載する。一方、福祉用具専門相談員以外の医療・介護・福祉の専門職を指す場合には「他職種」と記載する。

福祉用具サービス計画の作成の基本的な手順と方法

手順	方法	多職種連携
アセスメント【第2章 1.】	・利用者、介護支援専門員等からの相談を受け付ける ・利用者・家族からの聞き取りを行う ・介護支援専門員と連携し、情報を収集する ・住環境の調査を行う	サービス担当者会議への参加【第2章 5.】 ・利用者の状況等に関する情報共有を行う ・福祉用具サービス計画について説明する ・サービスの調整を行う ・モニタリング結果を受けて計画の見直しを行う
福祉用具サービス計画の記載【第2章 2～4.】	・自立支援に資する利用目標の設定を行う ・利用者の生活課題を解決するための福祉用具を選定する(選定理由を明確化する、留意事項を洗い出す)	
福祉用具サービス計画の説明・同意・交付【第2章 6.】	・利用者・家族に対して、福祉用具サービス計画の記載内容(利用目標、選定理由、留意事項等)を説明する ・利用者の同意を得た計画書の原本を交付する	
福祉用具サービスの提供【第2章 6.】	・福祉用具の使用方法、使用上の留意事項、故障時の対応等を説明する	
モニタリングの実施【第3章】	・心身の状況等の変化や福祉用具の使用状況を把握する ・福祉用具サービスの利用目標の達成状況を確認する ・各機種の今後の方針を検討する ・福祉用具サービス計画の見直しの有無を検討する ・モニタリング結果を介護支援専門員等に報告・共有する	

適宜

第2章　福祉用具サービス計画の作成

1．アセスメント

福祉用具専門相談員は、利用者・家族や介護支援専門員からの相談を受け、利用者の自宅等を訪問してアセスメントを行います。

⑴　アセスメントの目的と考え方

①　アセスメントとはなにか

福祉用具専門相談員が行うアセスメントとは、「利用者の状態像に適した福祉用具を選定するための情報収集と分析の過程」[i]を指します。福祉用具サービスの出発点であり、効果的な福祉用具サービスを提供するためには不可欠な行為です。

指定基準においても、「福祉用具専門相談員は、利用者の希望、心身の状況及びその置かれている環境を踏まえ、指定福祉用具貸与の目標、当該目標を達成するための具体的なサービスの内容等を記載した福祉用具貸与計画を作成しなければならない」[ii]と定められていますが、このうちアセスメントは「利用者の希望、心身の状況及びその置かれている環境を踏まえ」の部分が該当します。

加齢や疾病等によって生じる生活上の課題（ニーズ）は、利用者の心身の状況、介護環境、住環境等によって一人ひとり異なるものです。また介護保険制度のサービスは、利用者本人がサービスの種類や内容の選択を行う自己決定の原則が重要であるため、福祉用具サービスの利用目標の設定や機種の提案を行う際には、利用者の状態像や意向等を十分に踏まえたうえで専門的見地からの提案がなされなければ、利用者から福祉用具サービスの利用についての合意を得ることは難しくなります。

また、不十分なアセスメントの結果、利用者の状態像にそぐわない利用目標の設定や福祉用具の選定が行われてしまうと、事故の発生や福祉用具が適切に活用されないことも懸念されます。福祉用具専門相談員は、アセスメントの重要性を認識し、適切にアセスメントを実施するよう心がけなければなりません。

②　アセスメントにおける介護支援専門員との連携

指定基準においては、介護支援専門員との連携に関し、「既に居宅サービス計画が作成されている場合は、当該居宅サービス計画の内容に沿って作成しなければならない」[iii]と定められており、ケアプランに沿った福祉用具サービス計画を作成することが義務づけられています。福祉用具専門相談員は、介護支援専門員と密接に連携を図り、アセスメントや福祉用具サービス計画の作成を行う必要があります。

福祉用具専門相談員は、基本的にケアプランの受領後から、アセスメントの実施及び福祉用具サービス計画の作成に着手することになります。ただし、利用者の状態像や依頼の経緯等によっては、手順が前後することがあります。特に退院に際して急きょ福祉用具が必要となったケース等においては、介護支援専門員によるケアプランの作成・決定前に、福祉用具の導入について検討することが必要になる場合があります。その場合には、ケアプラン原案が示される前に福祉用具専門相談員が収集した情報で暫定的な福祉用具サービス計画を作成し、ケアプラン決定後に必要に応じて福祉用具サービス計画の変更を行います[iv]。

また、ここで示している手順に関わらず、福祉用具の利用目標や機種等については介護支援専門員と支援の方向性を共有し、ケアプランとの連続性を持った福祉用具サービス計画を作成することが求められます。なお、支援の方向性をスムーズに共有するために、アセスメントにおける利用者・家族との面談や住環境の調査は、介護支援専門員と同行して行うことが望まれます。

⑵　アセスメントの実施内容

ここでは、アセスメントの実施内容について記載します。

①　情報収集・分析すべき基本的な項目と情報収集の方法

アセスメントにおける、情報収集・分析すべき基本的な項目としては、利用者の基本情報、身体状況・ADL、意欲・意向、介護環境、住環境が挙げられます。各項目の詳細と、情報収集の方法は、以下のようなものが想定されます。

---

[i] 東畠弘子、加島守（2013）「明解！福祉用具サービス計画の手引き」筒井書房より引用。
[ii] 指定基準　第百九十九条の二　第1項
[iii] 指定基準　第百九十九条の二　第2項
[iv] 指定居宅サービス等及び指定介護予防サービス等に関する基準について（平成11年9月17日老企第25号　厚生省老人保健福祉局企画課長通知）（以下、解釈通知とする）第三介護サービス　十一福祉用具貸与　3運営に関する基準　(3)⑤ハ

アセスメントの基本的な項目と情報収集の方法の例

情報の種類	情報項目	情報収集の方法
利用者の基本情報	・氏名、性別、年齢 ・要介護度 ・認定日、認定期間 ・住所、電話番号 ・居宅介護支援事業所名、担当介護支援専門員名　等	・介護支援専門員からの情報収集（ケアプラン、アセスメントシート等）
身体状況・ADL	・身長・体重 ・現病歴及び既往歴、合併症 ・障害の状況 ・障害高齢者日常生活自立度 ・認知症の程度（認知症高齢者日常生活自立度） ・日常生活動作の状況（できること、できそうなこと、介助が必要なこと等）　等	・利用者・家族からの聞き取り ・介護支援専門員からの情報収集（ケアプラン、アセスメントシート等） ・サービス担当者会議 ・医療機関におけるカンファレンス等
意欲・意向	・ご本人の気持ち、望む生活について ・現在困っていること ・過去の生活状況（生い立ち、仕事、趣味等）　等	・利用者・家族からの聞き取り ・介護支援専門員からの情報収集（ケアプラン、アセスメントシート等） ・サービス担当者会議 ・医療機関におけるカンファレンス等
介護環境	・他のサービスの利用状況（介護保険サービス、保険外サービス） ・家族構成、主たる介護者（氏名、年齢、性別、利用者との関係、介護力、日中の介護状況） ・利用している福祉用具（既に導入済みのもの） ・経済状況　等	・利用者・家族からの聞き取り ・介護支援専門員からの情報収集（ケアプラン、アセスメントシート等） ・サービス担当者会議 ・医療機関におけるカンファレンス等
住環境	・持家または借家（住宅改修等が可能か） ・エレベーターの有無（集合住宅の場合） ・屋内の段差の有無 ・居室内での動線 ・トイレの状況（広さ、和式・洋式） ・浴室の状況（脱衣所の広さ、浴室の広さ、浴槽のまたぎ高さ等） ・通路及び各部屋出入り口の有効幅、家具等の設置状況　等	・住環境の訪問調査 ・利用者・家族からの聞き取り ・介護支援専門員からの情報収集（ケアプラン、アセスメントシート等）

② 情報収集の方法

利用者・家族との面談では、利用者宅を訪問することが基本となりますが、入院中等の場合は医療機関等で行うこともあります。その際、面談は、介護支援専門員に同行して行うことが望ましいでしょう。

面談等の機会に利用者宅を訪問する際には、住環境の調査も実施します。住宅改修が想定されている場合には、住宅改修の担当者に訪問の同席を依頼することを検討することも有効です。

また、情報収集には、利用者の支援のつなぎ役であり総合的援助方針をまとめる介護支援専門員からの情報が欠かせません。介護支援専門員が作成したケアプランにより、生活全般の解決すべき課題（ニーズ）や、福祉用具サービスに関する内容等を確認します。ケアプランの受領と併せて、介護支援専門員が作成したアセスメントシート（複写）も入手できると、利用者の心身の状況等をより詳細に把握でき、福祉用具サービス計画を作成するうえで有用です。

また、利用者が入院中等の場合は、退院時カンファレンスに出席する場合もあります。医療機関でのリハビリ

テーション状況を踏まえた福祉用具の選定や調整等について、医療機関の作業療法士や理学療法士等から情報収集を行うことができます。

③ 情報収集の留意点

利用者や家族との面談の前に、想定される福祉用具の候補が絞りこめている場合には、候補となる福祉用具を持参し、利用者・家族に試用してもらうことも有効な方法です。試用を通じて、福祉用具を用いた生活行為のイメージを持ってもらえるようにします。

また、認知症等によって、意思が明確に表明できない利用者の場合、家族からの聞き取り等を通じて情報収集を行います。

主な情報収集の方法と実施内容・留意点をまとめると、以下の通りです。

主な情報収集の方法と実施内容・留意点

情報収集の方法		実施内容・留意点
利用者・家族からの聞き取り		・利用者・家族と面談を行い、利用目標の設定や福祉用具の選定に必要な情報収集を行う。面談の場所は本人の自宅を基本とするが、入院中等の場合は医療機関等で行う。 ・介護支援専門員と同行して行うことが望ましい。 ・既に想定される福祉用具の候補が絞り込めている場合には、候補となる福祉用具を持参し、利用者・家族に試用してもらう等、福祉用具を用いた生活行為のイメージを持ってもらえるようにする。 ・認知症等によって、意思が明確に表明できない利用者であっても、家族への聞き取り等、できる限りの情報収集を行うことが望ましい
介護支援専門員との連携による情報収集		・利用者の基本情報（氏名、住所、電話番号、要介護度、相談の概要等）について電話等で聞き取りを行う。 ・ケアプランを受領する。 ・介護支援専門員が保有するアセスメントシート等には利用者の心身の状況等についての情報が記載されており、その複写を受領することは有用である。
住環境の調査		・利用者の自宅を訪問し、住環境の調査を行う。 ・利用者が自宅にいる場合には、利用者・家族との面談と同時に実施することが望ましい。 ・住宅改修が必要な場合には、住宅改修の担当者への同席依頼を検討する。
多職種連携による情報収集	サービス担当者会議	・サービス担当者会議に出席し、利用者の希望や心身の状況等の情報について、同じ利用者を支援する他職種から情報収集を行う。（サービス担当者会議の位置づけと内容については、第2章5節を参照。）
	医療機関におけるカンファレンス等	・医療機関の医療職と介護支援専門員等が出席するカンファレンスが開催される場合があり、福祉用具専門相談員が出席を求められるケースも増えている。 ・医療機関でのリハビリテーション状況を踏まえた福祉用具の選定や調整等について、医療機関の作業療法士や理学療法士等から情報収集を行うことは有用である。
	その他	・利用者の周りには、介護支援専門員以外にも多数の専門職が関わっていることが多く、その専門職から情報を得ることは、福祉用具による支援を考えるうえで有用であるため、随時情報収集を行うことが望ましい。 ・また地域包括支援センター（または市町村）が開催する地域ケア会議においてサービス内容等に関する助言を得ることが望ましい場合もある。

2．福祉用具の利用目標の設定

福祉用具専門相談員は、情報収集に一定の目途がついた後、収集した情報を整理し、生活課題（ニーズ）を解決するために適切な利用目標を設定する必要があります。

福祉用具の利用目標は、アセスメントで明確となった利用者の生活課題（ニーズ）に対し、どのような福祉用具を用い、どのような方法によってそれを解決していこうとするのか、そして、どのような生活を目指していくのか等を端的に記載するものです。

また介護支援専門員が作成するケアプランとの関係では、福祉用具の利用目標は、ケアプラン第2表に記載さ

れた目標（主に短期目標）を福祉用具で実現するための方針に該当します。

(1) 自立支援に資する福祉用具の利用目標の考え方

福祉用具サービス計画は、利用者の自立支援につながるものでなければなりません。ここでは、介護保険制度における自立支援の理念について改めて確認します。

① 介護保険制度における「自立支援」

「自立支援」は、介護保険制度の基本的な理念です。介護保険法の第一条には、次のような規定があります。

「加齢に伴って生ずる心身の変化に起因する疾病等により要介護状態となり、入浴、排せつ、食事等の介護、機能訓練並びに看護及び療養上の管理その他の医療を要する者等について、これらの者が尊厳を保持し、その有する能力に応じ自立した日常生活を営むことができるよう、必要な保健医療サービス及び福祉サービスに係る給付を行うため、国民の共同連帯の理念に基づき介護保険制度を設け、その行う保険給付等に関して必要な事項を定め、もって国民の保健医療の向上及び福祉の増進を図ることを目的とする。」

次に、保険給付について、次のような規定があります。

「保険給付は、要介護状態又は要支援状態の軽減又は悪化の防止に資するよう行われる。」（第二条第2項）

「保険給付の内容及び水準は、被保険者が要介護状態となった場合においても、可能な限り、その居宅において、その有する能力に応じ自立した日常生活を営むことができるように配慮されなければならない。」（第二条第4項）

また国民の努力及び義務として、以下のように記載されています。

「国民は、自ら要介護状態となることを予防するため、加齢に伴って生ずる心身の変化を自覚して常に健康の保持増進に努めるとともに、要介護状態になった場合においても、進んでリハビリテーションその他の適切な保健医療サービス及び福祉サービスを利用することにより、その有する能力の維持向上に努めるものとする。」（第四条）

つまり、介護保険における自立支援とは、「利用者の意思に基づいて、その有する能力に応じ自立した日常生活を営むこと」と、「利用者が自らの能力の維持や向上に努めること」に対する支援であるということができるでしょう。

② 自立支援に資する福祉用具サービスのあり方

利用者の自立支援につながる福祉用具サービスを提供するには、以下の点に留意する必要があります。

- 利用者がどのような自立した生活を実現したいのかを踏まえて、利用者が福祉用具を活用した生活をイメージし、利用目標として掲げることを支援する。
- 利用者の心身機能をできる限り活用しながら利用目標を達成できるよう、その有する能力に応じた福祉用具を選定し、福祉用具の利用を支援する。
- 利用目標の設定やその検証を利用者とともに行うことを通じて、利用者が利用目標に向かって意欲的に取り組めるように支援する。

これらの点を踏まえながら福祉用具サービスを提供することで、利用者の日常の生活に対する意欲が向上し、利用者の主体性が尊重され、ひいてはエンパワメント（自己解決力）の向上につながることが期待されます。

(2) 利用目標の検討手順

利用目標を考えるうえでの基本的な検討手順は、以下①～②に示す通りです。

① 生活全般の解決すべき課題・ニーズ（福祉用具が必要な理由）の記入

福祉用具専門相談員によるアセスメント結果に基づいて、福祉用具サービス計画に、介護支援専門員が作成したケアプランとの連続性を踏まえた「生活全般の解決すべき課題・ニーズ（福祉用具が必要な理由）」を記入します。

介護支援専門員によるケアプラン作成前に福祉用具サービス計画を暫定的に作成しなければならない場合等については、ケアプランが作成された後、すみやかに福祉用具サービス計画に記載した「生活全般の解決すべき課題・ニーズ（福祉用具が必要な理由）」を見直すことが必要となります。

② 福祉用具の利用目標の記入

①で記入した「生活全般の解決すべき課題・ニーズ（福祉用具が必要な理由）」を踏まえ、福祉用具の利用目標を検討します。福祉用具の利用目標とは、「どのような福祉用具」を利用し、それぞれの生活課題（ニーズ）の解決を「どういう方法」で図り、その結果「どのような生活」を目指すのか、ということを意味します。利用目標を記入するうえでの考え方のプロセスは、以下a）～c）に示す通りです。

a） 目指す生活の具体化

まずは、生活課題（ニーズ）の解決という視点から、利用者が目指す生活を具体化します。「目指す生活」を具体化する視点としては、「利用者の自立支援」と、「介護者の負担軽減」の2つがあります。「介護者の負担軽減」とは、利用者の自立支援を図るうえで、結果的に介護者の負担の軽減を図ることに繋がるという考え方です。

○ 利用者の自立支援の例：
- ひとりで買い物ができるようになる
- 食堂で家族と一緒に食事ができるようになる

○ 介護者の負担軽減の例：
- ベッドから車いすに移ることが安定してできるようになる
- 排泄の後始末が適切に行えるようになる

b）　生活課題（ニーズ）の解決方法

次に、生活課題（ニーズ）の解決方法を検討します。すなわち、「利用者の自立支援」であれば、「どのような課題に対応する必要があるのか」あるいは「どのようなリスクを防止する必要があるのか」等を踏まえたうえで、「福祉用具を導入することで、どういった動作ができる」ようになるか等を記載します。

また、「介護者の負担軽減」も同様に、「どのような問題点に対応する」あるいは「どのようなリスクを防止する」ことで、福祉用具が介護者の「どういった介護動作の負担軽減に繋がる」のか等を記載します。

c）　用いる福祉用具

次に生活課題（ニーズ）を解決するうえで、「どのような福祉用具」を用いるのかを明確にします。利用目標における福祉用具は、個別の機種名ではなく、品目で記載します。また複数の福祉用具を組み合わせて１つの生活課題（ニーズ）の解決を図る場合は、複数の福祉用具の品目を列挙するか、付属品などを除いた主な品目について記載します。

利用目標は、利用者が福祉用具を活用した生活をイメージし、その目標に向かって意欲的に取り組めるよう、利用者とともに設定するものであり、福祉用具サービス計画の要となるところです。利用者の課題・ニーズの解決に向けて、福祉用具がどういった役割を果たすのか、その結果としてどのような生活を実現しうるのかを、端的に記載するよう留意して下さい。

また利用目標の記載において、目標達成の期間は明確に定められていませんが、介護支援専門員が作成するケアプランとの連続性の観点から、ケアプラン第２表の短期目標の目標期間に相当するものと考えることができます。

なお、ケアプランにおける生活全般の解決すべき課題・ニーズ（福祉用具が必要な理由）が複数ある場合は、その課題・ニーズごとに利用目標を記載する必要があります。

(3)　利用目標を検討するうえでの留意点

① 利用者にとって分かりやすいものであること

福祉用具サービス計画の利用目標は、利用者自身が達成すべき目標です。そのため福祉用具専門相談員は、利用者や家族が利用目標を理解し、目標達成に向けて意欲を持って取り組むことができるよう、分かりやすく平易な言葉で、具体的な内容を記載する必要があります。

② モニタリングで検証するものであることを意識すること

福祉用具の利用目標は、モニタリングにおいて目標の達成状況を検証するものであることを踏まえて設定する必要があります。福祉用具の利用目標が抽象的だと、モニタリングにおける達成状況の検証が難しくなります。そのため、利用目標には、利用者の生活と利用する福祉用具の関係をできるだけ具体的に盛り込んでおく必要があります。

３．福祉用具の選定と、選定理由の明確化

(1)　選定理由の考え方

福祉用具専門相談員は、福祉用具の利用目標を設定した後、それらの目標達成に有効な福祉用具の具体的な機種を選定します。選定は、選定理由と留意事項を明確にしながら行う必要があります。

福祉用具の選定理由は、利用者の状態像等（心身の状況、ADL、介護環境、住環境等）や利用目標を踏まえ、その機種（型式）を選定した理由を指します。

具体的には、以下の視点に照らして記載します。

・ 利用目標を達成するために、選定した機種（型式）の機能や特性が妥当であるか。
・ 利用者の状態像等や希望に照らして、選定した機種（型式）の機能や特性が妥当であるか。

(2)　選定理由の記載方法

福祉用具を選定した後、福祉用具サービス計画に機種（型式）の名称と単位数を記載します。次に、福祉用具の機種（型式）ごとに選定理由を記載します。その際、利用者や家族が内容を理解できるよう、分かりやすく平易な言葉で、具体的な内容を記載するよう留意します。例えば、疾患の名称や福祉用具の部品名称等に関する難解な専門用語を多用するようなことは避けるなど配慮が必要です。

福祉用具貸与品目以外に特定福祉用具販売の利用もあるときは、特定福祉用具販売の分も併せて記載することとなります[i]。また、介護保険の給付対象外の福祉用具（貸与または販売）を併せて選定する場合についても同様に記載を行うことで、利用目標に対する福祉用具サービスの全体像がより分かりやすくなります。

４．留意事項の洗い出し

(1)　留意事項の考え方

「解釈通知」によれば、「福祉用具専門相談員は、福祉用具貸与計画には、福祉用具の利用目標、具体的な福祉用具の機種、当該機種を選定した理由等を記載すること。その他、関係者間で共有すべき情報（福祉用具使用時の注意事項等）がある場合には、留意事項に記載すること」[ii]とあり、留意事項には、福祉用具の利用が適切に行われるよう、利用者や家族、関係者間で共有すべき情報を記載することとされています。

留意事項を検討する際には、福祉用具サービス計画の読み手が誰かという点を改めて意識することが重要で

---

[i] 指定基準　第百九十九条の二　第１項
[ii] 解釈通知　第三介護サービス　十一福祉用具貸与　３運営に関する基準　(3)⑤ロ

す。福祉用具サービス計画の第一の読み手は、利用者とその家族です。留意事項は、利用者とその家族に対して、福祉用具の適切な利用方法等についての情報提供を行うための情報であるということが、基本的な位置づけとなります。多くの利用者やその家族にとって、福祉用具は必要性が生じて初めて触れることが多いものです。留意事項は、口頭で説明するだけでなく、文書で繰り返し確認ができるよう福祉用具サービス計画書に記載しておくことが、大変有意義であるといえます。

福祉用具サービス計画の第二の読み手は、介護支援専門員や訪問介護員等、福祉用具の操作を行う可能性がある関係者です。訪問介護員等は、車いすや特殊寝台のリモコン等といった福祉用具を操作する機会が多くあります。福祉用具を導入する際には、その福祉用具の利用方法や利用にあたって注意すべき点等について情報を共有することが、適切で安全な利用に有効です。

(2) 留意事項の記載方法

留意事項に記載すべき内容としては、まず、「福祉用具の利用方法について留意すること」が挙げられます。福祉用具は適切な利用によって効果を発揮するものであり、不適切な利用によりかえって心身機能の低下等を引き起こすことがあるため、これを防ぐ必要があります。例えば、以下のような例が考えられます。

【例】
- 利用目標：車いすで移動し、食堂で家族と一緒に食事ができるようになる。
- 状態像：歩行は困難だが、車いすから立ち上がる能力や椅子に座る能力がある方。
- 視点：
  - できるだけ有する能力を維持し、これまでの生活環境を維持する観点から、車いすから椅子への移乗の方法について利用者や家族に対して助言しているか。
  - 日々の体調の変化がある場合は、移乗の際に気をつける点について助言しているか。

このような視点を踏まえ、適切な移乗の方法等を助言することによって、車いすを多用することで生じる立ち上がりや座位能力の衰えや、生活が単調化するリスクの軽減等に繋がります。

次に、「利用者の状態像（身体状況・ADL、介護環境、住環境）や福祉用具の利用場所の特性等に応じて、発生しうる事故等について注意を喚起すること」が挙げられます。

福祉用具の操作方法や誤操作によるリスクについては、重要事項説明書や各機種の取扱説明書等に記載のあるものを単に転記するのではなく、その中から利用者個人の状態像等や利用場所等の環境に応じて特に発生しうるリスクを選択し、記載することが必要です。

また、特殊寝台とサイドレールの挟まれ事故といった重大事故に繋がりやすいリスクについては、重要事項説明書やマニュアル等の記載と重複していても、留意事項欄に再度記載し、注意を喚起することが望ましいでしょう。

その他に、記載する内容としては、以下のことが挙げられます。

- 福祉用具の故障等が疑われる際の対応方法に関して情報提供を行うこと（例：ガタツキがある場合には、利用を中止し、ご連絡ください）
- その他、福祉用具に関して、福祉用具専門相談員から利用者・家族・介護支援専門員等に対して情報提供を行うこと

5. サービス担当者会議への参加

福祉用具専門相談員は、介護支援専門員からの召集を受けて、サービス担当者会議に参加します。サービス担当者会議を通じて、利用者の状況把握及び共有を行うとともに、各職種が専門的な見地から意見を出し合い、利用者にとってより良い支援の方向性やサービス提供方法を検討することとなります。

(1) 会議の位置づけ

サービス担当者会議[i]とは、介護支援専門員がケアプランを作成するために、サービスの提供を予定している多職種を集めて行う会議です。介護保険で提供されるサービスは、利用者の自立支援に向けて、様々な職種が連携のうえで支援を行うことが原則ですが、サービス担当者会議はそのようなチームケアを円滑に実践するために多職種が顔を合わせて、提供されるサービスの目標等の情報の共有や意見交換を行う場となります。

福祉用具専門相談員にとっては、利用者の情報を把握し、チームケアにおける福祉用具サービスの役割を確認する重要な会議です。会議を通じて、利用者の心身の状況や、置かれている環境、他の保健医療・福祉サービスの利用状況等を把握しなければなりません[ii]。サービス担当者会議の開催は、事例によって適宜開催されますが、いずれの場合も参加時点でそれぞれが得ている情報を共有し、以下に示すような流れで検討することとなります。

---

[i] 指定居宅介護支援等の事業の人員及び運営に関する基準（平成十一年三月三十一日厚生省令第三十八号）第十三条 第九号
[ii] 指定基準 第二百五条（第十三条「心身の状況等の把握」の準用）

福祉用具サービス計画の基本的な手順とサービス担当者会議の位置づけ

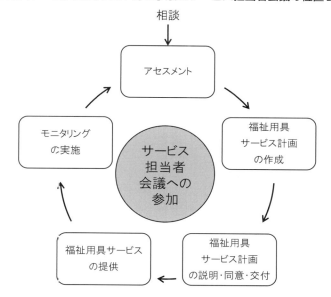

(2) 会議の内容
① 利用者の状況等に関する情報の共有

サービス担当者会議では、介護支援専門員がアセスメントを通じて把握した、利用者の希望や心身の状況、利用者の自立した日常生活を支援するうえで解決すべき課題（ニーズ）等について参加者と共有し、チームケアの前提となる利用者像に対する認識のすり合わせを行います。また、福祉用具専門相談員をはじめとする介護支援専門員以外の参加者が、事前にアセスメントの実施等を通じて各々で利用者の状況を把握している場合には、必要に応じ、参加者間でその情報も共有します。

福祉用具専門相談員は、サービス担当者会議において、福祉用具サービス計画の作成にあたって必要となる情報を介護支援専門員や他の職種からできる限り収集するように努める必要があります。

② ケアプランの原案の内容に関する協議

サービス担当者会議では、利用者の希望やアセスメントの結果に基づいて作成したケアプランの原案が、介護支援専門員から提示されます。ケアプランの原案には、利用者や家族の生活に対する意向、総合的な援助の方針、生活全般の解決すべき課題、提供されるサービスの目標及びその達成時期、サービスの種類、内容、利用料、サービスを提供するうえでの留意事項等が記載されています。

サービス担当者会議では、介護支援専門員が提示するケアプランの原案について、参加者で内容を検討します。参加者は「①利用者の状況等に関する情報の共有」で確認した「解決すべき課題（ニーズ）」に基づいて、ケアプランの目標やサービス内容が自立支援に向けて適切なものになっているか、自らの専門的な見地からの意見を述べることが求められます。

福祉用具専門相談員は、ケアプランにおける福祉用具サービスの位置づけや内容、福祉用具に関わる他のサービスの内容等を確認し、福祉用具サービスの方向性を把握するとともに、必要に応じて介護支援専門員や他職種と意見交換を行います。

③ 福祉用具サービス計画の説明

福祉用具専門相談員は、作成した福祉用具サービス計画の案について説明を行い、サービス担当者会議の参加者と意見交換を行うことが望ましいでしょう。特に、利用目標やサービス内容（選定した福祉用具）の妥当性について検討を行います。

また福祉用具サービスは、介護支援専門員やその他の関係職種と密接に連携しながらサービスを提供する必要があります[i]。利用者が様々なサービスを組み合わせて利用するうえで、各サービスの目標等にずれが生じないよう、必要に応じて他のサービスとの調整を行います。

例えば、利用者が福祉用具を利用する際に、リハビリテーション、訪問介護、訪問看護等に携わる職種が見守る、あるいは実際に福祉用具に触れるといったことも多くあります。それを踏まえ、作業療法士や理学療法士等に対し、利用者の有する能力の維持・向上という観点で福祉用具の選定に関する意見を求めたり、利用者の状態像に応じた利用方法についての助言を求めたりすることもできます。また、その他の関係職種に利用上の留意点を説明したりすることで、支援者同士の連携を図ります。

---

[i] 指定基準　第二百五条（第十四条「居宅介護支援事業者等との連携」の準用）

④ 福祉用具サービスの継続利用の必要性の検証

福祉用具サービスの利用にあたっては、必要に応じ随時サービス担当者会議において、継続して利用する必要性について検証しなければなりません[i]。検証の結果、利用の継続が必要と判断される場合は、介護支援専門員はその理由をケアプランに記載します。

サービス担当者会議において福祉用具の継続利用の必要性について検証する際は、福祉用具専門相談員は、モニタリングの結果を提示する等、検証を行うための情報を提供することが求められます[ii]。なお、モニタリングの実施内容については、第3章で詳細を述べます。

6．福祉用具サービス計画の説明・同意・交付と、福祉用具サービスの提供

(1) 説明・同意・交付の位置づけ

福祉用具サービス計画の作成にあたっては、内容について利用者または家族に対して説明し、利用者の同意を得なければなりません[iii]。利用者や家族自身が福祉用具サービス計画に記載された利用目標や留意事項等を十分に理解し、福祉用具を適切に利用することは、利用者の日常生活における活動範囲を広げ、その有する能力の維持向上が図られることとなり、利用目標の達成につながります。

同意を得た福祉用具サービス計画は、原本を利用者に交付しなければなりません[iv]。

(2) 説明・同意・交付の方法

利用者や家族に対して福祉用具サービス計画を説明するうえでの主なポイントは、以下の通りです。

・ 利用者や家族が福祉用具を活用した生活をイメージできるように、「利用目標」を具体的に説明する。（福祉用具の利用によって、どのような自立した生活が行えるようになるかを、分かりやすい言葉で説明する。）

・ 利用者本人の希望や心身の状況、自宅等の利用環境等を踏まえて、最適な福祉用具を選んだことを理解できるよう、選定理由を具体的に分かりやすく説明する。

・ 誤った利用方法による事故等を防ぐため、利用にあたって特に留意してほしい点について具体的に分かりやすく説明する。

・ 計画に記載している福祉用具については、定期的に利用状況の確認を行い、状態像等の変化に合わせて見直し（利用終了、変更、追加等）を行うことで、より質の高い生活を送れるように支援していくことを説明する。

・ 福祉用具の利用開始後、気になること（利用目標の変更、身体状況や生活環境の変化等）が生じた場合は、すぐに連絡してほしい旨を説明する。

また、介護者については、利用者が福祉用具を利用する際に見守ったり、介護者自身が福祉用具を操作したりする場合があるため、説明時にはできる限り介護者にも同席してもらうことが望ましいです。

上記のように説明を行った後に、利用者から内容について同意を得たうえで、利用者に福祉用具サービス計画を交付します。

なお、福祉用具サービス計画は、2年間保存しなければなりません[v]。

(3) 福祉用具サービスの提供

計画に基づき、福祉用具サービスの提供を行う際は、自立支援に資する適切な利用方法について、十分な説明を行う必要があります。適宜、福祉用具サービス計画とは別に、福祉用具の利用方法、利用上の留意事項、故障時の対応等を記載した文書を利用者に渡す等の工夫も必要となります。特に、心身機能の低下や事故の発生を防止するという観点から、誤った使い方によって機能が低下した事例や、事故が発生した（しそうになった）事例等を示し、理解を促すことが重要です。必要に応じて、各福祉用具のパンフレットや、関係団体（医療・介護ベッド安全普及協議会等）が発行している啓発パンフレット等を活用しましょう。

次に、福祉用具サービス計画のイメージをつかむために、本会が作成した「ふくせん様式」を掲載しますので、参考にして下さい。

---

[i] 指定居宅介護支援等の事業の人員及び運営に関する基準（平成十一年三月三十一日厚生省令第三十八号）第十三条　第二十一号
[ii] 指定基準　第百九十九条　第五号
[iii] 指定基準　第百九十九条の二　第3項
[iv] 指定基準　第百九十九条の二　第4項
[v] 指定基準　第二百四条の二　第2項

7.「ふくせん版 福祉用具サービス計画書（基本情報）」の記載方法

(1) 基本情報の様式（平成26年3月版）

ふくせん 福祉用具サービス計画書(基本情報)	管理番号	
	作成日	
	福祉用具専門相談員名	

	フリガナ		性別	生年月日	年齢	要介護度	認定期間
利用者名		様		M・T・S 年月日			～
住所						TEL	

| 居宅介護支援事業所 | | 担当ケアマネジャー | |

相談内容

相談者		利用者との続柄		相談日	

| ケアマネジャーとの相談記録 | | ケアマネジャーとの相談日 | |

身体状況・ADL （　年　月　）現在

身長	cm	体重	kg
寝返り	□つかまらないでできる　□何かにつかまればできる　□一部介助　□できない
起き上がり	□つかまらないでできる　□何かにつかまればできる　□一部介助　□できない
立ち上がり	□つかまらないでできる　□何かにつかまればできる　□一部介助　□できない
移乗	□自立（介助なし）　□見守り等　□一部介助　□全介助
座位	□できる　□自分の手で支えればできる　□支えてもらえればできる　□できない
屋内歩行	□つかまらないでできる　□何かにつかまればできる　□一部介助　□できない
屋外歩行	□つかまらないでできる　□何かにつかまればできる　□一部介助　□できない
移動	□自立（介助なし）　□見守り等　□一部介助　□全介助
排泄	□自立（介助なし）　□見守り等　□一部介助　□全介助
入浴	□自立（介助なし）　□見守り等　□一部介助　□全介助
食事	□自立（介助なし）　□見守り等　□一部介助　□全介助
更衣	□自立（介助なし）　□見守り等　□一部介助　□全介助
意思の伝達	□意思を他者に伝達できる　□ときどき伝達できる　□ほとんど伝達できない　□伝達できない
視覚・聴覚	

疾病	
麻痺・筋力低下	
障害日常生活自立度	
認知症の日常生活自立度	
特記事項	

介護環境

家族構成/主介護者	
他のサービス利用状況	
利用している福祉用具	
特記事項	

意欲・意向等

□ 利用者から確認できた　　□ 利用者から確認できなかった

利用者の意欲・意向,今困っていること(福祉用具で期待することなど)	

居宅サービス計画

利用者及び家族の生活に対する意向	利用者	
	家族	
総合的な援助方針		

住環境

□ 戸建
□ 集合住宅（　　階　）
（　エレベーター　□有　□無　）
_____例:段差の有無など_____

(2) 基本情報の位置づけ

「ふくせん福祉用具サービス計画書（基本情報）」（以下、基本情報）は、福祉用具サービスの利用にあたって、「福祉用具サービス計画書（利用計画）」（以下、利用計画）の作成に必要となる情報を収集、整理するための様式です。福祉用具専門相談員は、基本情報の様式を用いて、利用者に関する様々な情報を収集し、利用者の課題やニーズを分析したうえで、利用計画において福祉用具の利用目標の設定や具体的な用具の選定を行うことが求められます。

基本情報には、具体的には、利用者の基本情報（氏名、性別、年齢、要介護度、認定期間等）、身体状況・ADL、介護環境、意欲・意向等、住環境等の項目を設けています。

(3) 記載項目及び記載要領

1)「利用者名」欄

利用者名を記入します。

2)「性別」欄

利用者の性別を記入します。

3)「生年月日」欄

利用者の生年月日を記入します。

4)「年齢」欄

利用者の年齢を記入します。

5)「要介護度」欄

利用者の要介護度を記入します。

6)「認定期間」欄

利用者の要介護認定の有効期間を記入します。

7)「住所」「TEL」欄

利用者の住所と電話番号を記入します。

8)「居宅介護支援事業所」欄

利用者が利用している居宅介護支援事業所の事業所名を記入します。

9)「担当ケアマネジャー」欄

利用者を担当している介護支援専門員の氏名を記入します。

10)「相談者」欄

福祉用具サービスの利用に関して、福祉用具専門相談員に相談を行った人の氏名を記入します。

11)「利用者との続柄」欄

相談者と福祉用具サービスの利用者との続柄を記入します。

12)「相談日」欄

相談者と福祉用具専門相談員が相談を行った日付を記入します。

13)「相談内容」欄

利用者がどのような理由で福祉用具サービスを利用したいのかについて、相談者が話した内容を記入します。

14)「ケアマネジャーとの相談記録」欄

福祉用具専門相談員と、利用者を担当する介護支援専門員が、福祉用具サービスの利用に関して行った相談内容を記入します。

15)「ケアマネジャーとの相談日」欄

福祉用具専門相談員と介護支援専門員が相談を行った日付を記入します。

16)「身体状況・ADL：身長」欄

利用者の身長を記入します。

17)「身体状況・ADL：体重」欄

利用者の体重を記入します。

18)「身体状況・ADL：寝返り」欄

利用者が寝返りをどの程度できるかを記入します。

ここでいう「寝返り」とは、きちんと横向きにならなくても、横たわったまま左右のどちらかに身体の向きを変え、そのまま安定した状態になることが自分でできるかどうか、あるいは介助バー等何かにつかまればできるかどうかの能力です。

19)「身体状況・ADL：起き上がり」欄

利用者が起き上がりをどの程度できるかを記入します。

ここでいう「起き上がり」とは、身体の上にふとんをかけないで、寝た状態から上半身を起こすことができるかどうかの能力です。

20)「身体状況・ADL：立ち上がり」欄

利用者が立ち上がりをどの程度できるかを記入します。

ここでいう「立ち上がり」とは、立ち上がった後に、平らな床の上で立位を10秒間程度保持できるかどうかの能力です。

21)「身体状況・ADL：移乗」欄

利用者が移乗の介助をどの程度必要としているかを記入します。

ここでいう「移乗」とは、「ベッドから車いす（いす）へ」「車いすからいすへ」「ベッドからポータブルトイレへ」「車いす（いす）からポータブルトイレへ」「畳からいすへ」「畳からポータブルトイレへ」「ベッドからストレッチャーへ」等、でん部を移動させ、いす等へ乗り移ることです。

22)「身体状況・ADL：座位」欄

利用者が座位の保持をどの程度できるかを記入します。

ここでいう「座位」とは、背もたれがない状態での座位の状態を10分間程度保持できるかどうかの能力です。

23)「身体状況・ADL：屋内歩行」欄

利用者が屋内歩行をどの程度できるかを記入します。

ここでいう「屋内歩行」とは、屋内において、立った状態から継続して歩くことができるかどうかの能力です。

24)「身体状況・ADL：屋外歩行」欄

利用者が屋外歩行をどの程度できるかを記入します。

ここでいう「屋外歩行」とは、屋外において、立った状態から継続して歩くことができるかどうかの能力です。

25)「身体状況・ADL：移動」欄

利用者が移動の介助をどの程度必要としているかを記入します。

ここでいう「移動」とは、日常生活において、食事や排泄、入浴等で、必要な場所へ移動するにあたって、見守りや介助が行われているかどうかで選択します。

26)「身体状況・ADL：排泄」欄

利用者が排尿や排便の介助をどの程度必要としているかを記入します。

ここでいう「排尿」とは、「排尿動作（ズボン・パンツの上げ下げ、トイレ・尿器への排尿）」「陰部の清拭」「トイレの水洗」「トイレやポータブルトイレ、尿器等の排尿後の掃除」「オムツ、リハビリパンツ、尿とりパッドの交換」「抜去したカテーテルの後始末」の一連の行為のことです。

ここでいう「排便」とは、「排便動作（ズボン・パンツの上げ下げ、トイレ・排便器への排便）」「肛門の清拭」「トイレの水洗」「トイレやポータブルトイレ、排便器等の排便後の掃除」「オムツ、リハビリパンツの交換」「ストーマ（人工肛門）袋の準備、交換、後始末」の一連の行為のことです。

27)「身体状況・ADL：入浴」欄

利用者が入浴の介助をどの程度必要としているかを記入します。

ここでいう「入浴」とは、一般浴、シャワー浴、訪問入浴、器械浴等により、体を洗ったり、浴槽につかったりする行為のことです。

28)「身体状況・ADL：食事」欄

利用者が食事を摂取する際の介助をどの程度必要としているかを記入します。

ここでいう「食事」の摂取とは、食物を摂取する一連の行為のことです。通常の経口摂取における、配膳後の食器から口に入れるまでの行為のほか、経管栄養の際の注入行為や中心静脈栄養も含まれます。

29)「身体状況・ADL：更衣」欄

利用者が更衣をどの程度できるかを記入します。

ここでいう「更衣」とは、衣服が用意された時に、それを着たり、脱いだりする行為のことです。

30)「身体状況・ADL：意思の伝達」欄

利用者が意思の伝達をどの程度できるかをチェックします。また、意思の伝達に際しての特徴（動作手順、環境等）などの状況を記入します。

31)「身体状況・ADL：視覚・聴覚」欄

利用者の視覚、聴覚等の状況を把握し、その情報を記入します。

32)「身体状況・ADL：疾病」欄

利用者の身体状況・ADLの状況の原因となっている疾病名を記入します。

33)「身体状況・ADL：麻痺・筋力低下」欄

利用者の身体について、麻痺や筋力低下が生じているかどうかを記入します。麻痺、筋力低下のそれぞれについて、程度や見られる部位を記入します。

34)「身体状況・ADL：障害日常生活自立度」欄

利用者の、障害日常生活自立度のランクを記入します。

障害日常生活自立度とは、高齢者の障害の程度を踏まえた日常生活の自立の程度を表すものです。

35)「身体状況・ADL：認知症の日常生活自立度」欄

利用者の、認知症の日常生活自立度のランクを記入します。

認知症の日常生活自立度とは、高齢者の認知症の程度を踏まえた日常生活の自立の程度を表すものです。

36)「身体状況・ADL：特記事項」欄

利用者の身体状況・ADLについて、16)から35)の項目以外で、特記すべき内容があれば、必要に応じて記入します。

また16)～35)の項目のうち、想定する福祉用具に関連して、身体状況・ADL項目に関する詳しい特徴（動作手順、環境等）があれば記入します。例えば、特殊寝台の利用が想定される場合には、ベッドからの起き上がり・立ち上がり動作の手順や、立ち上がりの際に支えとなっている家具等について記入します。

37)「介護環境：家族構成／主介護者」欄

利用者の家族構成、および主介護者を記入します。主介護者は、家族に限らず、訪問介護員等も含めて、主に福祉用具を使う可能性のある人を記入します。

38)「介護環境：他のサービス利用状況」欄

利用者が、福祉用具サービス以外で現在利用している介護保険サービスがあれば、記入します。

39)「介護環境：利用している福祉用具」欄

過去に購入したものや、他社で貸与しているもの、介護保険外で貸与・購入しているものなど、利用者が、現在利用している福祉用具を記入します。

40)「介護環境：特記事項」欄

利用者の介護環境について、37)～39)の項目以外で特記すべき内容があれば、必要に応じて記入します。

41)「意欲・意向等」欄

利用者はどのような意欲を持っているか、利用者の意向はどのようなものかを記入します。また、利用者が今困っていること、福祉用具で期待すること等を記入します。

利用者本人だけではなく、必要があれば家族にも確認のうえ、記入します。

これらの内容について、利用者から直接確認できたか

どうかをチェック欄に記入します。

42)「居宅サービス計画：利用者及び家族の生活に対する意向」欄

ケアプランに記載された「利用者及び家族の生活に対する意向」を転記します。

43)「居宅サービス計画：総合的な援助方針」欄

ケアプランに記載された「総合的な援助方針」を転記します。

44)「住環境」欄

利用者の住環境について、「戸建」、「集合住宅」のいずれか、および「集合住宅」の場合の階数とエレベーターの有無を記入します。

下の記載欄には、住環境の特性（段差の有無、居室内や外出時の動線、福祉用具を利用する可能性のある居室の広さや家具の設置状況等）を記入します。

8．「ふくせん版 福祉用具サービス計画書（利用計画）」の記載方法
(1) 利用計画の様式（平成 26 年 3 月版）

ふくせん 福祉用具サービス計画書(利用計画)

管理番号 _____

フリガナ		性別	生年月日	年齢	要介護度	認定期間
利用者名	様		M・T・S 年 月 日			～
居宅介護支援事業所					担当ケアマネジャー	

生活全般の解決すべき課題・ニーズ（福祉用具が必要な理由）	福祉用具利用目標
1	
2	
3	
4	

選定福祉用具（レンタル・販売）

	品目　　単位数　機種（型式）	選定理由
①		
②		
③		
④		
⑤		
⑥		
⑦		
⑧		
留意事項		

以上、福祉用具サービス計画の内容について説明を受け、内容に同意し、計画書の交付を受けました。

日付　　　年　　月　　日　　　署名　　　　　　　　　　　印

(2) 利用計画の位置づけ

「ふくせん版　福祉用具サービス計画書（利用計画）」（以下、利用計画）は、指定基準上の「福祉用具貸与計画」に該当し、「指定福祉用具貸与の目標、当該目標を達成するための具体的なサービスの内容等」を記載するものです。

利用計画は、福祉用具利用の目標とサービス内容について利用者と認識を合わせるとともに、適切な利用を支援するために、課題・ニーズ、福祉用具利用目標、選定理由、留意事項を記載するためのツールです。利用者にとって重要な内容となるので、分かりやすく記載することが重要です。

利用計画は、作成後、利用者またはその家族に対して内容を説明し、利用者の同意を得たうえで、利用者に対して交付します。

(3) 記載項目及び記載要領
1) 「利用者名」欄
　　利用者名を記入します。
2) 「性別」欄
　　利用者の性別を記入します。
3) 「生年月日」欄
　　利用者の生年月日を記入します。
4) 「年齢」欄
　　利用者の年齢を記入します。
5) 「要介護度」欄
　　利用者の要介護度を記入します。
6) 「認定期間」欄
　　利用者の要介護認定の有効期間を記入します。
7) 「居宅介護支援事業所」欄
　　利用者が利用している居宅介護支援事業所の事業所名を記入します。
8) 「担当ケアマネジャー」欄
　　利用者を担当している介護支援専門員の氏名を記入します。
9) 「生活全般の解決すべき課題・ニーズ（福祉用具が必要な理由）」欄
　　利用者が自立した日常生活を営むことができるように支援するうえで、福祉用具を用いて解決すべき課題・ニーズを記載します。
　　具体的には、ケアプラン第2表の「生活全般の解決すべき課題（ニーズ）」のうち、福祉用具サービスに関連する箇所を転記するか、もしくはケアプランに記載された課題（ニーズ）との連続性を念頭に置きながら、福祉用具専門相談員によるアセスメント結果に基づいて記載します。なお、「生活全般の解決すべき課題・ニーズ（福祉用具が必要な理由）」が5つ以上ある場合は、5つ目以降は2枚目に記載します。

10) 「福祉用具利用目標」欄
　　前述の「生活全般の解決すべき課題・ニーズ（福祉用具が必要な理由）」に対して、どのような福祉用具を導入して解決を目指すのか、そしてどのような自立した生活を目指すのかを記載します。
　　課題・ニーズが複数ある場合には、利用目標は課題・ニーズごとに立てます。具体的には、それぞれの課題・ニーズの解決にあたって導入する福祉用具と利用目的、利用を通じて実現を目指す生活について記載します。記載にあたっては、ケアプランの目標と整合が取れるように留意します。

11) 「品目・機種（型式）・単位数」欄
　　利用目標を達成するために利用する福祉用具の品目・機種（型式）・単位数を記載します。福祉用具貸与に加え、特定福祉用具販売の利用もある場合は、併せて記載します。
　　また、福祉用具の品目が9つ以上ある場合は、9つ目以降を2枚目に記載します。

12) 「選定理由」欄
　　福祉用具の機種（型式）ごとに、その機種（型式）を選定した理由を記載します。その機種（型式）の機能や特性が、利用目標を達成するうえでどのような役割を果たすのか、あるいは利用者の状態像や意向に照らしてどう妥当なのかといった視点から記載します。

13) 「留意事項」欄
　　利用者、家族、介護支援専門員、他職種が福祉用具を適切に利用するうえで知っておくべき事項を記載します。具体的には、福祉用具の操作方法や、誤操作によるリスクのうち利用者の状態像や利用場所の特性等を踏まえて特に注意喚起が必要なものについて記載します。

14) 「日付」欄
　　福祉用具専門相談員が利用者や家族等に対し、福祉用具サービス計画の内容を説明し、内容について同意を得て、計画書を交付した日付を記入します。その際、利用者や家族等に署名・押印してもらいます。

15) 事業所や担当者に関する記入欄
　　「事業所名」、「福祉用具専門相談員」、「住所」、「TEL」、「FAX」は、福祉用具貸与事業所や担当する福祉用具専門相談員に関する情報をそれぞれ記入します。

第3章　福祉用具サービス計画の実施状況の把握（モニタリング）

1．モニタリングの目的

平成24年4月の福祉用具サービス計画の作成の義務化に合わせ、福祉用具専門相談員には、福祉用具サービス計画の実施状況の把握（モニタリング）の実施が義務づけられました。（介護予防）福祉用具貸与の指定基準[i]では、「福祉用具専門相談員は、福祉用具貸与計画の作成後、当該福祉用具貸与計画の実施状況の把握を行い、必要に応じて当該福祉用具貸与計画の変更を行うものとする」と定められています[ii]。

福祉用具専門相談員は、福祉用具サービス計画に定める計画期間の中で、定期的なモニタリングを行い、目標の達成状況の把握や利用者についての継続的なアセスメント等を行います。モニタリングを通じて、利用者の心身の状況、介護者の状況、置かれている環境の変化を把握し、利用する福祉用具を見直すことが望ましいと判断される場合等は、必要に応じて福祉用具サービス計画の変更を行うものとされています[iii]。

モニタリングでは以下に示す内容を確認します。

- 福祉用具サービス計画に記載した利用目標の達成状況を検証する。
- 当初に計画した通り、福祉用具が適切に利用されているかを確認する。
- 心身の状況変化等に伴う新たな利用者のニーズを把握する。
- 福祉用具の点検を行い、必要に応じてメンテナンスを行う。
- 福祉用具の誤った利用や誤操作により事故やヒヤリハットに繋がる可能性が想定されるところは、再度注意を喚起する。

福祉用具専門相談員の業務であるモニタリングの実施は利用者・家族とともに行います。福祉用具専門相談員と利用者・家族が、利用目標の達成状況や今後の方針等を確認し合うことは、福祉用具の適切な利用、及び利用者・家族の目指す生活の実現に繋がります。

また、福祉用具専門相談員はモニタリング結果を記録することが義務づけられています[iv]。利用者の状態や生活上の課題・ニーズ等の変化を把握するには、モニタリングを行ったそれぞれの時点での情報を記録することが重要です。モニタリング結果の記録は、当該利用者のケアプランを作成した介護支援専門員に報告します。モニタリング結果を記録として残し、それを活用することで、チームアプローチに必要な情報共有をより円滑に行うことが可能となります。

なお、モニタリングの記録は、福祉用具サービス計画と異なり、利用者への交付の義務はありませんが、利用者や家族等からの希望があった場合には、できるだけ書面にて渡すことが望まれます。

2．モニタリングの流れと確認・検討事項

モニタリングの流れについて、以下に示します。福祉用具専門相談員は、利用者宅を訪問するなどし、利用者の心身の状況等について確認を行った後、利用計画に設定した利用目標の達成状況の確認を行い、福祉用具サービスの今後の方針について検討を行います。

モニタリングの流れ

心身の状況等の変化や福祉用具の利用状況の把握 → 福祉用具利用目標の達成状況の確認 → 今後の方針の検討 → 福祉用具サービス計画の見直し有無の検討 → 利用者・家族へのモニタリング結果の説明 → モニタリング結果の介護支援専門員等への報告

(1) 心身の状況等に関する変化や福祉用具の利用状況の把握

福祉用具専門相談員は、利用者の心身の状況等に関する変化を、聞き取り等によって把握します。変化を確認する内容は、以下のようなものがありますが、いずれも福祉用具サービス計画作成時にアセスメントした内容について、変化が生じていないかを確認するものです。

---

[i] 指定基準　第百九十九条の二　第5項
[ii] 介護予防サービス等の事業の人員、設備及び運営並びに指定介護予防サービス等に係る介護予防のための効果的な支援の方法に関する基準（平成十八年三月十四日厚生労働省令第三十五号）（以下、指定基準（介護予防）とする）第二百七十八条の二　第5項
[iii] 解釈通知　第四介護予防サービス　11介護予防福祉用具貸与(3)④
[iv] 指定基準（介護予防）　第二百七十八条の二　第6項

心身の状況等に関する変化の把握事項

項目	詳細（例）
身体状況・ADL の変化	・身体機能の改善によって、福祉用具を利用せずに動作ができるようになっていないか。 ・身体機能の悪化によって、当該福祉用具では動作ができなくなっていないか（別の福祉用具が必要ではないか）。
意欲・意向等の変化	・利用者の生活意欲等の変化によって、福祉用具が適合しなくなっていないか。 ・福祉用具に関して利用者からの要望はないか。
家族構成、主介護者の変化	・家族構成や主介護者の介護力等が変化していないか。 ・福祉用具に関して、家族からの要望はないか。
サービス利用等の変化	・サービス利用等の状況（外出機会、入浴回数等）によって、福祉用具が適合しなくなっていないか。
住環境の変化	・福祉用具を利用する居室等の住環境が変化し、福祉用具が適合しなくなっていないか。
利用状況の問題点	・当初の想定通りの頻度で福祉用具が利用されているか（その時に応じて、一定の時刻・一定の時期に、常時等）。 ・使い方に不明点等はないか。 ・誤った使い方や、事故・ヒヤリハット等は発生しなかったか。
福祉用具のメンテナンス状況	・福祉用具は、正常に動作しているか。 ・修理等が必要な箇所はないか。

また、福祉用具専門相談員は、聞き取りの過程の中で、誤った利用や事故・ヒヤリハットに繋がる可能性のある福祉用具の誤操作等について確認するとともに、利用者や家族に改めて注意喚起を行います。

(2) 利用目標の達成状況の確認

福祉用具専門相談員は、前段において把握した情報を総合的に勘案し、利用目標に記載された福祉用具が適切に利用され、想定した効果を発揮しているかについて確認します。

目標達成度を判断する視点について、以下に例を示します。

【例1】
○ 利用目標：歩行車を利用してひとりで買い物ができるようになる。
○ 判断の視点：
・ 歩行車を適切に操作（安全確認を含む）できているか。課題となる箇所はないか。
・ 介助や見守り状況の変化はどうか。
・ 利用場面の広がりはどうか。
・ 利用者や家族の気持ちに変化はないか。

【例2】
○ 利用目標：車いすを自分で操作し、食堂で家族と一緒に食事ができるようになる
○ 判断の視点：
・ 車いすを適切に操作（安全確認を含む）できているか。課題となる箇所はないか。
・ 介助や見守り状況の変化はどうか。

・ 家族と一緒に食事をする回数は増えているか。
・ 利用者や家族の気持ちに変化はないか。

達成度の検証にあたっては、利用者や家族が意欲的に取り組めているかといった精神面の変化を把握することも重要な視点となります。

(3) 今後の方針の検討

(1)～(2)を踏まえて、福祉用具専門相談員は、現在利用している福祉用具の中止・変更や再度の目標設定が必要かどうかの判断を行います。

判断の視点について、以下に例を示します。

【例1】
○ アセスメント結果：利用者の身体機能が向上し、歩行器を利用せずに、日中のトイレへの移動が安定して行えるようになった。
○ 判断の視点：
・ 歩行器がなくても、トイレへの移動は安定して行えているか。
・ 転倒に対する危険性はないか。
・ 利用者や家族の意識はどうか。

【例2】
○ アセスメント結果：歩行器を利用してトイレへ移動する際に、足を前へ踏み出しにくくなり、時々つまずき、家族が支えることがしばしば起こるようになった。
○ 判断の視点：
・ トイレへの移動時間はどの程度か。排泄行為が間に合うのか。

- 転倒しそうな場合、家族が適切に支援することができるか。
- 歩行器から車いす等による移動への変更を検討した場合、利用者の有する能力の低下に繋がることにならないか。
- 利用者や家族の意識はどうか。

これらのように、多様な観点からその福祉用具の継続性について検討を行い、中止・変更や再度の目標設定を行うとともに、利用方法の変更といった視点も含めて判断を行うこととなります。

(4) **福祉用具サービス計画の見直し有無の検討**

福祉用具専門相談員は、利用目標の達成状況など、モニタリングの確認結果を踏まえ、福祉用具サービス計画の見直しの必要性を検討します。福祉用具サービス計画の見直しは、後述する通り、介護支援専門員との協議によって方向性を決定していくものです。ここではまず、介護支援専門員と協議するための情報となるよう、福祉用具専門相談員としての判断を行います。

(5) **利用者・家族へのモニタリング結果の説明**

モニタリングを通じて確認・検討したことを整理し、利用者・家族に分かりやすい言葉で説明します。その際、利用目標の達成状況や、利用状況の問題点等で特に留意すべきことを強調し、利用目標の達成に向けた意欲の向上や、福祉用具の誤操作等への注意を促します。

また、福祉用具サービス計画の見直しが必要だと判断される場合は、その必要性や、見直しについて介護支援専門員と協議を行うことを説明します。

(6) **モニタリング結果の介護支援専門員等への報告**

モニタリング実施後、福祉用具専門相談員はモニタリング結果を介護支援専門員に報告します。また必要に応じてその他の関係職種と情報を共有します。

モニタリング結果の報告や共有の方法は以下の通りです。

① **介護支援専門員への報告**

福祉用具専門相談員は、モニタリング記録を、担当する介護支援専門員に報告しなければなりません[i]。報告の方法は、手渡し、電子メール、ファックス、郵送等が想定されます。

福祉用具専門相談員が福祉用具サービス計画の見直しが必要と判断した場合には、介護支援専門員と協議を行い、福祉用具サービス計画を見直す場合があります。その場合、福祉用具専門相談員は再度アセスメントを行い、福祉用具サービス計画の案を作成します。

介護支援専門員との協議により、福祉用具サービス計画の見直しの必要性がないと判断された場合にも、適宜サービス担当者会議においてモニタリング結果の説明が必要です。なお、サービス担当者会議の位置づけと内容については第2章5節で述べた通りです。

② **その他の関係職種との共有**

モニタリング結果は、必要に応じて他職種と共有することが望まれます。例えば、福祉用具が誤った方法で利用されていることが疑われた場合は、介護支援専門員に対して情報提供を行うとともに、他の介護サービスの利用がある場合は、その担当者に情報提供を行います。このように、モニタリング結果を踏まえて、利用者に対する注意喚起や適切な利用に向けた支援を、多職種で協力して行うことが考えられます。

また、身体状況・ADLに大きな変化があった場合には、作業療法士や理学療法士等に状態像の詳細な評価を依頼することも有効です。

③ **他の福祉用具専門相談員との共有**

1人の利用者に対して複数の福祉用具専門相談員が分担してサービスを提供している場合は、他の担当者とモニタリング結果を共有することで円滑にサービスを提供することにつながります。また担当者が1人の場合でも、モニタリング結果を踏まえ、経験者による指導や事例検討等を行うことで、サービスの検証や改善につながります。

次に、モニタリングの具体的な方法についてイメージをつかむために、本会が作成した「ふくせん様式（モニタリングシート）」を掲載しますので参考にして下さい。

---

[i] 指定基準（介護予防）　第二百七十八条の二　第6項

3．「ふくせん版 モニタリングシート（訪問確認書）」の記載方法

(1) モニタリングシートの様式（平成26年3月版）

		管理番号
ふくせん モニタリングシート（訪問確認書）	モニタリング実施日	年　　月　　日
	前回実施日	年　　月　　日
	お話を伺った人	□ 利用者　□ 家族　□ 他（　）
	確認手段	□ 訪問　□ 電話
	事業所名	
	福祉用具専門相談員	
	事業所住所	
	TEL	

フリガナ		居宅介護支援事業所		担当ケアマネジャー	
利用者名	様	要介護度		認定期間	〜

福祉用具利用目標	目標達成状況	
	達成度	詳細
1	□ 達成　□ 一部達成　□ 未達成	
2	□ 達成　□ 一部達成　□ 未達成	
3	□ 達成　□ 一部達成　□ 未達成	
4	□ 達成　□ 一部達成　□ 未達成	

	利用福祉用具（品目）機種（型式）	利用開始日	利用状況の問題	点検結果	今後の方針	再検討の理由等
①			□なし □あり	□問題なし □問題あり	□継続 □再検討	
②			□なし □あり	□問題なし □問題あり	□継続 □再検討	
③			□なし □あり	□問題なし □問題あり	□継続 □再検討	
④			□なし □あり	□問題なし □問題あり	□継続 □再検討	
⑤			□なし □あり	□問題なし □問題あり	□継続 □再検討	
⑥			□なし □あり	□問題なし □問題あり	□継続 □再検討	
⑦			□なし □あり	□問題なし □問題あり	□継続 □再検討	
⑧			□なし □あり	□問題なし □問題あり	□継続 □再検討	

利用者等の変化				
身体状況・ADLの変化	□なし □あり		介護環境①（家族の状況）の変化	□なし □あり
意欲・意向等の変化	□なし □あり		介護環境②（サービス利用等）・住環境の変化	□なし □あり

総合評価	
福祉用具サービス計画の見直しの必要性	□ なし　□ あり

次回実施予定日	年　　月　　日

(2) モニタリングシートの位置づけ

「ふくせん版　モニタリングシート（訪問確認書）」（以下、モニタリングシート）は、モニタリングの際に持参し、モニタリングの結果を記録するための様式です。

モニタリングシートは、福祉用具専門相談員が、利用者の心身の状況等の変化や福祉用具の利用状況を把握し、福祉用具利用目標の達成状況の確認や各機種の今後の方針の検討を行うためのツールです。モニタリングシートを利用者や家族に渡すことは想定していませんが、利用者や家族等からの希望があって開示する場合は、疾病等の記載内容に留意する必要があります。

(3) モニタリングシートの様式（平成26年3月版）とモニタリングの流れの関係

モニタリングシートの様式（平成26年3月版）と、前述のモニタリングの流れの関係を以下に示します。それぞれの事項について、モニタリングシートを活用しながら確認・検討を行い、その結果を記録します。

モニタリングシートの様式（改訂版）とモニタリングの流れの関係

流れ	心身の状況等の変化や福祉用具の利用状況の把握	福祉用具利用目標の達成状況の確認	今後の方針の検討	福祉用具サービス計画の見直し有無の検討
様式における記載欄	・身体状況・ADLの変化 ・意欲・意向等の変化 ・介護環境①（家族の状況）の変化 ・介護環境②（サービス利用等）・住環境の変化 ・利用福祉用具 ・利用開始日 ・利用状況の問題 ・点検結果	・福祉用具利用目標 ・目標達成状況（達成度） ・目標達成状況（詳細）	・今後の方針 ・再検討の理由等	・福祉用具サービス計画の見直しの必要性 ・総合評価 ・次回実施予定日

(4) 記載項目及び記載要領

1) 「モニタリング実施日」・「前回実施日」欄

「モニタリング実施日」欄には、モニタリングを実施した年月日を記載します。また、同じ利用者について以前もモニタリングを行っている場合には、「前回実施日」欄にその年月日を記載します。

2) 「お話を伺った人」欄

モニタリングの際に、聞き取りを行うことができた人について、チェックを行います。利用者と家族の両方から聞き取りを行った場合には両方にチェックを入れます。

3) 「確認手段」欄

モニタリングの際の情報の確認手段として、当てはまるものにチェックを入れます。

4) 「事業所名」「福祉用具専門相談員」「事業所住所」「TEL」欄

福祉用具貸与事業所や福祉用具専門相談員に関する情報をそれぞれ記入します。

5) 「利用者名」欄

利用者名を記入します。

6) 「居宅介護支援事業所」欄

利用している居宅介護支援事業所の事業所名を記入します。

7) 「担当ケアマネジャー」欄

利用者を担当している介護支援専門員の氏名を記入します。

8) 「要介護度」欄

利用者の要介護度を記入します。

9) 「認定期間」欄

利用者の要介護認定の有効期間を記入します。

10) 「福祉用具利用目標」欄

福祉用具サービス計画（利用計画）に記載されている福祉用具利用目標を転記します。

なお、利用目標が5つ以上ある場合は、5つ目以降を2枚目に記載します。

11) 「目標達成状況」（「達成度」・「詳細」）欄

福祉用具利用目標が達成されているかどうかの検証結果を記入します。

「達成度」は、福祉用具利用目標ごとに目標の達成度を、達成・一部達成・未達成の3段階でチェックを行います。

「詳細」については、達成度が「達成」の場合、達成程度やその他特記すべきことを記載します。達成度が「一部達成」あるいは「未達成」の場合は、福祉用具利用目標を細かく分けたうえで達成できたこと・達成できなかったことを具体的に記載したり（例：歩行器を用い

てトイレに行くことはできたが、時々ふらつきがあり家族が支える場面があった）、達成していない理由等について利用者の心身や環境等の多面的な観点から記載したりします。

12）「利用福祉用具（品目）・機種（型式）」欄

福祉用具サービス計画（利用計画）に記載されている福祉用具の品目、機種（型式）を転記します。

また、福祉用具の品目が9つ以上ある場合は、9つ目以降を2枚目に記載します。

13）「利用開始日」欄

福祉用具サービス計画（利用計画）に記載されている計画書を交付した年月日を転記します。

14）「利用状況の問題」欄

各福祉用具が適切な方法で利用されているか、操作方法に不明な点がなかったか、福祉用具サービス計画作成時に想定した頻度で利用されているか等を確認し、チェックを行います。

15）「点検結果」欄

各福祉用具の点検とメンテナンスを行い、後日修理や交換等を行わなければならない場合には、問題ありにチェックを行います。

16）「今後の方針」（「今後の方針」・「再検討の理由等」）欄

利用状況の課題、点検結果、利用目標の検証等を踏まえて、各福祉用具の利用継続に関する今後の方針を記入します。利用目標が達成されており、かつ利用目標の変更を行う必要がない場合や、利用状況等に問題がなく、今後もその福祉用具を継続的に利用することが望ましい場合には、継続にチェックを入れます。心身の状況に変化があり、福祉用具の機種等を再度検討することが望ましいと考える場合には、再検討にチェックを入れます。

また、継続や再検討に関わらず、ヒヤリハット事例やメンテナンス方法、福祉用具の留意点などがあれば、必要に応じて記載します。

「再検討の理由等」欄には、以下のように記載を行います。

・（再検討にチェックを入れた場合）福祉用具の機種等を再度検討することが必要な理由を記載します。（例えば、「自立歩行が可能となったため利用を中止すべきではないか」等）

・（事故やヒヤリハット等が発生したことを確認した場合）事故やヒヤリハット等の詳細や、再発を防ぐための取り組みについて記載します。（例えば、「福祉用具の操作方法に関する再説明を徹底する」等）

なお、「継続」にチェックを入れており、事故やヒヤリハット等も発生していない場合には、「再検討の理由等」欄に記入する必要はありません。

17）「身体状況・ADLの変化」欄

利用者の身体状況・ADLに関する前回のモニタリング時からの（初回モニタリングの場合には福祉用具サービス計画作成時点からの）変化について記入します。

身体状況・ADLの変化を確認する際の具体的な視点は、福祉用具サービス計画（基本情報）の「身体状況・ADL」（身長・体重～認知症の日常生活自立度までの20項目）が該当します。変化が認められる場合には「あり」にチェックを入れ、自由記載欄に変化のあった項目や変化の具体的内容を記入します。

18）「意欲・意向等の変化」欄

利用者の意欲・意向等に関する前回のモニタリング時からの（初回モニタリングの場合には福祉用具サービス計画作成時点からの）変化について記入します。

意欲・意向等の変化を確認する際の視点は、福祉用具サービス計画（基本情報）の「利用者の意欲・意向，今困っていること（福祉用具で期待することなど）」が該当します。

利用者の意欲低下等の変化が認められる場合には「あり」にチェックを入れ、自由記載欄に変化のあった項目や変化の具体的内容を記入します。

19）「介護環境①（家族の状況）の変化」欄

家族や主介護者に関する前回のモニタリング時からの（初回モニタリングの場合には福祉用具サービス計画作成時点からの）変化について記入します。

介護環境（家族の状況）を確認する際の具体的な視点は、福祉用具サービス計画（基本情報）の「家族構成／主介護者」が該当します。同居家族の増減、主介護者の家族が体調不良により介護力が低下している等の変化が認められる場合には「あり」にチェックを入れ、自由記載欄に変化のあった項目や変化の具体的内容を記入します。

20）「介護環境②（サービス利用等）・住環境の変化」欄

他のサービスの利用状況や住環境に関する前回のモニタリング時からの（初回モニタリングの場合には福祉用具サービス計画作成時点からの）変化について記入します。

他のサービスの利用状況や住環境変化を確認する際の具体的な視点は、福祉用具サービス計画（基本情報）の「他のサービス利用状況」「利用している福祉用具」「住環境」が該当します。デイサービスを利用するようになった、私費で購入した福祉用具が増えた、新たに住宅改修が行われた等の変化が認められる場合には「あり」にチェックを入れ、自由記載欄に変化のあった項目や変化の具体的内容を記入します。

21）「福祉用具サービス計画の見直しの必要性」欄

福祉用具サービス計画の見直しの必要性の有無について、記入します。

「目標達成状況」で「達成度」が未達成にチェックされている場合、「今後の方針」に「再検討」がチェックされている場合等、福祉用具サービス計画の見直しの必要性があると判断される場合には、『あり』にチェックを行います。

22)「総合評価」欄

総合評価欄では、モニタリング結果のまとめとして、以下のような内容を分かりやすく記載します。

- 実施したメンテナンスの内容（マットレスの交換を行った等）
- ヒヤリハット・事故防止のために継続して注意すべきこと
- （「福祉用具サービス計画の見直しが必要と判断される場合」）再アセスメント時の視点として考えられること
- 介護支援専門員への申し送り、相談したいこと
- 他職種への申し送り、相談したいこと　等

23)「次回実施予定日」欄

次回モニタリングの実施予定日について記入します。

「福祉用具専門相談員の質の向上に向けた調査研究事業」検討体制

【検討委員会】
　委員　　※五十音順、敬称略　◎は委員長、○は副委員長
　　北川　貴己　　一般社団法人全国福祉用具専門相談員協会　神奈川県ブロック長
　　久留　善武　　一般社団法人シルバーサービス振興会　総務部長
　　西條　由人　　神奈川県保健福祉局福祉部　地域福祉課長
◎　澤村　誠志　　兵庫県立総合リハビリテーションセンター　名誉院長
　　清水　壮一　　日本福祉用具・生活支援用具協会　専務理事
○　白澤　政和　　桜美林大学大学院老年学研究科　教授
　　神　　智淳　　お茶の水ケアサービス学院　学院長
　　助川　未枝保　一般社団法人日本介護支援専門員協会　常任理事
　　瀬戸　恒彦　　公益社団法人かながわ福祉サービス振興会　専務理事
　　長井　充良　　前一般社団法人日本福祉用具供給協会　専務理事
　　松井　一人　　公益社団法人日本理学療法士協会　理事
　　本村　光節　　公益財団法人テクノエイド協会　常務理事
　　渡邉　愼一　　一般社団法人日本作業療法士協会　制度対策部　福祉用具対策委員会委員長
　オブザーバー
　　井上　　宏　　厚生労働省老健局振興課　課長補佐
　　宮永　敬市　　厚生労働省老健局振興課　福祉用具・住宅改修指導官介護支援専門官
　　和田　淳平　　厚生労働省老健局振興課　福祉用具・住宅改修指導係　係長
　　菅　　祐太朗　厚生労働省老健局振興課　福祉用具・住宅改修指導係
　　岩元　文雄　　一般社団法人全国福祉用具専門相談員協会　理事長

【ガイドライン部会】
　委員　　※五十音順、敬称略　◎は部会長
　　加島　　守　　高齢者生活福祉研究所　所長
　　小島　　操　　NPO法人東京都介護支援専門員研究協議会　副理事長
◎　白澤　政和　　桜美林大学大学院老年学研究科　教授
　　西野　雅信　　千葉県福祉ふれあいプラザ介護実習センター　マネージャー
　　野村　幸司　　一般社団法人全国福祉用具専門相談員協会
　　東畠　弘子　　国際医療福祉大学大学院　准教授
　　松浦　尚久　　一般社団法人全国福祉用具専門相談員協会
　　渡邉　愼一　　一般社団法人日本作業療法士協会　制度対策部　福祉用具対策委員会委員長

【事務局】
　　山下　和洋　　一般社団法人全国福祉用具専門相談員協会　企画推進室　室長
　　山本　一志　　一般社団法人全国福祉用具専門相談員協会　事務局長
　　德村　光太　　（株）日本総合研究所　総合研究部門　公共コンサルティング部　研究員
　　山崎　香織　　（株）日本総合研究所　総合研究部門　公共コンサルティング部　研究員
　　青島　耕平　　（株）日本総合研究所　総合研究部門　公共コンサルティング部　研究員
　　小野崎　透　　一般社団法人全国福祉用具専門相談員協会　事務局長代理
　　柳田　磨利子　一般社団法人全国福祉用具専門相談員協会　事務局
　　永井　香織　　一般社団法人全国福祉用具専門相談員協会　事務局
　　楓　　夏子　　一般社団法人全国福祉用具専門相談員協会　事務局

「ふくせん福祉用具サービス計画書（選定提案）」作成ガイドライン

（平成30年3月　一般社団法人　全国福祉用具専門相談員協会）

第1章　「ふくせん福祉用具サービス計画書（選定提案）」および本ガイドラインの位置づけ

1．本ガイドラインの位置づけ

平成30年度の介護保険制度改正において「福祉用具専門相談員が、貸与しようとする商品の特徴や貸与価格に加え、当該商品の全国平均貸与価格等を利用者に説明することや、機能や価格帯の異なる複数の商品を提示すること」が義務付けられることとなりました。この改正は、利用者が自立支援と状態の悪化の防止に資する適切な福祉用具を選択できるように、福祉用具貸与のサービス提供過程の見える化を促すものです。

一般社団法人全国福祉用具専門相談員協会（愛称：ふくせん）[i]（以下、「本会」という。）では、厚生労働省の老人保健健康増進等事業により、上記の制度改正を踏まえ、福祉用具専門相談員が福祉用具の選定、提案を行う際に活用する「ふくせん福祉用具サービス計画書（選定提案）」（以下、「（選定提案）」という。）の様式を作成しました。本ガイドラインは、福祉用具専門相談員が専門職として福祉用具の選定、提案を行う上での考え方や、（選定提案）の活用方法、記載上の留意点等を示すことにより、福祉用具に係るサービスのより一層の質の向上を目指すものです。

これまで本会では、福祉用具の計画的なサービス提供を支援するためのツールとして平成21年に「ふくせん・福祉用具個別援助計画書」を、平成22年には、同計画書に基づく定期訪問の確認による適切な利用を支援するためのツールとして「モニタリングシート（訪問確認）」（以下、「訪問確認書」という。）を開発しました。平成24年4月に「福祉用具貸与計画」、「特定福祉用具販売計画」、「介護予防福祉用具貸与計画」、「特定介護予防福祉用具販売計画」（以下、「福祉用具サービス計画」という。）[ii]の作成が義務化されたことに伴い、上記様式について名称をふくせん版「福祉用具サービス計画書」と変更し、様式の普及・啓発活動に取り組んできました。

このたび、新たに（選定提案）を作成し、従来の「ふくせん福祉用具サービス計画書（基本情報）」（以下、「（基本情報）」という。）、「ふくせん福祉用具サービス計画書（利用計画）」（以下、「（利用計画）」という。）とあわせて3点を「ふくせん福祉用具サービス計画書（平成30年4月版）」としてご案内します。

今後、さらに質の高い福祉用具サービスを利用者に提供できるよう、多くの福祉用具専門相談員に、日々の福祉用具サービス計画の作成時や研修等の様々な場面で、本ガイドラインを活用していただくことを期待しています。

2．福祉用具専門相談員の役割

介護保険制度は、要介護状態となった高齢者等に対して、自立支援の理念のもと、居宅サービス計画（以下、「ケアプラン」という。）に基づき、多様なサービスを組み合わせて提供しながら、高齢者等の日常生活を支えるための仕組みです。単に各サービスを個別に提供するのではなく、可能な限り居宅において、その有する能力に応じ自立した日常生活が営めるようにするため、すべてのサービスがケアプランを核に生活目標を共有し、認識を合わせることが求められます。

福祉用具サービスは、介護保険サービスの1つです。高齢者等の心身の状況、希望及びその置かれている環境等を踏まえて利用目標を定めるとともに、適切な福祉用具を選定し、利用者がその目標に向けて福祉用具を活用した生活を送れるよう、専門職である福祉用具専門相談員が支援するものです。

福祉用具サービス計画は、ケアプランに記載されている生活上の目標と、その実現を支援するサービスのうち、福祉用具サービスに関する具体的な内容を記載します。

指定居宅サービス等の事業の人員、設備及び運営に関する基準（以下、「運営基準」という。）第199条の2には、「福祉用具専門相談員は、利用者の希望、心身の状況及びその置かれている環境を踏まえ、指定福祉用具貸与の目標、当該目標を達成するための具体的なサービスの内容等を記載した福祉用具貸与計画を作成しなければならない。」と定められています。

福祉用具専門相談員は、利用者の心身の状況や生活環境に適した福祉用具について提案を行うことにより、利用者が適切な福祉用具を選定することを支援する役割を担っています。

3．「ふくせん福祉用具サービス計画書（選定提案）」とは何か

(1) 導入の経緯

福祉用具は、利用者が可能な限り居宅において自立した日常生活を営むことができるよう、生活機能の維持又

---

[i] 一般社団法人全国福祉用具専門相談員協会の詳細については以下のHPを参照。http://www.zfssk.com/
[ii] 指定居宅サービス等の事業の人員、設備及び運営に関する基準上の「福祉用具貸与計画」、「特定福祉用具販売計画」、「介護予防福祉用具貸与計画」、「特定介護予防福祉用具販売計画」を総称したもの。

は改善を図り、状態の悪化の防止に資するとともに、介護者の負担の軽減を図る役割を担うものです。また、福祉用具は、利用者の身体状況や要介護度の変化、福祉用具の機能の向上に応じて、適時・適切な福祉用具を利用者に提供できるよう、貸与が原則となっています。福祉用具の貸与は、市場の価格競争を通じて適切な価格による給付が行われるよう、保険給付における公定価格を定めず、現に要した費用の額により保険給付する仕組みとなっています。[iii]

福祉用具の価格設定に当たっては、貸与事業者が、商品価格のほか、計画書の作成や保守点検などの諸経費を含めていますが、同一商品であっても、平均的な価格と比べて非常に高価な価格請求が行われているケースが存在するなどの指摘がありました。

このため、介護保険制度の持続可能性の確保の一環として、国が商品ごとに、当該商品の貸与価格の全国的な状況を把握し、ホームページにおいて当該商品の全国平均貸与価格を公表する仕組みを作るとともに、利用者が適切に福祉用具を選択できるようにするため、平成30年4月より、福祉用具専門相談員が、「機能や価格帯の異なる複数の商品を提示すること」が、同年10月より「貸与しようとする商品の特徴や貸与価格に加え、当該商品の全国平均貸与価格等を利用者に説明すること」が新たに義務づけられます。

ふくせんでは、これまでにも福祉用具サービス計画の作成が義務付けられる前から、平成21年に「福祉用具個別援助計画書」を開発しました。これは、いまの「ふくせん福祉用具サービス計画書」として広く用いられています。さらに、平成22年には計画書に基づく定期訪問の確認により、適切な利用を支援するためのツールとして、(訪問確認書)の開発を行いました。

このたび、ふくせんでは、平成30年度の制度改正を受けて、従来の「ふくせん福祉用具サービス計画書」の内容を見直しました。具体的には、(基本情報)、(利用計画)に加えて、新たに(選定提案)を作成し、3点として運用することにより、より質の高い福祉用具サービスを提供し、利用者が自立支援と状態の悪化の防止に資する適切な福祉用具を選択できるよう、支援します。

なお、今回の見直しにあたり、「ふくせん福祉用具サービス計画書(利用計画)」「モニタリングシート(訪問確認書)」についても、改訂を行いました。

(2) 「ふくせん福祉用具サービス計画書(選定提案)」について

(選定提案)は、福祉用具専門相談員が利用者に対して福祉用具を提案するにあたり、貸与の候補となる福祉用具について、

● 「当該商品の全国平均貸与価格等の説明」
● 「機能や価格帯の異なる複数の商品の提示」

などにより具体的な機種を検討する際に用います。

(選定提案)は、利用者から相談内容を聞き取った上で、候補となる福祉用具を利用者に提案、説明し、その過程を見える化することを目的として作成されるものです。

従って、(選定提案)は、(基本情報)と(利用計画)の間に位置づけられます。

図1 「ふくせん福祉用具サービス計画書」の3点

(選定提案)は、利用者に貸与しようとする福祉用具の種目の候補が決まった後で、具体的な提案品目(商品名)を検討する際に用います。つまり、(選定提案)に記載されるのは、候補となる福祉用具を利用者に対して提案、説明を行った内容です。平成30年度の制度改正では、提案する種目(付属品含む)について、①候補と

[iii] 第141回社会保障審議会介護給付費分科会 参考資料1より

なる福祉用具の全国平均貸与価格等を説明し、②機能や価格の異なる複数の福祉用具を提示することを義務付けていることから、①②に必要な事項を記載できるようにしています。

提案する福祉用具は、利用者の心身の状況、希望及びその置かれている環境や、利用者及び家族の生活に対する意向等を踏まえたものであり、ケアプランと連動するものです。

質の高い貸与サービスを実行するためにも、機能や価格に限らず、自社のサービス、当該機種の使用方法等、利用者自らが選択できる的確な情報提供に努め、福祉用具専門相談員としての知見を十分に発揮し、利用者に適した商品を幅広く提案することが重要です。

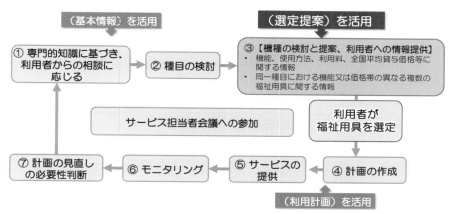

図2　福祉用具の支援プロセスにおける（選定提案）の位置づけ

4．「ふくせん福祉用具サービス計画書（選定提案）」の意義

「ふくせん福祉用具サービス計画書」は、福祉用具サービス計画の作成が義務付けられる前から、現場の意見を踏まえて、ふくせんが独自に定め、普及を図ってきたものです。

福祉用具サービス計画を作成することにより、下記のような効果があると考えられています。

> - 利用者の状態を記録として残すことで、担当者や利用者、家族、介護支援専門員、その他のサービス提供者の情報共有や共通理解につなげることができる。
> - 福祉用具選定の理由を明確にすることで、利用者の状態の変化に応じたモニタリングや機種変更がスムーズに行える。
> - 福祉用具を利用する上での留意事項について幅広く共有でき、事故防止につながるほか、リスクマネジメントに役立てることができる。
> - 情報収集などで利用者の状態像を把握し、文書化することで、福祉用具専門相談員のスキルアップにつなげることができる。

従って福祉用具サービス計画の作成に至る検討プロセスを見える化することは、利用者や家族にとって以下のような意義があると考えられます。

【利用者にとっての意義】
> - 主体的に福祉用具を選択することができる。
> - 選定の候補となった福祉用具の機能と、その全国平均貸与価格を確認できる。
> - 福祉用具が選定されるプロセスが明確化され、記録に残されることにより、当該の商品が貸与品目として選定された理由を理解できる。
> - 福祉用具専門相談員が、商品の機能や利用者のニーズや課題との整合を踏まえて、候補となる福祉用具を考えることで、利用者にとってより適切な福祉用具が貸与の候補として提案することができる。

利用者にとっての意義を達成するために、福祉用具専門相談員として以下の事を行います。

【福祉用具専門相談員が実施する内容】
> - 専門職として適切な福祉用具を利用者に提案し、利用者が主体的に選定するプロセスを明確にする。
> - 福祉用具の提案を行う際に、下記の事項を踏まえて用具を提案する。
>   ・「当該商品の全国平均貸与価格等の説明」
>   ・「機能や価格帯の異なる複数の商品の提示」
> - 選定の候補となった福祉用具を一覧化し、利用者に示す。
> - 「全国平均貸与価格の説明」「複数商品の提示」を適切に実施したことを記録として残す。

第2章 「ふくせん福祉用具サービス計画書（選定提案）」の作成
1．「ふくせん福祉用具サービス計画書（選定提案）」の様式（平成30年4月版）

「ふくせん福祉用具サービス計画書（選定提案）」の様式は以下のとおりです。

図3 「ふくせん福祉用具サービス計画書（選定提案）」の様式

2．記載方法

(1)「福祉用具が必要な理由」

a．考え方

福祉用具専門相談員は、福祉用具に携わる専門職として、専門的知識に基づき相談に応じて、福祉用具が必要な理由を具体的に検討し、適切な福祉用具を提案します。利用者からの相談内容や、ケアプランの内容を踏まえ、利用者が可能な限りその居宅において、有する能力に応じ、自立した日常生活を営むことができるよう、利用者の心身の状況、希望及び置かれている環境を踏まえ、利用者はどのようなことに困っているのか、どのような生活を望んでいるのか、などを整理し、福祉用具が必要な理由を明確にします。

これは、「利用者の日常生活上の便宜を図り、その機能訓練に資するとともに、利用者を介助する者の負担の軽減を図る」ための福祉用具の選定等にも繋がります。

b．記載方法

利用者からの相談内容、ケアプランの記載内容などを踏まえて整理した「福祉用具が必要な理由」を記載します。1つの枠に1つの項目を記載し、左側の※欄に、区別のための番号（1、2、3…、(1)、(2)、(3)…）または記号（a、b、c…等）を記載します。（利用計画）の「課題・ニーズや目標」の項目と番号または記号を一致させる必要はありません。

不足する場合は、必要に応じて行を増やして対応します。

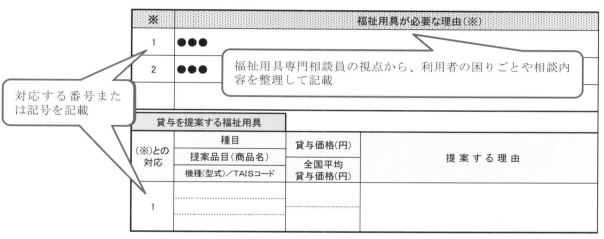

図4　福祉用具が必要な理由とその対応する番号の記載方法

(2)「貸与を提案する福祉用具」種目、提案品目（商品名）、機種（型式）／TAISコード

a．考え方

アセスメント（※）の結果や、(1)「福祉用具が必要な理由」を踏まえて、利用者に適した福祉用具の機種を複数挙げ、記載します。ここでは、(1)を踏まえて、利用者に貸与する福祉用具の種目を定めた後、具体的な機種を検討します。貸与しようとする福祉用具（種目）に対して、複数の商品の提示が必要です。

このため、他の専門職から機種について具体的な意見が示される場合であっても、他職種の意見も尊重しつつ、福祉用具専門相談員としての専門的知識に基づいて、利用者にとって適切と考えられる機種を提案します。

（※）　福祉用具専門相談員が行うアセスメントとは、「利用者の状態像に適した福祉用具を選定するための情報収集と分析の過程」[i]を指します。福祉用具サービスの出発点であり、効果的な福祉用具サービスを提供するためには不可欠な行為です。

b．記載方法

(1)「福祉用具が必要な理由」のどの項目と対応づけて提案する福祉用具であるかを区別するため、対応する番号または記号を「(※)との対応」欄に記載します。

利用者に対して適切と考えられる福祉用具の機種について、種目、品目名（商品名）、機種（型式）、（記載が可能であれば）TAISコードを記載します。

「福祉用具が必要な理由」の項目1つに対して、複数の福祉用具が対応する場合は、下段の行を増やし、同じ番号または記号が複数の福祉用具に対応する形で記載します。

1つの機種が「福祉用具が必要な理由」の2項目以上に対応する場合には、「(※)との対応」欄に、対応する2項目以上の番号または記号を記載します。

---

[i] 東畠弘子、加島守（2013）「明解！福祉用具サービス計画の手引き」筒井書房より引用。

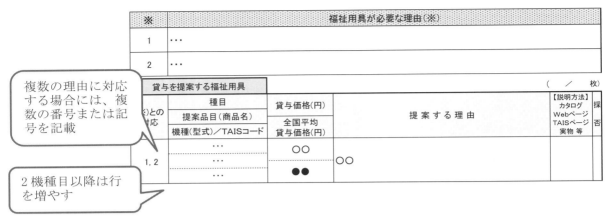

図5　「（※）との対応」の記載方法

「種目」は、車いす、特殊寝台、特殊寝台付属品、床ずれ防止用具、歩行補助つえ、などの種目名を記載し、「提案品目（商品名）」には、当該の機種固有の商品名を記載します。「機種（型式）」には、当該の機種の型式を記載し、可能であれば同枠内にTAISコードを記載します。

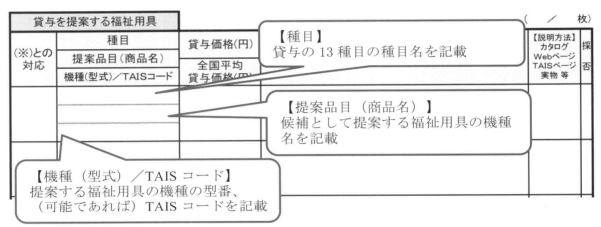

図6　「種目」「提案品目（商品名）」「機種（型式）」の記載方法

(3) 「貸与を提案する福祉用具」貸与価格、全国平均貸与価格

a. 考え方

　福祉用具貸与価格は、保険給付における公定価格を定めず、現に要した費用の額により保険給付する仕組みとされています。2018年10月から全国平均貸与価格の公表や貸与価格の上限設定を行うこととなりました[ii]。上限設定は全国平均貸与価格に1標準偏差を加えることで算出されます。全国平均貸与価格を上回っていても、上限設定の額以下であれば、介護保険での給付対象になります。

　ここでは、利用者が適切な福祉用具を選択できるよう、貸与の候補となっている全国平均貸与価格や福祉用具の貸与価格の情報を提供します。

b. 記載方法

　「貸与価格」は提案する商品の貸与価格を、「全国平均貸与価格」には、厚生労働省が公表する当該機種の全国平均貸与価格を記載します。全国平均貸与価格が当該福祉用具の価格の上限と誤認されないように説明します。必要に応じて、上限設定の価格や最頻価格を提示することも考えられます。

[ii] 第158回社会保障審議会介護給付費分科会資料（平成30年1月26日）

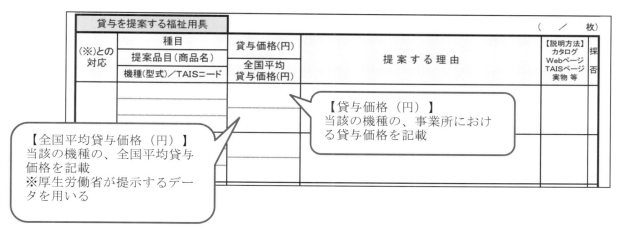

図7 「貸与価格」「全国平均貸与価格」の記載方法

(4) 「貸与を提案する福祉用具」提案する理由

a. 考え方

利用者に当該の機種を提案する理由を記載します。記載に当たっては、利用者の希望・困りごと、利用する環境などを踏まえた上で、なぜその機種が、「利用者の心身の状況、希望及びその置かれている環境を踏まえた適切な福祉用具」と考えるのかを整理し、他の候補となる機種との比較検討が可能となるよう機能や特徴の違いなどを明示します。

b. 記載方法

利用者の希望・困りごと、利用する環境などに着目し、利用者に貸与の候補となる機種の機能や価格を説明することから、「提案する理由」には、着目した事柄とそれに対応する福祉用具の機種の特徴、機能を記載します。利用者に対して、どのような観点からこの機種を選んだのかということがわかりやすく示します。

「提案する理由」として記載する内容には、下記のような項目があります。

- 利用者の困りごと、希望、状態と、貸与を提案する福祉用具との整合
- 利用者の環境との整合を踏まえた福祉用具の機能等

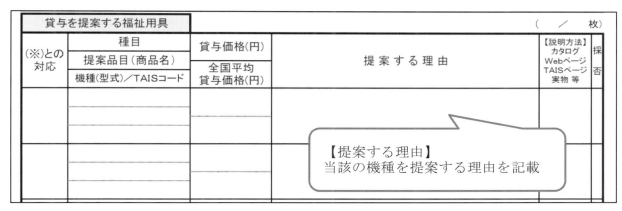

図8 「提案する理由」の記載方法

(5) 提案内容の説明と説明方法の記録

(1)～(4)の項目(説明方法、採否を除く)について、利用者や家族に説明します。

a. 全国平均貸与価格について

- 厚生労働省が公表する全国平均貸与価格のデータを用いて、貸与の候補となる福祉用具の全国平均貸与価格及び当該福祉用具の貸与価格の提示をします。
- 提案する福祉用具の貸与価格の考え方について、利用者の求めがあれば、「福祉用具貸与サービス事業所におけるサービスプロセス及び価格設定 ガイドライン」(平成29年3月一般社団法人日本福祉用具供給協会)等も参考にしつつ説明します。
- 例えば、当該福祉用具の貸与価格が全国平均貸与価格を超える場合、必要があればその理由(サービス内容、輸送コスト、卸業者の利用、等)を利用者に説明するほか、提案する福祉用具の貸与価格が全国平均貸与価格を超える場合でも、上限の設定以下であれば介護保険の給付の対象であるこ

とを説明します。
b. 候補となる機種について
- 利用者に、各機種を貸与する福祉用具の候補とした理由を説明します。
- 説明時には、カタログやモバイル機器、実物等を活用します。
- カタログやモバイル機器を用いて説明する際には、利用者や家族が後に確認できるように、カタログの頁数や型番号、Webページの URL などを記載します。

「説明方法」の欄には、カタログ、商品 Web ページや TAIS ページ、実物のデモによる説明など、当該機種の機能や特徴、全国平均貸与価格等の説明方法を記載します。

「採否」の欄には、利用者が選択した福祉用具に、○／× やレ点を記載します。

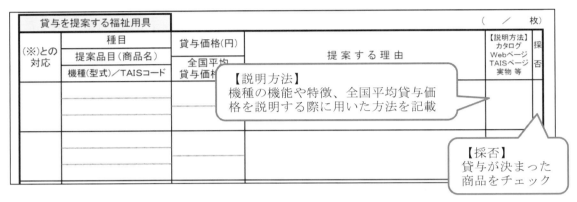

図9 「説明方法」「採否」の記載方法

(6) 注意が必要な場合
a. 付属品の扱い

車いす付属品、特殊寝台付属品についても、複数提案を行います。したがって、提案する福祉用具の種目に、付属品（特殊寝台付属品、車いす付属品）がある場合は、貸与の候補となる複数の機種を記載します。

本体（特殊寝台、車いす）によっては、付属品が1機種に定まる場合には、本体の候補を複数提案し、これに対応する付属品をそれぞれ提示します。この場合は、本体に適合する付属品が1機種に定まっていることを、「提案する理由」に記載し、利用者にも説明します。

b. 他に流通している商品が確認できない場合の扱い

他に流通している商品が確認できない場合(注)には、その旨を「提案する理由」に記載し、利用者に説明します。

注）自社で当該商品の取り扱いがないということは含みません。

なお、運営基準第202条には、「指定福祉用具貸与事業者は、利用者の身体の状態の多様性、変化等に対応することができるよう、できる限り多くの種類の福祉用具を取り扱うようにしなければならない。」と定められています。

第3章 「ふくせん福祉用具サービス計画書（利用計画）」同意と交付

1．同意と交付の位置づけ

2018年度の介護保険制度改正により、福祉用具貸与計画を作成した場合には、当該福祉用具貸与計画を利用者および当該利用者に係る介護支援専門員に交付しなければならないことになりました。

本会では、福祉用具貸与サービスの質の向上の観点から、「指定居宅サービス等の事業の人員、設備及び運営に関する基準」に位置付けられた福祉用具貸与計画書に相当する様式として、「ふくせん福祉用具サービス計画書」として、（基本情報）、（選定提案）、（利用計画）の3点を一体的に運用することを推奨します。

すなわち、①選定理由に繋がる根拠となる情報を（基本情報）に整理し、②（選定提案）を用いて複数の機種の提案や価格の説明を行い、③（利用計画）において利用者が「価格の説明、複数機種の提案を受け、利用計画に同意した」のち、利用者の署名、捺印を得た上で、3点を利用者に交付し、あわせて介護支援専門員にも交付することを想定しています。

2．同意と交付について

2018年度版の（利用計画）では、介護保険制度改正に対応し、同意署名欄の記載を改めています。

計画書を交付する際には、（利用計画）の内容（貸与する福祉用具の機種、選定理由、留意点等）について説明を行い、同意を確認します。この時に、（利用計画）の前段階で（選定提案）を作成し、内容の説明を行ったことについて利用者の同意を得ます。

同意が得られたら、利用者本人が（利用計画）の同意欄の□にレ点をつけ、同意を得た日付を記載し、署名をします。利用者が署名することが難しければ、家族等が代理で署名し、代筆者名とその続柄等を記載します。

また、介護者は、利用者が福祉用具を利用する際に見守ったり、介護者自身が福祉用具を操作したりする場合があるため、説明時にはできる限り同席してもらいます。

上記のような手順を経て、利用者に「ふくせん福祉用具サービス計画書」を交付します。

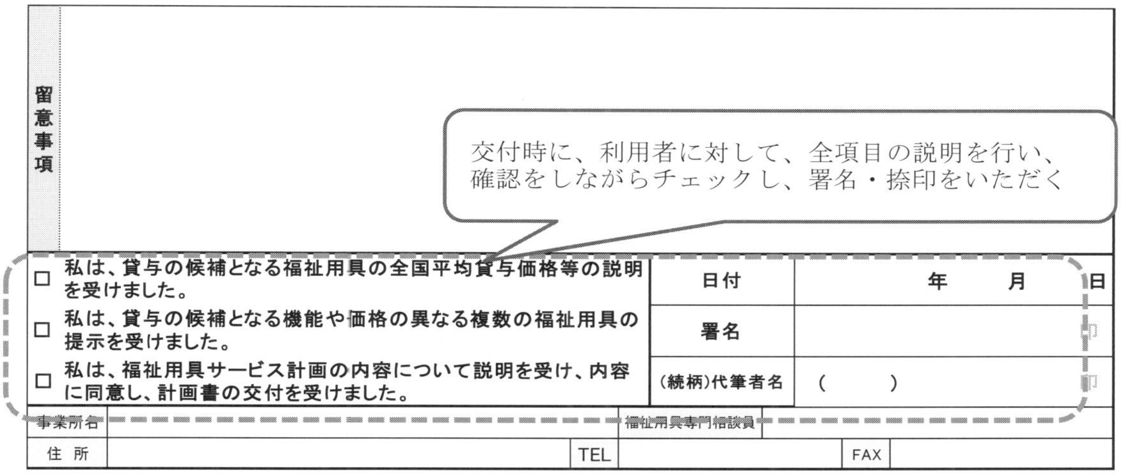

図10　説明項目のチェック欄と署名欄の記載方法

付録

付録1．記載項目と要領

（選定提案）の各項目について、以下のように記載します。

福祉用具が必要な理由	利用者からの相談内容、介護支援専門員からの依頼内容などを整理し、貸与する福祉用具を検討する根拠とします。
種目	13種目の種目名を記載します。手すりや車いすなど、使用場所を区別する必要がある場合は、括弧内に記載します。
提案品目（商品名）	候補となる福祉用具の機種名を記載します。
貸与価格（円）	当該の機種の、事業所における貸与価格を記載します。
全国平均貸与価格（円）	当該の機種の、全国平均貸与価格を記載します。 全国平均貸与価格は、厚生労働省の提示する情報を用います。
提案する理由	当該の機種が、貸与される福祉用具の候補として提案される理由を記載します。 記載する内容には、下記に挙げるような項目があります。 ・利用者が困っていることや、利用者の希望、利用者の状態を踏まえた、当該の福祉用具との整合 ・利用環境との整合を踏まえた機能等 ・留意事項等
説明方法	候補として挙げられた福祉用具の説明方法を記載します。 例として、カタログ、Webページ、TAISページ、実物等があります。
採否	貸与が決定した機種を区別できるように印をつけます。 　例：○／×、✓

付録2.「ふくせん福祉用具サービス計画書(選定提案)」の様式(平成30年4月版)

ふくせん 福祉用具サービス計画書(選定提案)

管理番号	
説明日	
説明担当者	

フリガナ		性別	生年月日	年齢	要介護度	認定期間	
利用者名	様		M・T・S 年 月 日			年 月 日～	年 月 日
居宅介護支援事業所					担当ケアマネジャー		

※	福祉用具が必要な理由(※)

貸与を提案する福祉用具

(/ 枚)

(※)との対応	種目 提案品目(商品名) 機種(型式)／TAISコード	貸与価格(円) 全国平均貸与価格(円)	提案する理由	【説明方法】 カタログ Webページ TAISページ 実物 等	採否

参考資料

付録3.「ふくせん福祉用具サービス計画書（利用計画）」の様式（平成30年4月版）

ふくせん 福祉用具サービス計画書（利用計画）

管理番号：

フリガナ		性別	生年月日	年齢	要介護度	認定期間
利用者名	様		M・T・S 年 月 日			～
居宅介護支援事業所					担当ケアマネジャー	

生活全般の解決すべき課題・ニーズ（福祉用具が必要な理由）	福祉用具利用目標

選定福祉用具（レンタル・販売）　　　　　　　　　　　　　　　　（　／　枚）

	品目　機種（型式）	単位数	選定理由
①			
②			
③			
④			
⑤			
⑥			
⑦			
⑧			

留意事項

□ 私は、貸与の候補となる福祉用具の全国平均貸与価格等の説明を受けました。	日付	年　月　日
□ 私は、貸与の候補となる機能や価格の異なる複数の福祉用具の提示を受けました。	署名	印
□ 私は、福祉用具サービス計画の内容について説明を受け、内容に同意し、計画書の交付を受けました。	（続柄）代筆者名	（　　　）印

事業所名		福祉用具専門相談員	
住所		TEL　　　　　FAX	

付録4.「ふくせんモニタリングシート（訪問確認書）」の様式（平成30年4月版）

ふくせん モニタリングシート（訪問確認書）

管理番号	（　／　枚）
モニタリング実施日	年　　月　　日
前回実施日	年　　月　　日
お話を伺った人	□ 利用者　□ 家族　□ 他（　）
確認手段	□ 訪問　　□ 電話
事業所名	
福祉用具専門相談員	
事業所住所	
TEL	

フリガナ		居宅介護支援事業所		担当ケアマネジャー	
利用者名	様	要介護度		認定期間	～

目標達成状況

	福祉用具利用目標	達成度	詳細
1		□ 達成　□ 一部達成　□ 未達成	
2		□ 達成　□ 一部達成　□ 未達成	
3		□ 達成　□ 一部達成　□ 未達成	
4		□ 達成　□ 一部達成　□ 未達成	

	利用福祉用具（品目）機種（型式）	利用開始日	利用状況の問題	点検結果	今後の方針	再検討の理由等
①			□ なし / □ あり	□ 問題なし / □ 問題あり	□ 継続 / □ 再検討	
②			□ なし / □ あり	□ 問題なし / □ 問題あり	□ 継続 / □ 再検討	
③			□ なし / □ あり	□ 問題なし / □ 問題あり	□ 継続 / □ 再検討	
④			□ なし / □ あり	□ 問題なし / □ 問題あり	□ 継続 / □ 再検討	
⑤			□ なし / □ あり	□ 問題なし / □ 問題あり	□ 継続 / □ 再検討	
⑥			□ なし / □ あり	□ 問題なし / □ 問題あり	□ 継続 / □ 再検討	
⑦			□ なし / □ あり	□ 問題なし / □ 問題あり	□ 継続 / □ 再検討	
⑧			□ なし / □ あり	□ 問題なし / □ 問題あり	□ 継続 / □ 再検討	

利用者等の変化

身体状況・ADLの変化	□ なし　□ あり		介護環境①（家族の状況）の変化	□ なし　□ あり	
意欲・意向等の変化	□ なし　□ あり		介護環境②（サービス利用等）・住環境の変化	□ なし　□ あり	

総合評価

福祉用具サービス計画の見直しの必要性	□ なし　□ あり	

次回実施予定日	年　　月　　日

参考資料

「福祉用具の適切な貸与に関する普及啓発事業」検討体制

(平成30年3月末現在)

【検討委員会】
委員　※五十音順、敬称略　　◎は委員長、○は副委員長

　　伊藤　広成　　一般社団法人日本福祉用具供給協会　事務局次長
　　梶　　友希乃　世田谷区　高齢福祉部介護保険課　保険給付係
　　久留　善武　　一般社団法人シルバーサービス振興会　事務局長
　　五島　清国　　公益財団法人テクノエイド協会　企画部長
◎　白澤　政和　　桜美林大学大学院老年学研究科　教授
　　濱田　和則　　一般社団法人日本介護支援専門員協会　副会長
○　東畠　弘子　　国際医療福祉大学大学院　教授
　　肥後　一也　　株式会社カクイックスウィング　鹿児島営業所　課長
　　松井　一人　　公益社団法人日本理学療法士協会　理事
　　山下　和洋　　株式会社ヤマシタコーポレーション　代表取締役
○　渡邉　愼一　　一般社団法人日本作業療法士協会　制度対策部
　　　　　　　　　福祉用具対策委員長
　　渡邊　英和　　株式会社フジックスハートフル　代表取締役

オブザーバー
　　小林　毅　　　厚生労働省老健局高齢者支援課　福祉用具・住宅改修指導官
　　平嶋　由人　　厚生労働省老健局高齢者支援課　福祉用具・住宅改修係長
　　岩元　文雄　　一般社団法人全国福祉用具専門相談員協会　理事長

【事務局】
　　山本　一志　　一般社団法人全国福祉用具専門相談員協会　事務局長
　　中村　一男　　一般社団法人全国福祉用具専門相談員協会　事務局
　　柳田　磨利子　一般社団法人全国福祉用具専門相談員協会　事務局
　　三井　裕代　　一般社団法人全国福祉用具専門相談員協会　事務局
　　江崎　郁子　　エム・アール・アイ　リサーチアソシエイツ株式会社　社会公共政策部
　　今野　亜希子　エム・アール・アイ　リサーチアソシエイツ株式会社　社会公共政策部
　　杉本　南　　　エム・アール・アイ　リサーチアソシエイツ株式会社　社会公共政策部

編者紹介

一般社団法人全国福祉用具専門相談員協会（略称：ふくせん）

2007（平成19）年7月に福祉用具専門相談員の職能団体として設立。2010（平成22）年10月1日に一般社団法人格を取得。団体設立当初からの目的でもある福祉用具専門相談員の職業倫理を確立し、社会的地位及び資質の向上を目指して、様々な活動を展開しています。全国に地方組織であるブロックを設立し、地域ごとに会員間の交流を図るとともに、他職種との連携も進めています。入会は随時受け付けています。

```
事務局
〒108-0073　東京都港区三田2-14-7　ローレル三田404
TEL　03-5418-7700　　FAX　03-5418-2111
ふ　く　せ　ん　URL：http://www.zfssk.com/
研修ポイント制度　URL：http://kensyu-point.zfssk.com/
```

監修者

白澤　政和　　桜美林大学大学院老年学研究科　教授

執筆者（五十音順）

小島　操	NPO法人東京都介護支援専門員研究協議会　理事長	第3章
小林　毅	学校法人敬心学園大学開設準備室　リハビリテーション領域教員	第1章
白澤　政和	桜美林大学大学院老年学研究科　教授	はじめに、第1章
東畠　弘子	国際医療福祉大学大学院福祉支援工学分野　教授	第4章
ふくせん事務局		第2章
渡邉　愼一	一般社団法人日本作業療法士協会制度対策部福祉用具対策委員会　委員長	第1章

事例提供者（五十音順）

小島　操	NPO法人東京都介護支援専門員研究協議会　理事長
中村　誠	株式会社やさしい手住環境事業部武蔵野営業所　責任者
成田　すみれ	社会福祉法人いきいき福祉会　総合施設長
肥後　一也	株式会社カクイックスウィング　鹿児島営業所長
株式会社サカイ・ヘルスケアー	

福祉用具サービス計画作成ガイドブック　第2版

2014年11月 5 日　初　版　発　行
2018年 7 月 1 日　第 2 版 発 行
2023年10月20日　第 2 版第 2 刷発行

編　集　…………　一般社団法人全国福祉用具専門相談員協会
発行者　…………　荘村明彦
発行所　…………　中央法規出版株式会社
　　　　　　　　　〒110-0016　東京都台東区台東 3-29-1　中央法規ビル
　　　　　　　　　TEL 03-6387-3196
　　　　　　　　　https://www.chuohoki.co.jp/

本文・装幀デザイン　…………　株式会社ジャパンマテリアル
印刷・製本　………………………　株式会社太洋社
ISBN 978-4-8058-5694-9

定価はカバーに表示してあります。
本書のコピー、スキャン、デジタル化等の無断複製は、著作権法上での例外を除き禁じられています。また、本書を代行業者等の第三者に依頼してコピー、スキャン、デジタル化することは、たとえ個人や家庭内での利用であっても著作権法違反です。
落丁本・乱丁本はお取り替えいたします。
本書の内容に関するご質問については、下記URLから「お問い合わせフォーム」にご入力いただきますようお願いいたします。
https://www.chuohoki.co.jp/contact/